普通高等教育"十一五"国家级规划教材
高职高专财经类专业系列教材

CAIJING

税法（第3版）

Shuifa

杨莉惠\主　编
肖梅岭　揭　莹\副主编

重庆大学出版社

内 容 提 要

本书是一本关于我国现行税法的教材，不仅注重清晰地描述概念、理论和具体征税规定，而且做到了理论联系实际，能够有效地提高读者对我国现行税法的了解，并掌握一定的税收实务操作技能。内容包括税收基础知识与实体税法两个部分：第1部分税收基础知识系统地介绍了与税收相关的理论知识，使读者通过对税收、税收体系、税种设置等内容有基本认识；第2部分介绍了我国现行的14个税种的设置，征税规定、实务处理及税收征管。本书具有内容全面、重点突出、层次分明、学以致用、衔接紧密等特点。通过本书的学习，能够使读者系统、全面地掌握我国现行的税法体系，同时对典型例题的解析、分析，使得读者处理税收实务操作问题的水平得到提高。

图书在版编目(CIP)数据

税法/杨莉惠主编．—3版．—重庆：重庆大学出版社，2017.3

高职高专财经类专业系列教材

ISBN 978-7-5689-0412-4

Ⅰ.①税… Ⅱ.①杨… Ⅲ.①税法—中国—高等职业教育—教材 Ⅳ.①D922.22

中国版本图书馆CIP数据核字(2017)第036327号

高职高专财经类专业系列教材

税 法

(第3版)

主 编 杨莉惠

副主编 肖梅岭 揭 莹

责任编辑：沈 静 版式设计：沈 静

责任校对：贾 梅 责任印制：赵 晟

*

重庆大学出版社出版发行

出版人：易树平

社址：重庆市沙坪坝区大学城西路21号

邮编：401331

电话：(023) 88617190 88617185(中小学)

传真：(023) 88617186 88617166

网址：http://www.cqup.com.cn

邮箱：fxk@cqup.com.cn(营销中心)

全国新华书店经销

重庆华林天美印务有限公司

*

开本：787mm×1092mm 1/16 印张：15.5 字数：348千

2017年3月第3版 2017年3月第7次印刷

印数：13 177—16 176

ISBN 978-7-5689-0412-4 定价：35.00元

XUYAN

序言

税收是国家财政收入的主要来源,体现了国家主权和国家权力。而税法则是国家制定的用以调整国家与纳税人之间在纳税方面权利和义务关系的法律规范的总称,影响着经济生活的方方面面。税法作为高职高专财经商贸类专业核心课程之一,对该类专业的学生掌握专业技能、胜任未来工作和适应未来的就业环境至关重要。近年来,随着我国对外开放的扩大和市场经济的发展,为了适应发展的需要,国家对税法进行了相应地修改、调整和完善,使得原有的税法教材部分内容陈旧不再适应目前的教学需要。为了跟上发展和变化,编者根据高职高专财经类学生的特点和教学要求编写了该教材。本教材具有以下特点:

一、适应时代需要,突出现代职教特色

本教材紧跟国家税收法律制度改革的步伐,以最新的税收法律制度为依据,根据市场对职业学校的要求,注重专业实践教学环节,强化实践技能训练,成为学生掌握职业技能、步入工作岗位的实用必读手册。本教材根据税务会计人员的岗位要求所需的专业知识和职业能力,以项目为导向,以工作任务为驱动来设计、安排教材内容,包含税法概述、增值税(增加了营改增的内容)、消费税、个人所得税、企业所得税、资源税等税收法律制度。

本教材的编写符合学生实际,把握知识够用的原则。体现以学生为本的特点,充分考虑学生实际学习能力。在内容上,以实用、够用为原则,选择实际岗位需求的,以发挥学生的表象思维能力,多掌握实践技能。

二、优化整合课程内容，突出工学结合特色

本教材在编写过程中力求优化整合课程内容，突出工学结合特色。在每个项目中设有知识、能力目标、案例导入，并有大量的案例，以引导学生迅速、准确地把握各税种的基本知识点，让学生在学中做，做中学，系统地掌握税法的基础知识。实现课堂教学内容与企业岗位实际需求的对接，为财经类专业的学生顺利走上会计工作岗位打下良好的基础。本教材既可作为会计、税务、财务管理、审计、金融、贸易等财经类相关专业的课程教材，也可作为在职财务、会计及税务人员业务学习、岗位培训教材或参考用书。

三、本教材依据我国2016年来新颁布的各项税收法规和政策编写，针对近年来的变化，及时调整教材的内容。

本教材由昆明冶金高等专科学校杨莉惠担任主编，肖梅岭、揭莹担任副主编。主编负责全书的框架构建，并负责全书的总纂、定稿，参加教材编写的教师大部分是具有多年实际教学经验和一定实践经验的教师，一直关注税法领域的最近法规和知识。本教材编写分工如下：贺继志编写项目1；揭莹编写项目2、项目8和项目9；肖梅崚编写项目3和项目6；刘娟编写项目4；杨党仆编写项目5和项目7；张霞编写项目10。为了保证本教材质量，我们广泛征求专家、学者和税务工作者的意见，并多次修改书稿。在此，我们对给予我们大力支持和热情帮助的专家及税务工作者表示衷心的感谢。

由于编写人员的知识和经验的局限性，错误和疏漏之处在所难免，恳请读者批评指正，以便今后不断完善。

编　者

2017年2月

MULU

目录

MULU

MULU

项目 1
税收的基础知识

学习目标

一、知识目标

1. 了解税收的特点和税法的基本原则。
2. 理解税收的构成要素和我国现行税法体系。
3. 了解税收执法的基本情况。

二、能力目标

1. 能够对税法要素有整体的认识。
2. 能够准确划分税收征管权限。
3. 能够准确划分中央税、地方税和中央地方共享税。

知识点：税收特征　纳税义务人　征税对象　税率　税法体系

[案例导入]

引 言

新中国成立60多年来,随着国家政治、经济形势的发展,税收制度的建立与发展经历了一个曲折的过程。从总体上看,60多年来,我国税制改革的发展大致上经历了3个历史时期:第一个时期是从1949年新中国成立到1957年,即国民经济恢复和社会主义改造时期,这是新中国税制建立和巩固的时期。第二个时期是从1958—1978年党的第十一届中央委员会第三次全体会议召开之前,这是我国税制曲折发展的时期。第三个时期是1978年党的十一届三中全会召开之后的新时期,是我国税制建设得到全面加强、税制改革不断前进的时期。

在上述3个时期内,我国的税收制度先后进行了5次重大的改革。第一次是新中国成立之初的1950年,在总结老解放区税制建设的经验和全面清理旧中国税收制度的基础上建立了中华人民共和国的新税制。第二次是1958年税制改革,其主要内容是简化税制,以适应社会主义改造基本完成、经济管理体制改革之后的形势的要求。第三次是1973年税制改革,其主要内容仍然是简化税制,这是“文化大革命”的产物。第四次是1984年税制改革,其主要内容是普遍实行国营企业“利改税”和全面改革工商税收制度,以适应发展有计划社会主义商品经济的要求。第五次是1994年税制改革,其主要内容是全面改革工商税收制度,以适应建立社会主义市场经济体制的要求。

任务1 税收概述

1.1.1 税收的概念

税收是以实现国家公共财政职能为目的,基于政治权力和法律规定,由政府专门机构向居民和非居民就其财产或特定行为实施强制、非罚与不直接偿还的金钱或实物课征,是国家最主要的一种财政收入形式。

1.1.2 税收的特征

税收与其他分配方式相比,具有强制性、无偿性和固定性的特征,习惯上称为税收的“三性”。

1)强制性

税收的强制性是指税收是国家以社会管理者的身份,凭借政权力量,依据政治权力,通过颁布法律或行政命令来进行强制征收。负有纳税义务的社会集团和社会成员,都必须遵守国家强制性的税收法令,在国家税法规定的限度内,纳税人必须依法纳税,否则就要受到法律的制裁,这是税收具有法律地位的体现。强制性特征体现在两个方面:一方面,税收分配关系的建立具有强制性,即税收征收完全是凭借国家拥有的政治权力;另一方面,税收的征收过程具有强制性,即如果出现了税务违法行为,国家可以依法进行处罚。

2)无偿性

税收的无偿性是指通过征税,社会集团和社会成员的一部分收入转归国家所有,国家不向纳税人支付任何报酬或代价。税收这种无偿性是与国家凭借政治权力进行收入分配的本质相联系的。无偿性体现在两个方面:一方面是指政府获得税收收入后无须向纳税人直接支付任何报酬;另一方面是指政府征得的税收收入不再直接返还给纳税人。税收的无偿性是税收的本质体现,它反映的是一种社会产品所有权、支配权的单方面转移关系,而不是等价交换关系。税收的无偿性是区分税收收入和其他财政收入形式的重要特征。

3)固定性

税收的固定性是指税收是按照国家法令规定的标准征收的,即纳税人、课税对象、税目、税率、计价办法和期限等,都是税收法令预先规定了的,有一个比较稳定的试用期间,是一种固定的连续收入。对于税收预先规定的标准,征税和纳税双方必须共同遵守,非经国家法令修订或调整,征纳双方都不得违背或改变这个固定的比例或数额以及其他制度规定。

任务2　税法的构成要素

税法的构成要素一般包括总则、纳税义务人、征税对象、税目、税率、纳税环节、纳税期限、纳税地点、减税免税、罚则、附则等项目。

1.2.1　总则

总则主要包括立法依据、立法目的、适用原则等。

1.2.2　纳税义务人

纳税义务人,即纳税主体,主要是指一切履行纳税义务的法人、自然人及其他组织。

1.2.3　征税对象

征税对象,即纳税客体,主要是指税收法律关系中征纳双方权利义务所指向的物或行为,这是区分不同税种的主要标志。我国现行税收法律、法规都有自己特定的征税对象。比如,企业所得税的征税对象就是应税所得,增值税的征税对象就是商品或劳务在生产和流通过程中的增值额。

1.2.4 税目

税目是各个税种所规定的具体征税项目,它是征税对象的具体化。比如,消费税具体规定了烟、酒等10多个税目。

1.2.5 税率

税率是对征税对象的征收比例或征收额度。税率是计算税额的尺度,也是衡量税负轻重与否的重要标志。我国现行的税率主要有:

1)比例税率

比例税率,即对同一征税对象,不分数额大小,规定相同的征收比例。我国的增值税、营业税、城市维护建设税、企业所得税等采用的是比例税率。

2)超额累进税率

起额累进税率,即把征税对象按数额的大小分成若干等级,每个等级规定一个税率,税率依次提高,但每一纳税人的征税对象则依所属等级同时适用几个税率分别计算,将计算结果相加后得出应纳税款。目前采用这种税率的有个人所得税。

3)定额税率

定额税率,即按征税对象确定的计算单位,直接规定一个固定的税额。目前采用定额税率的有资源税、城镇土地使用税、车船税等。

4)超率累进税率

超率累进税率,即以征税对象数额的相对率划分若干级距,分别规定相应的差别税率,相对率每超过一个级距的,对超过的部分就按高一级的税率计算征税。目前,采用这种税率的是土地增值税。

1.2.6 纳税环节

纳税环节主要指税法规定的征税对象在从生产到消费的流转过程中应当缴纳税款的环节,如流转税在生产和流通环节纳税、所得税在分配环节纳税等。

1.2.7 纳税期限

纳税期限是指纳税人按照税法规定缴纳税款的期限。比如,企业所得税在月份或者季度终了后15日内预缴,年度终了后5个月内汇算清缴,多退少补;营业税的纳税期限,分别为5日、10日、15日或者1个月。纳税人的具体纳税期限,由主管税务机关根据纳税人应纳税额的大小分别核定。不能按照固定期限纳税的,可以按次纳税。

1.2.8　纳税地点

纳税地点主要是指根据各个税种纳税对象的纳税环节和有利于对税款的源泉控制而规定的纳税人(包括代征、代扣、代缴义务人)的具体纳税地点。

1.2.9　减税免税

减税免税主要是对某些纳税人和征税对象采取减少征税或者免予征税的特殊规定。

1.2.10　罚则

罚则主要是指对纳税人违反税法的行为采取的处罚措施。

1.2.11　附则

附则一般都规定与该法紧密相关的内容,比如该法的解释权、生效时间等。

任务3　我国现行税法体系

从法律角度来讲,一个国家在一定时期内、一定体制下以法定形式规定的各种税收法律、法规的总和,称为税法体系。但从税收工作的角度来讲,所谓税法体系往往被称之为税收制度,即一个国家的税收制度是指在既定的管理体制下设置的税种以及与这些税种的征收、管理有关的,具有法律效力的各级成文法律、行政法规、部门规章等的总和。换句话说,税法体系就是通常所说的税收制度(简称税制)。

税收制度的内容主要有3个层次:一是不同的要素构成税种,构成税种的要素主要包括:纳税人、征税对象、税目、税率、纳税环节、纳税期限、减税免税等。二是不同的税种构成税收制度。构成税收制度的具体税种,国与国之间差异较大,但一般都包括所得税(直接税),如企业(法人)所得税、个人所得税,也包括流转税(间接税),如增值税、消费税、营业税,及其他一些税种,如财产税(房地产税、车船税)、关税、社会保障税等。三是规范税款征收程序的法律法规,如税收征收管理法等。

国家税收制度的确立,要根据本国的具体政治经济条件。所以,各国的政治经济条件不同,税收制度也不尽相同,具体征税办法也各有千秋,千差万别。就一个国家而言,在不同的时期,由于政治经济条件和政治经济目标不同,税收制度也有着或大或小的差异。

1.3.1 税收实体法体系

我国的现行税制就其实体法而言，是 1949 年新中国成立后经过几次较大的改革逐步演变而来的，按征税对象大致分为 5 类：

①商品和劳务税类。包括增值税、消费税、营业税、关税。

②所得税类。包括企业所得税、个人所得税。

③资源税类。包括资源税、土地增值税、城镇土地使用税。

④特定目的税类。包括固定资产投资方向调节税（暂缓征税）、筵席税、城市维护建设税、车辆购置税、耕地占用税、烟叶税。

⑤财产和行为税类。包括房产税、车船税、印花税、契税。

1.3.2 税收程序法体系

①由税务机关负债征收的税种的征税管理，按照全国人大常委会发布实施的《中华人民共和国税收征收管理法》执行。

②由海关负债征收的税种的征税管理，按照《中华人民共和国海关法》《进出口关税条例》等有关规定执行。

任务 4 我国税收管理体制

1.4.1 税收管理体制的概念

税收管理体制是在各级国家机构之间划分税权的制度或制度体系。税权的划分有纵向划分和横向划分的区别。纵向划分是指税权在中央与地方国家机构之间的划分；横向划分是指税权在同级立法、司法、行政等国家机构之间的划分。

我国的税收管理体制，是税收制度的重要组成部分，也是财政管理体制的重要内容。税收管理权限，包括税收立法权、税收法律法规的解释权、税种的开征或停征权、税目和税率的调整权、税收的加征和减免权等。如果按大类划分，可以简单地将税收管理权限划分为税收立法权和税收执法权两类。

1.4.2 我国税收立法权划分的现状

1）中央税、中央与地方共享税以及全国统一实行的地方税的立法权集中在中央，以保证中央政令统一，维护全国统一市场和企业平等竞争

其中，中央税是指维护国家权益、实施宏观调控所必需的税种，具体包括消费税、关税、车辆购置税等。中央和地方共享税是指同经济发展直接相关的主要税种，具体

包括增值税、企业所得税、个人所得税、证券交易印花税。地方税具体包括营业税、资源税、土地增值税、印花税、城市维护建设税、土地使用税、房产税、车船税等。

2)依法赋予地方适当的地方税收立法权

我国地域辽阔,地区间经济发展水平很不平衡,经济资源包括税源都存在着较大差异,这种状况给全国统一制定税收法律带来一定的难度。因此,随着分税制改革的进行,有前提地、适当地给地方下放一些税收立法权,使地方可以实事求是地根据自己特有的税源开征新的税种,促进地方经济的发展。这样,既有利于地方因地制宜地发挥当地的经济优势,同时便于同国际税收惯例对接。

3)税收征收管理范围划分

目前,我国的税收分别由财政、税务、海关等系统负责征收管理。

(1)国家税务局系统负责征收和管理的项目

增值税,消费税,车辆购置税,铁道部门、各银行总行、各保险总公司集中缴纳的营业税、所得税、城市维护建设税,中央企业缴纳的所得税,中央与地方所属企业、事业单位组成的联营企业、股份制企业缴纳的所得税,地方银行、非银行金融企业缴纳的所得税,海洋石油企业缴纳的所得税、资源税,证券交易税(开征之前为对证券交易征收的印花税),个人所得税中对储蓄存款利息所得征收的部分,中央税的滞纳金、补税、罚款。

(2)地方税务局系统负责征收和管理的项目

营业税、城市维护建设税(不包括上述由国家税务局系统负责征收管理的部分),地方国有企业、集体企业、私营企业缴纳的所得税、个人所得税(不包括对银行储蓄存款利息所得征收的部分),资源税,城镇土地使用税,耕地占用税,土地增值税,房产税,车船税,印花税,契税及其地方附加,地方税的滞纳金、补税、罚款。

★知识链接

在部分地区,地方附加、耕地占用税,仍由地方财政部门征收和管理。

海关系统负责征收和管理的项目有关税、行李和邮递物品进口税,同时负责代征进出口环节的增值税和消费税。

4)中央政府与地方政府税收收入划分

根据国务院关于实行分税制财政管理体制的规定,我国的税收收入分为中央政府固定收入、地方政府固定收入和中央政府与地方政府共享收入。

(1)中央政府固定收入

中央政府固定收入包括消费税(含进口环节海关代征的部分)、车辆购置税、关税、海关代征的进口环节增值税等。

(2)地方政府固定收入

地方政府固定收入包括城镇土地使用税、耕地占用税、土地增值税、房产税、车船税、契税。

(3)中央政府与地方政府共享收入

中央政府与地方政府共享收入主要包括:

①增值税(不含进口环节由海关代征的部分)。中央政府分享75%,地方政府分享25%。

②营业税。铁道部、各银行总行、各保险总公司集中缴纳的部分归中央政府,其余部分归地方政府。

③企业所得税。铁道部、各银行总行及海洋石油企业缴纳的部分归中央政府,其余部分中央与地方政府按60%与40%的比例分享。

④个人所得税。除储蓄存款利息所得的个人所得税外,其余部分的分享比例与企业所得税相同。

⑤资源税。海洋石油企业缴纳的部分归中央政府,其余部分归地方政府。

⑥城市维护建设税。铁道部、各银行总行、各保险总公司集中缴纳的部分归中央政府,其余部分归地方政府。

⑦印花税。证券交易印花税收入的94%归中央政府,其余6%和其他印花税收入归地方政府。

[本章小结]

本章主要介绍税收和税法的基本概念。首先介绍了税收的概念、特征以及税收和税法的关系。其次介绍了税法的要素,主要有总则、纳税义务人、征税对象、税目、税率、纳税环节、纳税期限、纳税地点、减税免税、罚则、附则等项目。然后介绍了我国现行的税收法律体系,一个是税收实体法体系,一个是税收程序法体系。最后介绍了我国税收管理体制。

[思考与练习]

1. 税收和税法是什么关系?有什么区别和联系?

2. 税法的要素有哪些?这些要素里哪几个比较重要?为什么?

3. 我国中央政府与地方政府税收收入是怎么划分的?这种划分方式有什么意义?

项目 2
增值税

学习目标

一、知识目标

1. 了解增值税的特点。
2. 熟悉增值税的税收优惠政策。
3. 掌握纳税人、征税范围、税率和计税方法。
4. 掌握增值税销项税、进项税和应纳税额的计算。
5. 掌握进口环节增值税的计算。
6. 掌握增值税出口退(免)税的计算。
7. 掌握"营改增"的相关政策和计算。
8. 掌握增值税的征收管理规定。

二、能力目标

1. 能够准确判断增值税征税范围、纳税人资格和适用的税率。
2. 能够根据业务资料计算纳税人销项税、进项税和应纳增值税。
3. 能够根据业务资料计算纳税人进口环节增值税额。
4. 能够根据业务资料计算纳税人增值税出口退(免)税额。
5. 能够运用"营改增"的相关政策解决实际问题。

知识点:征税范围 一般纳税人 小规模纳税人 基本税率 征收率 销项税 进项税 价外税 "营改增" 出口退(免)税

[案例导入]

某企业为增值税一般纳税人,2015 年 5 月发生以下业务:

1. 购进货物取得增值税专用发票,注明金额 450 000 元,增值税额 76 500 元。支付给运输单位的购货运输费用 22 500 元,取得增值税专用发票(交通运输业税率 11%)。本月将已验收入库货物的 80% 零售,取得含税销售额 585 000 元,20% 用于本企业集体福利。

2. 购进原材料取得增值税专用发票,注明金额 160 000 元,增值税额 27 200 元,材料验收入库。本月生产加工一批新产品 450 件,每件成本价 380 元(无同类产品市场价格),全售给本企业职工,取得不含税销售额 171 000 元。月末盘存,发现上月购进的原材料被盗,金额 50 000 元。

3. 销售使用过的一台机器(购进时未抵扣进项税额),取得含税销售额 32 440 元。

4. 当月逾期押金收入 12 870 元。

请计算该企业 5 月应纳的增值税税额(假定本月取得的相关票据均符合税法规定并在 5 月认证抵扣进项税额)。

任务 1　增值税概述

2.1.1　增值税的概念

增值税是以单位和个人生产经营过程中取得的增值额为课税对象征收的一个税种。

2.1.2　增值税的类型

增值税按对外购固定资产处理方式的不同,可划分为生产型增值税、收入型增值税和消费型增值税。

1)生产型增值税

生产型增值税是指计算增值税时,不允许扣除任何外购固定资产的增值税款。

2)收入型增值税

收入型增值税是指计算增值税时,对外购固定资产增值税款只允许扣除当期计入产品价值的折旧费部分。

3)消费型增值税

消费型增值税是指计算增值税时,允许将当期购入的固定资产增值税款一次全部扣除。

2.1.3　增值税的性质及其计税原理

1)增值税的性质

增值税以增值额为课税对象,以销售额为计税依据,同时实行税款抵扣的计税方式。

①都是以全部流转额为计税销售额。在计税方法上都是以货物、劳务、服务以及无形资产和不动产务的全部销售额为计税依据,增值税还同时实行税款抵扣制度。

②税负具有转嫁性。增值税实行价外征税,经营者出售商品时,税款附加在价格之上转嫁给购买者,随着商品流通环节的延伸,税款最终由消费者承担。

③按产品或行业实行比例税率,而不能采取累进税率。这一点与其他流转税一样,但与所得税则完全不同。

2)增值税的计税原理

增值税的计税原理是通过增值税的计税方法体现出来的。增值税的计税方法是以每一生产经营环节上发生的货物、劳务、服务、无形资产和不动产的销售额为计税依据,然后按规定税率计算出货物或劳务的整体税负,同时通过税款抵扣方式将外购项目在以前环节已纳的税款予以扣除,从而完全避免了重复征税。该原理具体体现在以下几个方面:

①按全部销售额计算税款,但只对货物、劳务、服务以及无形资产和不动产价值中新增价值部分征税。

②实行税款抵扣制度,对以前环节已纳税款予以扣除。

③税款随着货物的销售逐环节转移,最终消费者是全部税款的承担者,但政府并不直接向消费者征税,而是在生产经营的各个环节分段征收,各环节的纳税人并不承担增值税税款。

2.1.4　增值税的计税方法

增值税的计税方法分为直接计算法和间接计算法两种类型。

1)直接计算法

直接计算法,是指首先计算出应税货物、劳务、服务以及无形资产和不动产的增值额,然后用增值额乘以适用税率求出应纳税额。

2)间接计算法

间接计算法,是指不直接根据增值额计算增值税,而是首先计算出应税货物、劳务、服务以及无形资产和不动产的整体税负,然后从整体税负中扣除法定的外购项目已纳税款。这种方法简便易行,计算准确,既适用于单一税率,又适用于多档税率,因此,是实行增值税的国家广泛采用的计税方法。

2.1.5 我国增值税制度发展历程

1)发展历程

我国于1979年引进增值税,并在部分城市试行。1982年财政部制定了《增值税暂行办法》,自1983年1月1日开始在全国试行。1993年12月国务院发布了《中华人民共和国增值税暂行条例》,并于1994年1月1日起在全国范围内全面推行增值税,此时的增值税属于生产型增值税。国务院修订了《中华人民共和国增值税暂行条例》,于2008年11月经国务院第34次常务会议审议通过,并于2009年1月1日起在全国范围内实行消费型增值税。

2)营业税改征增值税改革试点

为促进第三产业的发展,我国从2012年1月1日起,在部分地区和行业开展深化增值税制度改革试点,逐步将目前征收营业税的行业改为征收增值税(下面简称"营改增")。具体改革进程如下:

①2012年1月1日,国务院决定在上海交通运输业和部分现代服务业开展营业税改征增值税试点。

②2012年8月1日至2012年12月31日,国务院扩大营改增试点至10省市,内容上新增了广播影视作品的制作、发行、播放试点行业。截至2013年8月1日,"营改增"范围已推广到全国试行。

③2014年1月1日,国务院将铁路运输和邮政服务业纳入营业税改征增值税试点,至此交通运输业已全部纳入营改增范围。2014年6月1日,国务院将电信业纳入营业税改征增值税试点范围。

④2016年5月1日,国务院决定将试点范围扩大到建筑业、房地产业、金融业、生活服务业,并将所有企业新增不动产所含增值税纳入抵扣范围。

任务2 征税范围

根据《增值税暂行条例》和"营业税改征增值税试点实施办法"的规定,在中华人民共和国境内(以下称境内)销售货物或者提供应税劳务和销售服务、无形资产或者不动产(以下称应税行为)以及进口货物的单位和个人,为增值税纳税人,应当按照相关规定缴纳增值税。

在境内销售货物或者提供应税劳务是指销售货物的起运地或者所在地在境内以及提供的应税劳务发生在境内。

在境内销售服务、无形资产或者不动产,是指:

①服务(租赁不动产除外)或者无形资产(自然资源使用权除外)的销售方或者购买方在境内。

②所销售或者租赁的不动产在境内。

③所销售自然资源使用权的自然资源在境内。

④财政部和国家税务总局规定的其他情形。

2.2.1　我国现行增值税征税范围的一般规定

增值税的征税范围包括货物的生产、批发、零售和进口4个环节,此外,加工和修理修配劳务、交通运输劳务、现代服务业也属于增值税的征税范围,上述劳务以外的劳务服务暂不征收增值税。增值税征税范围的具体内容如下:

1)销售或进口货物

"货物"是指有形动产,包括电力、热力和气体在内。销售货物是指有偿转让货物的所有权。"有偿"不仅指从购买方取得货币,还包括取得货物或其他经济利益。

进口货物是指申报进入我国海关境内的货物。只要是报关进口的应税货物,均属于增值税征税范围,在进口环节缴纳增值税(享受免税政策的货物除外)。

2)提供加工和修理修配劳务

①"加工"是指接收来料承做货物,加工后的货物所有权仍属于委托者的业务,即通常所说的委托加工业务。

②"委托加工业务"是指由委托方提供原料及主要材料,受托方按照委托方的要求制造货物并收取加工费的业务。

③"修理修配"是指受托对损伤和丧失功能的货物进行修复,使其恢复原状和功能的业务。

这里的"提供加工和修理修配劳务"都是指有偿提供加工和修理修配劳务。但单位或个体工商户聘用的员工为本单位或雇主提供加工、修理修配劳务则不包括在内。

3)销售服务、无形资产或者不动产

销售服务、无形资产或者不动产是指有偿提供服务、有偿转让无形资产或者不动产。有偿,是指取得货币、货物或者其他经济利益,但属于非经营活动的情形除外。具体规定如下:

(1)非经营活动

①行政单位收取的同时满足以下条件的政府性基金或者行政事业性收费:

A. 由国务院或者财政部批准设立的政府性基金,由国务院或者省级人民政府及其财政、价格主管部门批准设立的行政事业性收费。

B. 收取时开具省级以上(含省级)财政部门监(印)制的财政票据。

C. 所收款项全额上缴财政。

②单位或者个体工商户聘用的员工为本单位或者雇主提供取得工资的服务。

③单位或者个体工商户为聘用的员工提供服务。

④财政部和国家税务总局规定的其他情形。

(2)在境内销售服务、无形资产或者不动产

①服务(租赁不动产除外)或者无形资产(自然资源使用权除外)的销售方或者购

买方在境内。

②所销售或者租赁的不动产在境内。

③所销售自然资源使用权的自然资源在境内。

④财政部和国家税务总局规定的其他情形。

(3)不属于在境内销售服务或者无形资产

①境外单位或者个人向境内单位或者个人销售完全在境外发生的服务。

②境外单位或者个人向境内单位或者个人销售完全在境外使用的无形资产。

③境外单位或者个人向境内单位或者个人出租完全在境外使用的有形动产。

④财政部和国家税务总局规定的其他情形。

销售服务、无形资产或者不动产,是指有偿提供服务、有偿转让无形资产或者不动产。

2.2.2 对视同销售行为的征税规定

1)对视同销售货物行为的征税规定

单位或个体工商户的下列行为,视同销售货物,征收增值税:

①将货物交付其他单位或者个人代销。

②销售代销货物。

③设有两个以上机构并实行统一核算的纳税人,将货物从一个机构移送其他机构用于销售,但相关机构设在同一县(市)的除外。

④将自产或委托加工的货物用于非增值税应税项目。

⑤将自产、委托加工的货物用于集体福利或个人消费。

⑥将自产、委托加工或购进的货物作为投资,提供给其他单位或个体工商户。

⑦将自产、委托加工或购进的货物分配给股东或投资者。

⑧将自产、委托加工或购进的货物无偿赠送给其他单位或者个人。

⑨财政部和国家税务总局规定的其他情形。对上述行为视同销售货物或提供应税劳务,按规定计算销售额并征收增值税。

2)对视同销售服务、无形资产或者不动产的征税规定

下列情形视同销售服务、无形资产或者不动产:

①单位或者个体工商户向其他单位或者个人无偿提供服务,但用于公益事业或者以社会公众为对象的除外。

②单位或者个人向其他单位或者个人无偿转让无形资产或者不动产,但用于公益事业或者以社会公众为对象的除外。

③财政部和国家税务总局规定的其他情形。

2.2.3 兼营行为的征税规定

试点纳税人销售货物、加工修理修配劳务、服务、无形资产或者不动产适用不同

税率或者征收率的，应当分别核算适用不同税率或者征收率的销售额。未分别核算销售额的，按照以下方法适用税率或者征收率：

①兼有不同税率的销售货物、加工修理修配劳务、服务、无形资产或者不动产，从高适用税率。

②兼有不同征收率的销售货物、加工修理修配劳务、服务、无形资产或者不动产，从高适用征收率。

③兼有不同税率和征收率的销售货物、加工修理修配劳务、服务、无形资产或者不动产，从高适用税率。

2.2.4 混合销售行为的征税规定

一项销售行为，如果既涉及货物又涉及服务，为混合销售。

从事货物的生产、批发或者零售的单位和个体工商户的混合销售行为，按照销售货物缴纳增值税。其他单位和个体工商户的混合销售行为，按照销售服务缴纳增值税。

上述从事货物的生产、批发或者零售的单位和个体工商户，包括以从事货物的生产、批发或者零售为主，并兼营销售服务的单位和个体工商户在内。

★知识链接

"营改增"后，对兼营行为和混合销售行为进行了重新的定义，本章所述的兼营行为和混合销售行为与"营改增"定义前不同。

任务3 纳税人和扣缴义务人

2.3.1 增值税纳税人与扣缴义务人的基本规定

1)纳税义务人

根据相关规定，凡在中华人民共和国境内销售货物或者提供加工、修理修配劳务和销售服务、无形资产或者不动产(以下称应税行为)以及进口货物的单位和个人，为增值税的纳税人。

单位是指企业、行政单位、事业单位、军事单位、社会团体及其他单位。个人是指个体工商户和其他个人。

单位租赁或承包给其他单位或者个人经营的，以承租人或承包人为纳税人。

对报关进口的货物，以进口货物的收货人或办理报关手续的单位和个人为进口货物的纳税人。

2）扣缴义务人

境外的单位或个人在境内提供应税劳务和应税行为，在境内未设有经营机构的，其应纳税款以境内代理人为扣缴义务人。在境内没有代理人的，以购买者为扣缴义务人。

3）合并纳税

两个或者两个以上的纳税人，经财政部和国家税务总局批准可以视为一个纳税人合并纳税，具体办法由财政部和国家税务总局另行规定。

2.3.2 增值税纳税人的分类

增值税纳税人分类的依据根据《增值税暂行条例》及其实施细则的规定，划分一般纳税人和小规模纳税人。这两类纳税人在税款计算方法、适用税率和管理办法上都有所不同。对一般纳税人实行凭发票扣税的计税方法，对小规模纳税人规定简便易行的计税方法和征收管理办法。

2.3.3 小规模纳税人的认定及管理

1）小规模纳税人的认定

小规模纳税人是指年销售额在规定标准以下，并且会计核算不健全，不能按规定报送有关税务资料的增值税纳税人。

根据《增值税暂行条例》及其实施细则和"营改增"相关文件规定，小规模纳税人的认定标准是：

（1）一般规定

①从事货物生产或提供应税劳务的纳税人，以及以从事货物生产或提供应税劳务为主，并兼营货物批发或零售的纳税人，年应税销售额在50万元（含）以下的。以从事货物生产或者提供应税劳务为主，是指纳税人的年货物生产或者提供应税劳务的销售额占年应税销售额的比重在50%以上。

②其他纳税人，年应税销售额在80万元（含）以下的。

③"营改增"相关政策规定，应税行为年销售额标准为500（含本数）万元。

（2）特殊规定

①年应税销售额超过小规模纳税人标准的其他个人，按小规模纳税人纳税。

②非企业性单位、不经常发生应税行为的企业，可选择按小规模纳税人纳税。

2）小规模纳税人的管理

①小规模纳税人实行简易办法征收增值税，一般不得使用增值税专用发票。

②小规模纳税人会计核算健全，能够提供准确税务资料的，可以向主管税务机关申请认定为一般纳税人。

③除国家税务总局另有规定外，纳税人一经认定为一般纳税人后，不得转为小规模纳税人。

2.3.4　一般纳税人的认定和管理

1）一般纳税人的认定范围

增值税纳税人，年应税销售额超过财政部、国家税务总局规定的小规模纳税人标准的，除另有规定外，应当向主管税务机关申请一般纳税人资格认定。

小规模纳税人会计核算健全，能够提供准确税务资料的，可以向主管税务机关申请一般纳税人资格认定，成为一般纳税人。

2）“营改增”试点纳税人一般纳税人的认定

①“营改增”实施前，应税行为年销售额超过500万元的试点纳税人，应向国税主管税务机关（以下简称主管税务机关）申请办理增值税一般纳税人资格认定手续。

②试点纳税人试点实施前的应税行为年销售额按以下公式换算：

$$\text{应税服务年销售额}=\frac{\text{连续不超过12个月应税服务营业额合计}}{1+3\%}$$

③按照现行营业税规定差额征收营业税的试点纳税人，其应税行为营业额按未扣除之前的营业额计算。

④试点实施前已取得增值税一般纳税人资格并兼有应税行为的试点纳税人，不需要重新申请认定，由主管税务机关制作、送达《税务事项通知书》，并告知纳税人。

3）不办理一般纳税人资格认定的规定

①个体工商户以外的其他个人。其他个人指自然人。

②选择按照小规模纳税人纳税的非企业性单位。非企业性单位是指行政单位、事业单、军事单位、社会团体和其他单位。

③选择按照小规模纳税人纳税的不经常发生应税行为的企业。不经常发生应税行为的企业是指非增值税纳税人。不经常发生应税行为是指其偶然发生增值税应税行为。

任务4　税率与征收率

根据确定增值税税率的基本原则，我国增值税设置了一档基本税率和一档低税率，此外，还有对出口货物实施的零税率（“营改增”行业有特殊规定）。

2.4.1　基本税率

纳税人销售或者进口货物，除列举的以外，税率均为17%。提供加工、修理修配劳务和应税服务，除适用低税率范围外，税率也为17%。这一税率就是通常所说的基本税率。

2.4.2 低税率

纳税人销售或者进口列举货物适用税率13%，这一税率即通常所说的低税率。

①粮食、食用植物油、鲜奶。

②暖气、冷气、热水、煤气、石油液化气、天然气、沼气、居民用煤炭制品、自来水（不含自来水生产厂）。

③图书、报纸、杂志。

④饲料、化肥、农药、农机（不包括农机零部件）、农膜。

⑤盐（2007年9月1日起施行，指主体化学成分为氯化钠的工业盐和食用盐）。

⑥音像制品和电子出版物。

⑦国务院规定的其他货物。

另外，根据国务院的决定：对农业产品、金属矿采选产品、非金属矿采选产品增值税税率也为13%。

2.4.3 零税率

①纳税人出口货物和财政部、国家税务总局规定的应税劳务，税率为零，但国务院另有规定的除外。

②“营改增”相关政策对销售的部分服务和无形资产，适用增值税零税率作出了具体规定，跨境应税行为的零税率范围见本项目任务10出口货物的退（免）税。

2.4.4 其他规定

纳税人兼营不同税率的货物或应税劳务的，应当分别核算不同税率货物或者应税劳务的销售额。未分别核算销售额的，从高适用税率。

2.4.5 营改增行业税率

①纳税人发生提供增值电信服务、金融服务、现代服务（不包括有形动产租赁）、生活服务，转让无形资产（不包括转让土地使用权）等应税行为，税率为6%。

②提供交通运输、邮政、基础电信、建筑、不动产租赁服务，销售不动产，转让土地使用权，税率为11%。

③提供有形动产租赁服务，税率为17%。

④境内单位和个人发生的跨境应税行为，税率为零。具体范围由财政部和国家税务总局另行规定。

2.4.6 征收率

小规模纳税人增值税征收率为3%，征收率的调整，由国务院决定。

任务5　增值税计算方法

增值税的计税方法,包括一般计税方法、简易计税方法和扣缴计税方法。

2.5.1　一般计税方法

一般纳税人提供应税服务适用一般计税方法计税,其计算公式为:

当期应纳增值税额=当期销项税额-当期进项税额

一般纳税人提供财政部和国家税务总局规定的特定应税服务,可以选择适用简易计税方法计税,但一经选择,36个月内不得变更。

2.5.2　简易计税方法

小规模纳税人提供应税服务适用简易计税方法计税。其计算公式为:

当期应纳增值税额=当期销售额×征收率

★知识链接

如果一般纳税人按规定销售特定货物,提供特定应税劳务和服务,也可以选择适用简易计税方法计税。

2.5.3　扣缴计税方法

境外单位或者个人在境内提供应税服务,在境内未设有经营机构的,扣缴义务人按照下列公式计算应扣缴税额。

$$应扣缴税额=\frac{接受方支付的价款}{1+税率}\times 税率$$

任务6　一般计税方法应纳税额的计算

增值税一般纳税人销售货物或者提供劳务和应税服务采用一般计税方法计税缴纳增值税,即采用国际上通行的构建扣税法,当期应纳增值税额的大小取决于当期销项税额和当期进项税额。计税公式为:

当期应纳增值税额=当期销项税额-当期进项税额

★知识链接

1. 增值税是价外税,公式中的"销售额"必须是不包括收取的销项税额的销售额。

2. 当期销项税额小于当期进项税额不足抵扣时,其不足部分可以结转下期继续抵扣。

2.6.1 销项税额的计算

销项税额是指纳税人销售货物或者提供应税劳务,按照销售额或应税劳务收入和规定的税率计算并向购买方收取的增值税税额。销项税额的计算公式为:

销项税额=销售额×适用税率

1)一般销售方式下的销售额

正确计算应纳增值税税额,需要首先核算准确作为增值税计税依据的销售额。销售额是指纳税人销售货物或者提供应税劳务向购买方(承受应税劳务也视为购买方)收取的全部价款和价外费用,但是不包括收取的销项税额。价外费用(实属价外收入)是指价外向购买方收取的手续费、补贴、基金、集资费、返还利润、奖励费、违约金(延期付款利息)、包装费、包装物租金、储备费、优质费、运输装卸费、代收款项、代垫款项及其他各种性质的价外收费。但下列项目不包括在内:

①受托加工应征消费税的消费品所代收代缴的消费税。

②同时符合以下条件的代垫运费:

A. 承运者的运费发票开具给购货方的。

B. 纳税人将该项发票转交给购货方的。

③代为收取的政府性基金或者行政事业性收费。

④销售货物的同时代办保险等而向购买方收取的保险费,以及向购买方收取的代购买方缴纳的车辆购置税、车辆牌照费。

凡随同销售货物或提供应税劳务向购买方收取的价外费用,无论其会计制度如何核算,均应并入销售额计算应纳税额。

★知识链接

根据国家税务总局规定:对增值税一般纳税人(包括纳税人自己或代其他部门)向购买方收取的价外费用和逾期包装物押金,应视为含税收入,在征税时换算成不含税收入再并入销售额。

2)视同销售行为销售额的确定

本项目任务1"征税范围"中已列明了单位和个体经营者几种视同销售货物行为。这几种视同销售行为中某些行为由于不是以资金的形式反映出来,会出现无销售额的现象。因此,税法规定,对视同销售征税而无销售额的按下列顺序确定其销售额:

①按纳税人当月同类货物的平均销售价格确定。

②按纳税人最近时期同类货物的平均销售价格确定。

③按组成计税价格确定：

A. 组成计税价格＝成本×(1+成本利润率)

B. 征收增值税的货物，同时又征收消费税的，其组成计税价格中应加计消费税税额。其组成计税价格公式为：

$$组成计税价格=成本\times(1+成本利润率)+消费税税额$$

或：

$$组成计税价格=成本\times\frac{1+成本利润率}{1-消费税税率}$$

★知识链接

> 公式中的成本，是指销售自产货物的为实际生产成本。销售外购货物的为实际采购成本。公式中的成本利润率确定为10%。

【例2.1】　某针织厂(一般纳税人)将自产的针织内衣作为福利发给本厂职工，共发放A型内衣100件，销售价每件80元(不含税)；发放B型内衣300件，无销售价，已知制作B型内衣的总成本为36 000元。

则A,B型内衣计税销售额＝100×80+36 000×(1+10%)＝47 600(元)

3)特殊销售方式下的销售额

在销售活动中，为了达到促销的目的，有多种销售方式。不同销售方式下，销售者取得的销售额会有所不同。税法对以下几种销售方式分别作了规定：

(1)采取折扣方式销售

①商业折扣。折扣销售是指销货方在销售货物或应税劳务时，因购货方购货数量较大等原因而给予购货方的价格优惠。

如果销售额和折扣额在同一张发票上分别注明的，可以按折扣后的余额作为销售额计算增值税。如果将折扣额另开发票，无论其在财务上如何处理，均不得从销售额中减除折扣额。

②销售折扣。是指销货方在销售货物或应税劳务后，为了鼓励购货方及早偿还货款而协议许诺给予购货方的一种折扣优待。如：10天内付款，货款折扣2%；20天内付款，折扣1%；30天内全价付款。该种销售折扣不得从销售额中减除。

③销售折让是指货物销售后，由于其品种、质量等原因购货方未予退货，但销货方需给予购货方的一种价格折让。对销售折让可以折让后的货款为销售额。

(2)采取以旧换新方式销售

以旧换新是指纳税人在销售自己的货物时，有偿收回旧货物的行为。根据税法规定，采取以旧换新方式销售货物的，应按新货物的同期销售价格确定销售额，不得扣减旧货物的收购价格。

考虑金银首饰以旧换新业务的特殊情况，对金银首饰以旧换新业务，可以按销售方实际收取的不含增值税的全部价款征收增值税。

(3)采取还本销售方式销售

还本销售是指纳税人在销售货物后，到一定期限由销售方一次或分次退还给购货方全部或部分价款。税法规定,采取还本销售方式销售货物,其销售额就是货物的销售价格,不得从销售额中减除还本支出。

(4)采取以物易物方式销售

以物易物是一种较为特殊的购销活动,是指购销双方不是以货币结算,而是以同等价款的货物相互结算,实现货物购销的一种方式。以物易物双方都应作购销处理,以各自发出的货物核算销售额并计算销项税额,以各自收到的货物按规定核算购货额并计算进项税额。

(5)包装物押金是否计入销售额

根据税法规定,纳税人为销售货物而出租出借包装物收取的押金,单独记账核算的,时间在1年以内,又未过期的,不并入销售额征税,但对因逾期未收回包装物不再退还的押金,应按所包装货物的适用税率计算销项税额。

对销售除啤酒、黄酒外的其他酒类产品而收取的包装物押金,无论是否返还以及会计上如何核算,均应并入当期销售额征税。对销售啤酒、黄酒所收取的押金,按上述一般押金的规定处理。

★知识链接

其中,"逾期"是指按合同约定实际逾期或以1年为期限,对收取1年以上的押金,无论是否退还均并入销售额征税。

在将包装物押金并入销售额征税时,需要先将该押金换算为不含税价,再并入销售额征税。

(6)直销企业增值税销售额确定

①直销企业先将货物销售给直销员,直销员再将货物销售给消费者的,直销企业的销售额为其向直销员收取的全部价款和价外费用。直销员将货物销售给消费者时,应按照现行规定缴纳增值税。

②直销企业通过直销员向消费者销售货物,直接向消费者收取货款,直销企业的销 售额为其向消费者收取的全部价款和价外费用。

(7)营改增关于销售额的规定

①贷款服务,以提供贷款服务取得的全部利息及利息性质的收入为销售额。

②直接收费金融服务,以提供直接收费金融服务收取的手续费、佣金、酬金、管理费、服务费、经手费、开户费、过户费、结算费、转托管费等各类费用为销售额。

③金融商品转让,按照卖出价扣除买入价后的余额为销售额。

转让金融商品出现的正负差,按盈亏相抵后的余额为销售额。若相抵后出现负差,可结转下一纳税期与下期转让金融商品销售额相抵,但年末时仍出现负差的,不得转入下一个会计年度。

金融商品转让,不得开具增值税专用发票。

④经纪代理服务,以取得的全部价款和价外费用,扣除向委托方收取并代为支付的政府性基金或者行政事业性收费后的余额为销售额。向委托方收取的政府性基金或者行政事业性收费,不得开具增值税专用发票。

⑤融资租赁和融资性售后回租业务。

A. 经中国人民银行、银监会或者商务部批准从事融资租赁业务的试点纳税人，提供融资租赁服务，以取得的全部价款和价外费用，扣除支付的借款利息（包括外汇借款和人民币借款利息）、发行债券利息和车辆购置税后的余额为销售额。

B. 经中国人民银行、银监会或者商务部批准从事融资租赁业务的试点纳税人，提供融资性售后回租服务，以取得的全部价款和价外费用（不含本金），扣除对外支付的借款利息（包括外汇借款和人民币借款利息）、发行债券利息后的余额作为销售额。

C. 试点纳税人根据2016年4月30日前签订的有形动产融资性售后回租合同，在合同到期前提供的有形动产融资性售后回租服务，可继续按照有形动产融资租赁服务缴纳增值税。

⑥航空运输企业的销售额，不包括代收的机场建设费和代售其他航空运输企业客票而代收转付的价款。

⑦试点纳税人中的一般纳税人（以下称一般纳税人）提供客运场站服务，以其取得的全部价款和价外费用，扣除支付给承运方运费后的余额为销售额。

⑧试点纳税人提供旅游服务，可以选择以取得的全部价款和价外费用，扣除向旅游服务购买方收取并支付给其他单位或者个人的住宿费、餐饮费、交通费、签证费、门票费和支付给其他接团旅游企业的旅游费用后的余额为销售额。

选择上述办法计算销售额的试点纳税人，向旅游服务购买方收取并支付的上述费用，不得开具增值税专用发票，可以开具普通发票。

⑨试点纳税人提供建筑服务适用简易计税方法的，以取得的全部价款和价外费用扣除支付的分包款后的余额为销售额。

⑩房地产开发企业中的一般纳税人销售其开发的房地产项目（选择简易计税方法的房地产老项目除外），以取得的全部价款和价外费用，扣除受让土地时向政府部门支付的土地价款后的余额为销售额。

房地产老项目，是指《建筑工程施工许可证》注明的合同开工日期在2016年4月30日前的房地产项目。

试点纳税人按照上述④～⑩款的规定从全部价款和价外费用中扣除的价款，应当取得符合法律、行政法规和国家税务总局规定的有效凭证，否则，不得扣除。

4）含税销售额的换算

为了符合增值税作为价外税的要求，纳税人在填写进销货及纳税凭证，进行账务处理时，应分项记录不含税销售额、销项税额和进项税额，以正确计算应纳增值税额。然而，在实际工作中，常常会出现一般纳税人将销售货物或者应税劳务采用销售额和销项税额合并定价收取的方法，这样，就会形成含税销售额。一般纳税人销售货物或者应税劳务取得的含税销售额在计算销项税额时。必须将其换算为不含税的销售额。

将含税销售额换算为不含税销售额的计算公式为：

$$\text{不含税销售额}=\frac{\text{含税销售额}}{1+\text{税率}}$$

公式中的税率为销售的货物，提供应税劳务或者发生应税行为的按《增值税暂行条例》和营改增政策中规定所适用的税率。

2.6.2 进项税额的计算

纳税人购进货物或者接受应税劳务所支付或者负担的增值税额为进项税额。进项税额是与销项税额相对应的另一个概念。销售方收取的销项税额,就是购买方支付的进项税额。对于任何一个一般纳税人而言,由于其在经营活动中,既会发生销售货物或提供应税劳务,又会发生购进货物或接受应税劳务,因此,每一个一般纳税人都会有收取的销项税额和支付的进项税额。增值税的核心就是用纳税人收取的销项税额抵扣其支付的进项税额,其余额为纳税人实际应缴纳的增值税税额。这样,进项税额作为可抵扣的部分,对于纳税人实际纳税多少就产生了举足轻重的作用。

然而,需要注意的是,并不是纳税人支付的所有进项税额都可以从销项税额中抵扣。当纳税人购进的货物或接受的应税劳务不是用于增值税应税项目,而是用于非应税项目、免税项目或用于集体福利、个人消费等情况时,其支付的进项税额就不能从销项税额中抵扣。税法对不能抵扣进项税额的项目作了严格的规定,如果违反税法规定,随意抵扣进项税额就将以偷税论处。因此,严格把握哪些进项税额可以抵扣,哪些进项税额不能抵扣是十分重要的,这些方面也是纳税人在缴纳增值税实务中差错出现最多的地方。

1)准予从销项税额中抵扣的进项税额的一般规定

①从销售方或提供方取得的增值税专用发票上注明的增值税额。

②从海关取得的海关进口增值税专用缴款书上注明的增值税额。

上述两款规定是指增值税一般纳税人在购进或进口货物及劳务时,取得对方的增值税专用发票或海关进口增值税专用缴款书上已注明规定税率或征收率计算的增值税税额,不需要纳税人计算,但要注意其增值税专用发票及海关进口增值税专用缴款书的合法性,对不符合规定的扣税凭证一律不准抵扣。

③购进农产品,除取得增值税专用发票或者海关进口增值税专用缴款书外,进项税额的确定与抵扣(农产品核定扣除企业除外)。

购进农产品,除取得增值税专用发票或者海关进口增值税专用缴款书外,按照农产品收购发票或者销售发票上注明的农产品买价和13%的扣除率计算的进项税额。

即进项额=买价×扣除率

买价包括纳税人购进农产品在农产品收购发票或者销售发票上注明的价款和按规定缴纳的烟叶税。

④接受境外单位或者个人提供的应税服务,从税务机关或者境内代理人取得的解缴税款的中华人民共和国税收缴款凭证(以下简称税收缴款凭证)上注明的增值税额。

2)"营改增"后原增值税纳税人进项税额的抵扣政策

①原增值税一般纳税人购进服务、无形资产或者不动产,取得的增值税专用发票上注明的增值税额为进项税额,准予从销项税额中抵扣。

2016年5月1日后取得并在会计制度上按固定资产核算的不动产或者2016年5月1日后取得的不动产在建工程,其进项税额应自取得之日起分2年从销项税额中抵扣,第一年抵扣比例为60%,第二年抵扣比例为40%。

②原增值税一般纳税人自用的应征消费税的摩托车、汽车、游艇,其进项税额准予从销项税额中抵扣。

③原增值税一般纳税人从境外单位或者个人购进服务、无形资产或者不动产,按照规定应当扣缴增值税的,准予从销项税额中抵扣的进项税额为自税务机关或者扣缴义务人取得的解缴税款的完税凭证上注明的增值税额。

★知识链接

纳税人凭完税凭证抵扣进项税额的,应当具备书面合同、付款证明和境外单位的对账单或者发票。资料不全的,其进项税额不得从销项税额中抵扣。

④原增值税一般纳税人购进货物或者接受加工修理修配劳务,用于《销售服务、无形资产或者不动产注释》所列项目的,不属于《增值税暂行条例》第10条所称的用于非增值税应税项目,其进项税额准予从销项税额中抵扣。

3)"营改增"后试点纳税人的进项税额抵扣政策

①适用一般计税方法的试点纳税人,2016年5月1日后取得并在会计制度上按固定资产核算的不动产或者2016年5月1日后取得的不动产在建工程,其进项税额应自取得之日起分2年从销项税额中抵扣,第一年抵扣比例为60%,第二年抵扣比例为40%。

取得不动产,包括以直接购买、接受捐赠、接受投资入股、自建以及抵债等各种形式取得不动产,不包括房地产开发企业自行开发的房地产项目。

★知识链接

融资租入的不动产以及在施工现场修建的临时建筑物、构筑物,其进项税额不适用上述分2年抵扣的规定。

②按照《试点实施办法》第二十七条第(一)项规定不得抵扣且未抵扣进项税额的固定资产、无形资产、不动产,发生用途改变,用于允许抵扣进项税额的应税项目,可在用途改变的次月按照下列公式计算可以抵扣的进项税额:

$$\text{可以抵扣的进项税额}=\frac{\text{固定资产、无形资产、不动产净值}}{1+\text{适用税率}}\times\text{适用税率}$$

上述可以抵扣的进项税额应取得合法有效的增值税扣税凭证。

③纳税人接受贷款服务向贷款方支付的与该笔贷款直接相关的投融资顾问费、手续费、咨询费等费用,其进项税额不得从销项税额中抵扣。

4)不得从销项税额中抵扣的进项税额

纳税人购进货物或者应税劳务,取得的增值税扣税凭证不符合法律、行政法规或者国务院税务主管部门有关规定的，其进项税额不得从销项税额中抵扣。这里所称的扣税凭证是指增值税专用发票、海关进口增值税专用缴款书、农产品收购发票和农产品销售发票。

有下列情形之一的，应按销售额依照增值税税率计算应纳税额，不得抵扣进项税额：

①一般纳税人会计核算不健全，或者不能够提供准确税务资料的。

②除另有规定的外，纳税人销售额超过小规模纳税人标准，未申请办理一般纳税人认定手续的。

③购入的货物、应税劳务、服务、无形资产或者不动产用于简易计税方法计税项目、免征增值税项目、集体福利或者个人消费。

★知识链接

其中，涉及的无形资产、不动产，仅指专用于上述项目的无形资产（不包括其他权益性无形资产）、不动产。

其中，涉及的货物不包括既用于应税项目又用于免税、集体福利或者个人消费的固定资产纳税人的交际应酬消费属于个人消费。

④非正常损失的购进货物，以及相关的加工修理修配劳务和交通运输服务。

⑤非正常损失的在产品、产成品所耗用的购进货物（不包括固定资产）、加工修理修配劳务和交通运输服务。

⑥非正常损失的不动产，以及该不动产所耗用的购进货物、设计服务和建筑服务。

⑦非正常损失的不动产在建工程所耗用的购进货物、设计服务和建筑服务。

纳税人新建、改建、扩建、修缮、装饰不动产，均属于不动产在建工程。

⑧购进的旅客运输服务、贷款服务、餐饮服务、居民日常服务和娱乐服务。

⑨财政部和国家税务总局规定的其他情形。

⑩已抵扣进项税额的购进服务，发生上述第五点规定情形（简易计税方法计税项目、免征增值税项目除外）的，应当将该进项税额从当期进项税额中扣减；无法确定该进项税额的，按照当期实际成本计算应扣减的进项税额。

已抵扣进项税额的无形资产或者不动产，发生上述第五点规定情形的，按照下列公式计算不得抵扣的进项税额：

$$\text{不得抵扣的进项税额}=\text{无形资产或者不动产净值}\times\text{适用税率}$$

按照《增值税暂行条例》第十条和上述第五点不得抵扣且未抵扣进项税额的固定资产、无形资产、不动产，发生用途改变，用于允许抵扣进项税额的应税项目，可在用途改变的次月按照下列公式，依据合法有效的增值税扣税凭证，计算可以抵扣的进项税额：

$$\text{可以抵扣的进项税额}=\frac{\text{固定资产、无形资产、不动产净值}}{1+\text{适用税率}}\times\text{适用税率}$$

上述可以抵扣的进项税额应取得合法有效的增值税扣税凭证。

★知识链接

非正常损失，是指因管理不善造成被盗、丢失、霉烂变质的损失，以及被执法部门依法没收或者强令自行销毁的货物。

2.6.3　应纳税额的计算

在确定了销项税额和进项税额后，就可以得出实际应纳税额，基本计算公式为：

应纳税额=当期销项税额-当期进项税额

1）计算应纳税额的时间界定

计算应纳税额，在确定时间界限时，应掌握以下有关规定：

（1）销项税额的时间界定

关于销项税额的确定时间，总的原则是：销项税额的确定不得滞后。税法对此作了严格的规定，具体确定销项税额的时间根据本项目关于纳税义务发生时间的有关规定执行。

（2）进项税额抵扣时限的界定

关于进项税额的抵扣时间，总的原则是：进项税额的抵扣不得提前。税法对不同扣税凭证的抵扣时间作了详细的规定。

①防伪税控专用发票进项税额的抵扣时限。

增值税一般纳税人取得2010年1月1日以后开具的增值税专用发票应在开具之日起180日内到税务机关办理认证，并在认证通过的次月申报期内，向主管税务机关申报抵扣进项税额。

②海关完税凭证进项税额的抵扣时限。

纳税人进口货物取得的属于增值税扣税范围的海关缴款书，应自开具之日起180天内向主管税务机关报送《海关完税凭证抵扣清单》（电子数据），申请稽核比对，逾期未申请的其进项税额不予抵扣。

2）扣减当期销项税额的规定

纳税人在销售货物时，因货物质量、规格等原因发生销货退回或销售折让，由于销货退回或折让不仅涉及销货价款或折让价款的退回，还涉及增值税的退回，因此，销货方应对当期销项税额进行调整。税法规定，一般纳税人因销货退回和折让而退还给购买方的增值税额，应从发生销货退回或折让当期的销项税额中扣减。

3）扣减当期进项税额的规定

（1）进货退出或折让的税务处理

纳税人在购进货物时，因货物质量、规格等原因而发生进货退回或折让，由于进货退回或折让不仅涉及货款或折让价款的收回，还涉及增值税的收回，因此，购货方应对当期进项税税额进行调整。税法规定，一般纳税人因进货退回和折让而从销货方收回的增值税额，应从发生进货退回或折让当期的进项税额中扣减。

(2)向供货方收取的返还收入的税务处理

2004年7月1日起,对商业企业向供货方收取的与商品销售量、销售额挂钩(如以一比例、金额、数量计算)的各种返还收入,均应按平销返利行为的有关规定冲减当期增值税税进项税额。冲减进项税额的计算公式如下:

$$\text{当期应冲减的进项税额}=\frac{\text{当期取得的返还资金}}{1+\text{所购进货物适用增值税税率}}\times\text{所购进货物适用增值税税率}$$

商业企业向供货方收取的各种返还收入,一律不得开具增值税专用发票。

(3)已经抵扣进项税额的购进货物发生用途改变的税务处理

由于增值税采用"购进扣税法",当期购进的货物或应税劳务如果未确定用于非经营性项目,其进项税额会在当期销项税额中予以抵扣。但已经抵扣进项税额的购进货物或应税劳务如果事后改变用途,如用于职工福利或个人消费,购进货物发生非正常损失,在产品或产成品发生非正常损失,根据税法规定,应将购进货物或应税劳务的进项税额从当期的进项税额中扣减。无法准确确定该项进项税额的,按当期实际成本计算应扣减的进项税额。

4)进项税额不足抵扣的税务处理

纳税人在计算应纳税额时,如果当期销项税额小于当期进项税额不足抵扣的部分,可以结转下期继续抵扣。

原增值税一般纳税人兼有应税服务的,截止到本地区试点实施之日前的增值税期末留抵税额,不得从应税服务的销项税额中抵扣。

5)一般纳税人注销时存货及留抵税额处理

一般纳税人注销或被取消辅导期一般纳税人资格,转为小规模纳税人时,其存货不作进项税额转出处理,其留抵税额也不予以退税。

【例2.2】 某生产企业为增值税一般纳税人,适用增值税税率为17%,5月发生有关生产经营业务如下:

1.销售甲产品给某大商场,开具增值税专用发票,取得不含税销售额80万元。

2.销售乙产品,开具普通发票,取得含税销售额29.25万元。

3.将试制的一批应税新产品用于本企业基建工程,成本价为20万元,成本利润率为10%,该新产品无同类产品市场销售价格。

4.销售使用过的进口摩托车5辆,开具普通发票,每辆取得含税销售额1.04万元,该摩托车原值每辆0.9万元。

5.购进货物取得增值税专用发票,注明支付的货款60万元,进项税额10.2万元。

6.向农业生产者购进免税农产品一批,支付收购价30万元,支付给运输单位的运费5万元,取得相关的合法票据。本月下旬将购进农产品的20%用于本企业职工福利(以上相关票据均符合税法的规定)。

请计算该企业5月应缴纳的增值税税额。

1.销售甲产品的销项税额:

$$80\times17\%=13.6(\text{万元})$$

2. 销售乙产品的销项税额：

$$\frac{29.25}{1+17\%}\times17\%=4.25(\text{万元})$$

3. 自用新产品的销项税额：

$$20\times(1+10\%)\times17\%=3.74(\text{万元})$$

4. 销售使用过的摩托车应纳税额：

$$\frac{1.04}{1+4\%}\times4\%\times50\%\times5=0.1(\text{万元})$$

5. 外购货物应抵扣的进项税额：10.2 万元

6. 外购免税农产品应抵扣的进项税额：

$$(30\times13\%)\times(1-20\%)=3.12(\text{万元})$$

7. 该企业 5 月应缴纳的增值税额：

$$13.6+4.25+3.74+0.1-10.2-3.12=8.37(\text{万元})$$

任务 7　简易计税方法应纳税额的计算

2.7.1　应纳税额的计算公式

按简易计税方法销售货物或提供应税劳务和服务以及销售无形资产和不动产发生应税行为，按简易方法计算，即按销售额和规定征收率计算应纳税额，不得抵扣进项税额，同时，销售货物或提供应税劳务和服务也不得自行开具增值税专用发票。其应纳税额的计算公式为：

应纳税额＝销售额×征收率

这里需要解释两点：第一，按简易计税方法取得的销售额与本项目任务 6 讲述的销售额所包含的内容是一致的，都是销售货物或提供应税劳务和服务以及销售无形资产和不动产向购买方收取的全部价款和价外费用，但是不包括按征收率收取的增值税税额；第二，按简易方法计税不得抵扣进项税额。

2.7.2　“营改增”后一般纳税人按简易方法计税的规定

一般纳税人应该按照一般计税方法计算缴纳增值税，但是发生下列应税行为可以选择适用简易计税方法计税：

①公共交通运输服务。

公共交通运输服务，包括轮客渡、公交客运、地铁、城市轻轨、出租车、长途客运、班车。

②经认定的动漫企业为开发动漫产品提供的各种动漫制作服务，以及在境内转让动漫版权（包括动漫品牌、形象或者内容的授权及再授权）。

③电影放映服务、仓储服务、装卸搬运服务、收派服务和文化体育服务。

④以纳入营改增试点之日前取得的有形动产为标的物提供的经营租赁服务。

⑤在纳入营改增试点之日前签订的尚未执行完毕的有形动产租赁合同。

2.7.3 含税销售额的换算

由于简易计税方法的销售额不包括其应纳税额，必须将含税销售额换算为不含税的销售额后才能计算应纳税额。

$$不含税销售额=\frac{含税销售额}{1+征收率}$$

【例 2.3】 某商店为增值税小规模纳税人，8 月取得零售收入总额 12.48 万元。计算该商店 8 月应缴纳的增值税税额。

1.8 月取得的不含税销售额：

$$\frac{12.48}{1+4\%}=12(万元)$$

2.8 月应缴纳增值税税额：

$$12\times4\%=0.48(万元)$$

2.7.4 纳税人销售自己使用过的物品或者销售旧货的处理

1)一般纳税人销售固定资产

①一般纳税人在 2009 年 1 月 1 日之前购进固定资产时，出售时按照 4% 的征收率再减半征收。

★知识链接

> 一般纳税人在 2009 年 1 月 1 日之前购进固定资产时，进项税额不得抵扣(增值税改革试点地区除外)。既然纳税人当年购买固定资产时未抵扣过进项税额，现在出售时就不再多收税了，象征性地按照 4% 的征收率再减半征收。

②2009 年 1 月 1 日以后购进的，出售时按正常销售处理。

★知识链接

> 如果纳税人当年购进固定资产时已经依法抵扣了进项税额，现在出售时就该依法办事不能少缴税了。

2)一般纳税人销售旧货

一般纳税人销售自己使用过的物品和旧货(旧汽车、旧摩托、旧游艇)，按照简易办法依照 4% 的征收率减半征收增值税。

3)小规模纳税人

小规模纳税人(除其他个人外，下同)销售自己使用过的固定资产，减按 2% 的征收率征收增值税。

表 2.1　纳税人销售自己使用过的物品或者销售旧货

纳税人	具体情形	税务处理	计税公式
一般纳税人	2009 年 1 月 1 日以前购进的固定资产并且未纳入试点	按照简易办法依 4% 的征收率减半征收增值税	$增值税=\frac{含税售价}{1+4\%}\times 4\%\times 50\%$
	2009 年 1 月 1 日以后购进的固定资产或纳入试点的	按正常销售货物适用税率征收增值税	$增值税=\frac{含税售价}{1+17\%}\times 17\%$
	非固定资产		
	旧货	按照简易办法依照 4% 的征收率减半征收增值税	$增值税=\frac{含税售价}{1+4\%}\times 4\%\times 50\%$
小规模纳税人	固定资产	减按 2% 的征收率征收增值税	$增值税=\frac{含税售价}{1+3\%}\times 2\%$
	旧货		
	非固定资产	按 3% 的征收率征收增值税	$增值税=\frac{含税售价}{1+3\%}\times 3\%$

任务 8　进口货物征税

2.8.1　进口货物征税的范围和纳税人

1) 进口货物征税的范围

申报进入中华人民共和国海关境内的货物，均应缴纳增值税。

确定一项货物是否属于进口货物，必须首先看其是否有报关进口手续。一般来说，境外产品要输入境内，必须向我国海关申报进口，并办理有关报关手续。只要是报关进口的应税货物，无论其是国外产制还是我国已出口而转销国内的货物，是进口者自行采购还是国外捐赠的货物，是进口者自用还是作为贸易或其他用途等，均应按照规定缴纳进口环节的增值税。

2) 进口货物的纳税人

进口货物的收货人或办理报关手续的单位和个人，为进口货物增值税的纳税义务人。也就是说，进口货物增值税纳税人的范围较宽，包括了国内一切从事进口业务的企业事业单位、机关团体和个人。

2.8.2　进口货物的适用税率

同2.4的内容。

2.8.3　进口货物应纳税额的计算

纳税人进口货物，按照组成计税价格和《条例》规定的税率计算应纳税额，不得抵扣任何税额。组成计税价格和应纳税额的计算公式是：

组成计税价格=关税完税价格+关税+消费税

应纳税额=组成计税价格×税率

★知识链接

前述“不得抵扣任何税额”，是指在计算进口环节的应纳增值税税额时，不得抵扣发生在我国境外的各种税金。

【例2.4】 某商场10月进口货物一批。该批货物在国外的买价40万元，另外，该批货物运抵我国海关前发生的包装费、运输费、保险费等共计20万元。货物报关后，商场按规定缴纳了进口环节的增值税并取得了海关开具的完税凭证。假定该批进口货物在国内全部销售，取得不含税销售额100万元。

计算该批货物进口环节、国内销售环节分别应缴纳的增值税税额（货物进口关税税率15%，增值税税率17%）。

1. 关税的组成计税价格：40+20=60（万元）
2. 应缴纳进口关税：60×15%=9（万元）
3. 进口环节应纳增值税的组成计税价格：60+9=69（万元）
4. 进口环节应缴纳增值税的税额：69×17%=11.73（万元）
5. 国内销售环节的销项税额：100×17%=17（万元）
6. 国内销售环节应缴纳增值税税额：17-11.73=5.27（万元）

任务9　出口货物的退（免）税

我国的出口货物退（免）税是指在国际贸易业务中，对我国报关出口的货物退还或免征其在国内各生产和流转环节按税法规定缴纳的增值税和消费税，即对增值税出口货物实行零税率，对消费税出口货物免税。

增值税出口货物的零税率，从税法上理解有两层含义：一是对本道环节生产或销售货物的增值部分免征增值税；二是对出口货物前道环节所含的进项税额进行退付。

当然，由于各种货物出口前涉及征免税情况有所不同，且国家对少数货物有限制出口政策，因此，对货物出口的不同情况国家在遵循“征多少，退多少”“未征不退和彻底退税”基本原则的基础上，制定了不同的税务处理办法。

2.9.1　出口退(免)税基本政策

目前,我国的出口货物税收政策分为以下3种形式:

1)出口免税并退税

出口免税是指对货物在出口销售环节不征增值税、消费税,这是把货物出口环节与出口前的销售环节都同样视为一个征税环节。出口退税是指对货物在出口前实际承担的税收负担,按规定的退税率计算后予以退还。

2)出口免税不退税

出口免税与上述第一项含义相同。出口不退税是指适用这个政策的出口货物因在前一道生产、销售环节或进口环节是免税的。因此,出口时该货物的价格中本身就不含税,也无须退税。

3)出口不免税也不退税

出口不免税是指对国家限制或禁止出口的某些货物的出口环节视同内销环节。照常征税;出口不退税是指对这些货物出口不退还出口前其所负担的税款。适用这个政策的主要是税法列举限制或禁止出口的货物,如天然牛黄、麝香、白银等。

2.9.2　出口货物和应税劳务及服务增值税退(免)税政策(即免又退)

对下列出口货物劳务,除适用增值税免税政策和征税政策的出口货物劳务规定的以外,实行免征和退还增值税[以下称增值税退(免)税]政策:

1)出口企业出口货物

出口企业,是指依法办理工商登记、税务登记、对外贸易经营者备案登记,自营或委托出口货物的单位或个体工商户,以及依法办理工商登记、税务登记但未办理对外贸易经营者备案登记,委托出口货物的生产企业。

★知识链接

出口货物,是指向海关报关后实际离境并销售给境外单位或个人的货物,分为自营出口货物和委托出口货物两类。

生产企业,是指具有生产能力(包括加工修理修配能力)的单位或个体工商户。

2)出口企业对外提供加工修理修配劳务

对外提供加工修理修配劳务,是指对进境复出口货物或从事国际运输的运输工具进行的加工修理修配。

3)根据"营改增"相关政策,一般纳税人跨境应税行为适用增值税零税率和免税政策的规定

中华人民共和国境内(以下称境内)的单位和个人销售的下列服务和无形资产,适用增值税零税率:

(1)国际运输服务。

(2)航天运输服务。

(3)向境外单位提供的完全在境外消费的下列服务:

①研发服务。

②合同能源管理服务。

③设计服务。

④广播影视节目(作品)的制作和发行服务。

⑤软件服务。

⑥电路设计及测试服务。

⑦信息系统服务。

⑧业务流程管理服务。

⑨离岸服务外包业务。

⑩转让技术。

4)增值税退(免)税办法

适用增值税退(免)税政策的出口货物劳务,按照下列规定实行增值税免抵退税或免退税办法。

(1)免抵退税办法

①含义。生产企业出口自产货物和视同自产货物及对外提供加工修理修配劳务,免征增值税,相应的进项税额抵减应纳增值税额(不包括适用增值税即征即退、先征后退政策的应纳增值税额),未抵减完的部分予以退还。

②零税率销售应税服务和无形资产,如果属于适用于增值税一般计税方法的,免征增值税,相应的进项税额抵减应纳增值税,未抵减完部分予以退还。

③外贸企业自己开发的研发服务和设计服务出口,视同生产企业连同其出口货物统一实行免抵退税办法。

(2)免退税办法

①不具有生产能力的出口企业或其他单位出口货物劳务,免征增值税,相应的进项税额予以退还。

②境内的单位和个人提供适用增值税零税率的应税服务,如果属于适用简易计税方法的,实行免征增值税办法。

③外贸企业外购研发服务和设计服务出口实行免退税办法。

5)增值税出口退税率

(1)退税率的一般规定

除财政部和国家税务总局根据国务院决定而明确的增值税出口退税率(以下称

退税率)外,出口货物的退税率为其适用税率。

(2)出口应税服务的退税率

应税服务退税率为应税服务适用的增值税税率。即有形动产租赁服务退税率为17%;交通运输业服务、邮政业服务退税率为11%;现代服务业服务(有形动产租赁服务除外)退税率为6%。

6)增值税退(免)税的计税依据

出口货物劳务服务的增值税退(免)税的计税依据,按出口货物劳务的出口发票(外销发票)、其他普通发票或购进出口货物劳务服务的增值税专用发票、海关进口增值税专用缴款书确定。

①生产企业出口货物劳务(进料加工复出口货物除外)增值税退(免)税的计税依据,为出口货物劳务的实际离岸价(FOB)。

②外贸企业出口货物(委托加工修理修配除外)增值税退(免)税的计税依据,为购进出口货物的增值税专用发票注明的金额或海关进口增值税专用缴款书注明的完税凭证。

③外贸企业出口委托加工修理修配货物增值税退(免)税的计税依据,为加工修理修配费用增值税专用发票注明的金额。

④增值税零税率应税服务退(免)税的计税依据。

A.实行免抵退税办法的增值税零税率应税服务,其计税依据一般为提供增值税零税率应税服取得的收入。

B.实行免退税办法的退(免)税计税依据×实行免退税办法的退(免)税计税依据购进应税服务的增值税专用发票或解缴税款中华人民共和国税收缴款凭证上注明的金额。

7)增值税免抵退税和免退税的计算

(1)生产企业出口货物、应税劳务和服务增值税免抵退税的计算

①当期应纳税额的计算:

当期应纳税额=当期销项税额-(当期进项税额-当期不得免征和抵扣税额)

当期不得免征和抵扣税额=出口货物离岸价×外汇人民币折合率×(出口货物适用税率-出口货物退税率)-当期不得免征和抵扣税额和抵减额

当期不得免征和抵扣税额抵减额=当期免税购进原材料价格×(出口货物适用税率-出口货物退税率)

②当期“免抵退”税额的计算:

当期“免抵退”税额=当期出口货物离岸价×外汇人民币折合率×出口货物退税率-当期“免抵退”税额抵减额

当期“免抵退”税额抵减额=当期免税购进原材料价格×出口货物退税率

③当期应退税额和免抵税额的计算:

A.当期期末留抵税额≤当期“免抵退”税额,则:

当期应退税额=当期期末留抵税额

当期免抵税额=当期免抵退税额-当期应退税额

B. 当期期末留抵税额>当期"免抵退"税额,则:

当期应退税额=当期"免抵退"税额

当期免抵税额=0

当期期末留抵税额为当期增值税纳税申报表中"期末留抵税额"

当期免税购进原材料价格包括当期国内购进的无进项税额且不计提进项税额的免税原材料的价格和当期进料加工保税进口料件的价格。其中,当期进料加工保税进口料件的价格为组成计税价格。

当期进料加工保税进口

料件的组成计税价格=当期进口料件到岸价格+海关实征关税+海关实征消费税

【例 2.5】 某年甲生产企业(增值税一般纳税人)进口货物,海关审定的关税完税价格为 500 万元,关税税率为 10%,海关代征了进口环节增值税。进口进料加工材料一批,海关暂免征税予以放行,组成计税价格 100 万元。从国内市场购进原材料支付价款 1 400 万元,取得增值税专用发票上注明的税款 238 万元。外销进料加工货物的离岸价为 1 000 万元人民币。内销货物的销售额为 1 200 万元(不含税)。该企业适用"免抵退"的税收政策,上期留抵税额 50 万元。要求计算该企业当期应缴纳或应退的增值税额(内销适用的税率为 17%,出口退税率为 11%)。

1. 计算当期进项税

(1)进口环节海关代征的增值税=500×(1+10%)×17%=93.5(万元)

(2)国内采购的原材料可抵扣的进项税为 238 万元。

(3)由于是免税进口材料,没有缴纳过增值税,因此不计算不得免征和抵扣是不能与缴纳过增值税的情况一样对待,需要计算免抵退税额不得免征和抵扣税额抵减额=100×(17%-11%)=6(万元)

出口货物免抵退税额不得免征和抵扣税额=1 000×(17%-11%)-6=54(万元)。

(4)上期留抵税额 50 万元。

(5)当期允许抵扣的进项税额合计 93.5+238-54+50=327.5(万元)

2. 计算当期销项税额

内销货物销项税=1 200×17%=204(万元)

3. 当期应纳税额=204-327.5=-123.5(万元)

4. 由于进口材料享受的免税政策,计算出口货物免抵退税总额时要扣减已享受过的优惠额,免抵退税额=1 000×11%-100×11%=99(万元)

5. 由于期末留抵数额 123.5 万元>免抵退税额 99 万元

当期应退税额=99(万元)

当期免抵税额=0

当期留抵税额=123.5-99=24.5(万元)

(2)"营改增"涉及零税率应税服务增值税退(免)税的计算

①当期零税率应税服务"免抵退"税额的计算。

当期零税率应税服务"免抵退"税额=当期零税率应税服务"免抵退"税计税依据×外汇人民币折合率×零税率应税服务增值税退税率

②当期应退税额和当期免抵税额的计算。

当期期末留抵税额≤当期"免抵退"税额,则:

当期应退税额=当期期末留抵税额

当期免抵税额=当期"免抵退"税额-当期应退税额

当期期末留抵税额>当期"免抵退"税额,则:

当期应退税额=当期"免抵退"税额

当期免抵税额=0

当期期末留抵税额为当期增值税纳税申报表中"期末留抵税额"

【例2.6】 某国际运输公司(一般纳税人),实行"免抵退"管理办法。该企业2014年3月发生如下业务:

1. 该企业承接了3个国际运输业务,取得收入60万元人民币。

2. 该企业增值税纳税申报时,期末留抵税额为15万元人民币。

要求计算该企业当月的退税额。

1. 当期零税率应税服务"免抵退"税额的计算

当期零税率应税服务"免抵退"税额=当期零税率应税服务"免抵退"税计税依据×外汇人民币折合率×零税率应税服务增值税退税率

60×11%=6.6(万元)

2. 当期应退税额和当期免抵税额的计算

当期期末留抵税额15万元>当期"免抵退"税额6.6万元

当期应退税额=当期"免抵退"税额=6.6万元

退税申报后结转下期留抵税额为8.4×(15-6.6)万元。

(3)外贸企业出口货物劳务服务增值税免退税

①外贸企业出口委托加工修理修配货物以外的货物。

应退税额=增值税退(免)税依据×出口货物退税税率

【例2.7】 某进出口公司2005年3月出口美国平纹布2 000米,进货增值税专用发票列明单价20元/平方米,计税金额40 000元,退税税率13%。

其应退税额:2 000×20×13%=5 200(元)

②外贸企业出口委托加工修理修配货物。

应退税额=委托加工修理修配增值税退(免)税依据×出口货物退税税率

【例2.8】 某进出口公司2014年6月购进牛仔布委托加工成服装出口,取得牛仔布增值税发票一张,注明计税金额10 000元;取得服装加工费计税金额2 000元(退税税率17%)。

该企业的应退税额:(10 000+2 000)×17%=1 640(元)

2.9.3 出口货物和劳务及应税服务增值税免税政策(只免不退)

1)适用范围

(1)出口企业或其他单位出口规定的货物

①增值税小规模纳税人出口的货物。

②避孕药品和用具,古旧图书。

③含黄金、铂金成分的货物,钻石及其饰品。

④软件产品。

⑤国家计划内出口的卷烟。

境内的单位和个人销售的下列服务和无形资产免征增值税,但财政部和国家税务总局规定适用增值税零税率的除外。

(2)服务

①工程项目在境外的建筑服务。

②工程项目在境外的工程监理服务。

③工程、矿产资源在境外的工程勘察勘探服务。

④会议展览地点在境外的会议展览服务。

⑤存储地点在境外的仓储服务。

⑥标的物在境外使用的有形动产租赁服务。

⑦在境外提供的广播影视节目(作品)的播映服务。

⑧在境外提供的文化体育服务、教育医疗服务、旅游服务。

(3)为出口货物提供的邮政服务、收派服务、保险服务。

(4)向境外单位提供的完全在境外消费的下列服务和无形资产。

①电信服务。

②知识产权服务。

③物流辅助服务(仓储服务、收派服务除外)。

④鉴证咨询服务。

⑤专业技术服务。

⑥商务辅助服务。

⑦广告投放地在境外的广告服务。

⑧无形资产。

(5)以无运输工具承运方式提供的国际运输服务。

(6)为境外单位之间的货币资金融通及其他金融业务提供的直接收费金融服务,且该服务与境内的货物、无形资产和不动产无关。

2)出口货物和劳务增值税征税政策(不免也不退)

部分出口货物劳务,不适用增值税退(免)税和免税政策,视同内销货物征税的其他规定征收增值税。

任务10　税收优惠

1)法定免税项目

①农业生产者销售的自产农产品。

农业,是指种植业、养殖业、林业、牧业、水产业。农业生产者,包括从事农业生产的单位和个人。农产品,是指初级农产品,具体范围由财政部、国家税务总局确定。

②避孕药品和用具。

③古旧图书。古旧图书是指向社会收购的古书和旧书。

④直接用于科学研究、科学试验和教学的进口仪器、设备。

⑤外国政府、国际组织无偿援助的进口物资和设备。

⑥由残疾人的组织直接进口供残疾人专用的物品。

⑦销售自己使用过的物品,自己使用过的物品是指其他个人使用过的物品。

2)增值税起征点的规定

对个人销售额未达到规定起征点的,免征增值税。增值税起征点的适用范围限于个人,不包括认定为一般纳税人的个体工商户。

增值税起征点的幅度规定如下:

①销售货物的,为月销售额5 000~20 000元。

②销售应税劳务的,为月营业额5 000~20 000元。

③按次纳税的,为每次(日)销售额300~500元。

④"营改增"应税行为的起征点:

A.按期纳税的,为月销售额5 000~20 000元(含本数)。

B.按次纳税的,为每次(日)销售额300~500元(含本数)。

C.起征点的调整由财政部和国家税务总局规定。

D.国家税务局应当在规定的幅度内,根据实际情况确定本地区适用的起征点,并报财政部和国家税务总局备案。

E.对增值税小规模纳税人月销售额未达到2万元的企业或非企业性单位,免征增值税。2017年12月31日前,对月销售额2万元(含本数)至3万元的增值税小规模纳税人,免征增值税。

3)其他有关减免税规定

①纳税人兼营免税、减税项目的,应当分别核算免税、减税项目的销售额;未分别核算销售额的,不得免税、减税。

②纳税人销售货物或者应税劳务适用免税规定的,可以放弃免税,依照《增值税暂行条例》的规定缴纳增值税。放弃免税后,36个月内不得再申请免税。

任务11　征收管理

2.11.1　增值税纳税义务发生时间

1)具体规定

①采取直接收款方式销售货物,不论货物是否发出,均为收到销售款或取得索取销售款凭据的当天。先开具发票的,为开具发票的当天。

②采取托收承付和委托银行收款方式销售货物,为发出货物并办妥托收手续的

当天。

③采取赊销和分期收款方式销售货物,为书面合同约定收款日期的当天。无书面合同或者书面合同没有约定收款日期的,为货物发出的当天。

④采取预收货款方式销售货物,为货物发出的当天。但生产销售、生产工期超过12个月的大型机械设备、船舶、飞机等货物,为收到预收款或者书面合同约定的收款日期的当天。

⑤委托其他纳税人代销货物,为收到代销单位销售的代销清单或者收到全部或者部分货款的当天。未收到代销清单及货款的,其纳税义务发生时间为发出代销货物满180日的当天。

⑥销售应税劳务,为提供劳务同时收讫销售款或取得索取销售款凭据的当天。

⑦纳税人发生视同销售货物行为,为货物移送的当天。

⑧纳税人提供应税服务并收讫销售款项或者取得索取销售款项凭据的当天,先开具发票的,为开具发票的当天。

⑨纳税人提供有形动产租赁服务采取预收款方式的,其纳税义务发生时间为收到预收款的当天。

⑩纳税人发生《营业税改征增值税试点实施办法》第十一条视同提供应税服务的,其纳税义务发生时间为应税服务完成的当天。

⑪增值税扣缴义务发生时间为纳税人增值税纳税义务发生的当天。

2)“营改增”涉及的纳税义务发生时间

①纳税人发生应税行为并收讫销售款项或者取得索取销售款项凭据的当天。先开具发票的,为开具发票的当天。

收讫销售款项,是指纳税人销售服务、无形资产、不动产过程中或者完成后收到款项。

取得索取销售款项凭据的当天,是指书面合同确定的付款日期。未签订书面合同或者书面合同未确定付款日期的,为服务、无形资产转让完成的当天或者不动产权属变更的当天。

②纳税人提供建筑服务、租赁服务采取预收款方式的,其纳税义务发生的时间为收到预收款的当天。

③纳税人从事金融商品转让的,为金融商品所有权转移的当天。

④纳税人发生本办法第十四条规定情形的,其纳税义务发生时间为服务、无形资产转让完成的当天或者不动产权属变更的当天。

⑤增值税扣缴义务发生时间为纳税人增值税纳税义务发生的当天。

2.11.2 纳税期限

1)增值税的纳税期限

增值税的纳税期限分别为1日、3日、5日、10日、15日、1个月或者1个季度。纳税人的具体纳税期限,由主管税务机关根据纳税人应纳税额的大小分别核定。以1个季度为纳税期限的规定适用于小规模纳税人、银行、财务公司、信托投资公司、信用社,以及财政部和国家税务总局规定的其他纳税人。不能按照固定期限纳税的,可以按次纳税。

增值税报缴税款期限的规定:

①纳税人以1个月或者1个季度为1个纳税期的,自期满之日起15日内申报纳税。以1日、3日、5日、10日或者15日为1个纳税期的,自期满之日起5日内预缴税款,于次月1日起15日内申报纳税并结清上月应纳税款。扣缴义务人解缴税款的期限,按照前两款规定执行。

②纳税人进口货物,应当自海关填发海关进口增值税专用缴款书之日起15日内缴纳税款。

2)纳税地点

一般规定:

①固定业户应当向其机构所在地主管税务机关申报纳税。总机构和分支机构不在同一县(市)的,应当分别向各自所在地主管税务机关申报纳税。经国务院财政、税务主管部门或者其授权的财政、税务机关批准,可以由总机构汇总向总机构所在地主管税务机关申报纳税。

②固定业户到外县(市)销售货物或者提供应税劳务的,应当向其机构所在地主管税务机关申请开具外出经营活动税收管理证明,向其机构所在地主管税务机关申报纳税。未开具证明的,应当向销售地或者劳务发生地主管税务机关申报纳税。未向销售地或者劳务发生地主管税务机关申报纳税的,由其机构所在地主管税务机关补征税款。

③固定业户(指增值税一般纳税人)临时到外省、市销售货物的,必须向经营地税务机关出示《外出经营活动税收管理证明》回原地纳税。需要向购货方开具专用发票的,也回原地补开。

④非固定业户增值税纳税地点。非固定业户销售货物或者提供应税劳务和服务,应当向销售地或者劳务和服务发生地主管税务机关申报纳税。未向销售地或者劳务和服务发生地主管税务机关申报纳税的,由其机构所在地或居住地主管税务机关补征税款。

⑤进口货物,向报关地海关申报纳税。

⑥扣缴义务人应当向其机构所在地或者居住地的主管税务机关申报缴纳其扣缴的税款。

3)"营改增"涉及的纳税地点

①固定业户应当向其机构所在地或者居住地主管税务机关申报纳税。总机构和分支机构不在同一县(市)的,应当分别向各自所在地的主管税务机关申报纳税。经财政部和国家税务总局或者其授权的财政和税务机关批准,可以由总机构汇总向总机构所在地的主管税务机关申报纳税。

②非固定业户应当向应税行为发生地主管税务机关申报纳税。未申报纳税的,由其机构所在地或者居住地主管税务机关补征税款。

③其他个人提供建筑服务,销售或者租赁不动产,转让自然资源使用权,应向建筑服务发生地、不动产所在地、自然资源所在地主管税务机关申报纳税。

④扣缴义务人应当向其机构所在地或者居住地主管税务机关申报缴纳扣缴的税款。

4)其他"营改增"涉及的征收管理规定

①营业税改征的增值税,由国家税务局负责征收。纳税人销售取得的不动产和其他个人出租不动产的增值税,国家税务局暂委托地方税务局代为征收。

②纳税人发生适用零税率的应税行为,应当按期向主管税务机关申报办理退(免)税,具体办法由财政部和国家税务总局制定。

③纳税人发生应税行为,应当向索取增值税专用发票的购买方开具增值税专用发票,并在增值税专用发票上分别注明销售额和销项税额。

属于下列情形之一的,不得开具增值税专用发票:

A.向消费者个人销售服务、无形资产或者不动产。

B.适用免征增值税规定的应税行为。

④小规模纳税人发生应税行为,购买方索取增值税专用发票的,可以向主管税务机关申请代开。

任务12 "营改增"范围

2.12.1 销售服务

销售服务,是指提供交通运输服务、邮政服务、电信服务、建筑服务、金融服务、现代服务、生活服务。

1)交通运输服务

交通运输服务,是指利用运输工具将货物或者旅客送达目的地,使其空间位置得到转移的业务活动。包括陆路运输服务、水路运输服务、航空运输服务和管道运输服务。

(1)陆路运输服务

陆路运输服务,是指通过陆路(地上或者地下)运送货物或者旅客的运输业务活动,包括铁路运输服务和其他陆路运输服务。

①铁路运输服务,是指通过铁路运送货物或者旅客的运输业务活动。

②其他陆路运输服务,是指铁路运输以外的陆路运输业务活动。包括公路运输、缆车运输、索道运输、地铁运输、城市轻轨运输等。

出租车公司向使用本公司自有出租车的出租车司机收取的管理费用,按照陆路运输服务缴纳增值税。

(2)水路运输服务

水路运输服务,是指通过江、河、湖、川等天然、人工水道或者海洋航道运送货物或者旅客的运输业务活动。

水路运输的程租、期租业务,属于水路运输服务。

程租业务,是指运输企业为租船人完成某一特定航次的运输任务并收取租赁费的业务。

期租业务,是指运输企业将配备有操作人员的船舶承租给他人使用一定期限,承租期内听候承租方调遣,不论是否经营,均按天向承租方收取租赁费,发生的固定费用均由船东负担的业务。

(3)航空运输服务

航空运输服务,是指通过空中航线运送货物或者旅客的运输业务活动。

航空运输的湿租业务,属于航空运输服务。

湿租业务,是指航空运输企业将配备有机组人员的飞机承租给他人使用一定期限,承租期内听候承租方调遣,不论是否经营,均按一定标准向承租方收取租赁费,发生的固定费用均由承租方承担的业务。

航天运输服务按照航空运输服务缴纳增值税。

航天运输服务,是指利用火箭等载体将卫星、空间探测器等空间飞行器发射到空间轨道的业务活动。

(4)管道运输服务

管道运输服务,是指通过管道设施输送气体、液体、固体物质的运输业务活动。

无运输工具承运业务按照交通运输服务缴纳增值税。

无运输工具承运业务,是指经营者以承运人身份与托运人签订运输服务合同,收取运费并承担承运人责任,然后委托实际承运人完成运输服务的经营活动。

2)邮政服务

邮政服务,是指中国邮政集团公司及其所属邮政企业提供邮件寄递、邮政汇兑和机要通信等邮政基本服务的业务活动,包括邮政普遍服务、邮政特殊服务和其他邮政服务。

(1)邮政普遍服务

邮政普遍服务,是指函件、包裹等邮件寄递,以及邮票发行、报刊发行和邮政汇兑等业务活动。

函件,是指信函、印刷品、邮资封片卡、无名址函件和邮政小包等。

包裹,是指按照封装上的名址递送给特定个人或者单位的独立封装的物品,其质量不超过50千克,任何一边的尺寸不超过150厘米,长、宽、高合计不超过300厘米。

(2)邮政特殊服务

邮政特殊服务,是指义务兵平常信函、机要通信、盲人读物和革命烈士遗物的寄递等业务活动。

(3)其他邮政服务

其他邮政服务,是指邮册等邮品销售、邮政代理等业务活动。

3)电信服务

电信服务,是指利用有线、无线的电磁系统或者光电系统等各种通信网络资源,提供语音通话服务,传送、发射、接收或者应用图像、短信等电子数据和信息的业务活动,包括基础电信服务和增值电信服务。

(1)基础电信服务

基础电信服务,是指利用固网、移动网、卫星、互联网,提供语音通话服务的业务活动,以及出租或者出售带宽、波长等网络元素的业务活动。

(2)增值电信服务

增值电信服务,是指利用固网、移动网、卫星、互联网、有线电视网络,提供短信和彩信服务、电子数据和信息的传输及应用服务、互联网接入服务等业务活动。

卫星电视信号落地转接服务,按照增值电信服务缴纳增值税。

4)建筑服务

建筑服务,是指各类建筑物、构筑物及其附属设施的建造、修缮、装饰,线路、管道、设备、设施等的安装以及其他工程作业的业务活动,包括工程服务、安装服务、修缮服务、装饰服务和其他建筑服务。

(1)工程服务

工程服务,是指新建、改建各种建筑物、构筑物的工程作业,包括与建筑物相连的各种设备或者支柱、操作平台的安装或者装设工程作业,以及各种窑炉和金属结构工程作业。

(2)安装服务

安装服务,是指生产设备、动力设备、起重设备、运输设备、传动设备、医疗实验设备以及其他各种设备、设施的装配、安置工程作业,包括与被安装设备相连的工作台、梯子、栏杆的装设工程作业,以及被安装设备的绝缘、防腐、保温、油漆等工程作业。

固定电话、有线电视、宽带、水、电、燃气、暖气等经营者向用户收取的安装费、初装费、开户费、扩容费以及类似收费,按照安装服务缴纳增值税。

(3)修缮服务

修缮服务,是指对建筑物、构筑物进行修补、加固、养护、改善,使之恢复原来的使用价值或者延长其使用期限的工程作业。

(4)装饰服务

装饰服务,是指对建筑物、构筑物进行修饰装修,使之美观或者具有特定用途的工程作业。

(5)其他建筑服务

其他建筑服务,是指上列工程作业之外的各种工程作业服务,如钻井(打井)、拆除建筑物或者构筑物、平整土地、园林绿化、疏浚(不包括航道疏浚)、建筑物平移、搭脚手架、爆破、矿山穿孔、表面附着物(包括岩层、土层、沙层等)剥离和清理等工程作业。

5)金融服务

金融服务,是指经营金融保险的业务活动,包括贷款服务、直接收费金融服务、保险服务和金融商品转让。

(1)贷款服务

贷款,是指将资金贷与他人使用而取得利息收入的业务活动。

各种占用、拆借资金取得的收入,包括金融商品持有期间(含到期)利息(保本收益、报酬、资金占用费、补偿金等)收入,信用卡透支利息收入,买入返售金融商品利息收入,融资融券收取的利息收入,以及融资性售后回租、押汇、罚息、票据贴现、转贷等业务取得的利息及利息性质的收入,按照贷款服务缴纳增值税。融资性售后回租,是指承租方以融资为目的,将资产出售给从事融资性售后回租业务的企业后,从事融资性售后回租业务的企业将该资产出租给承租方的业务活动。

以货币资金投资收取的固定利润或者保底利润,按照贷款服务缴纳增值税。

(2)直接收费金融服务

直接收费金融服务,是指为货币资金融通及其他金融业务提供相关服务并且收取费用的业务活动。包括提供货币兑换、账户管理、电子银行、信用卡、信用证、财务担保、资产管理、信托管理、基金管理、金融交易场所(平台)管理、资金结算、资金清算、金融支付等服务。

(3)保险服务

保险服务,是指投保人根据合同约定,向保险人支付保险费,保险人对于合同约定的可能发生的事故因其发生所造成的财产损失承担赔偿保险金责任,或者当被保险人死亡、伤残、疾病或者达到合同约定的年龄、期限等条件时承担给付保险金责任的商业保险行为,包括人身保险服务和财产保险服务。

人身保险服务,是指以人的寿命和身体为保险标的的保险业务活动。

财产保险服务,是指以财产及其有关利益为保险标的的保险业务活动。

(4)金融商品转让

金融商品转让,是指转让外汇、有价证券、非货物期货和其他金融商品所有权的业务活动。

其他金融商品转让包括基金、信托、理财产品等各类资产管理产品和各种金融衍生品的转让。

6)现代服务

现代服务,是指围绕制造业、文化产业、现代物流产业等提供技术性、知识性服务的业务活动,包括研发和技术服务、信息技术服务、文化创意服务、物流辅助服务、租赁服务、鉴证咨询服务、广播影视服务、商务辅助服务和其他现代服务。

(1)研发和技术服务

研发和技术服务,包括研发服务、合同能源管理服务、工程勘察勘探服务、专业技术服务。

①研发服务,也称技术开发服务,是指就新技术、新产品、新工艺或者新材料及其系统进行研究与试验开发的业务活动。

②合同能源管理服务,是指节能服务公司与用能单位以契约形式约定节能目标,节能服务公司提供必要的服务,用能单位以节能效果支付节能服务公司投入及其合理报酬的业务活动。

③工程勘察勘探服务，是指在采矿、工程施工前后，对地形、地质构造、地下资源蕴藏情况进行实地调查的业务活动。

④专业技术服务，是指气象服务、地震服务、海洋服务、测绘服务、城市规划、环境与生态监测服务等专项技术服务。

(2)信息技术服务

信息技术服务，是指利用计算机、通信网络等技术对信息进行生产、收集、处理、加工、存储、运输、检索和利用，并提供信息服务的业务活动，包括软件服务、电路设计及测试服务、信息系统服务、业务流程管理服务和信息系统增值服务。

①软件服务，是指提供软件开发服务、软件维护服务、软件测试服务的业务活动。

②电路设计及测试服务，是指提供集成电路和电子电路产品设计、测试及相关技术支持服务的业务活动。

③信息系统服务，是指提供信息系统集成、网络管理、网站内容维护、桌面管理与维护、信息系统应用、基础信息技术管理平台整合、信息技术基础设施管理、数据中心、托管中心、信息安全服务、在线杀毒、虚拟主机等业务活动。包括网站对非自有的网络游戏提供的网络运营服务。

④业务流程管理服务，是指依托信息技术提供的人力资源管理、财务经济管理、审计管理、税务管理、物流信息管理、经营信息管理和呼叫中心等服务的活动。

⑤信息系统增值服务，是指利用信息系统资源为用户附加提供的信息技术服务。包括数据处理、分析和整合、数据库管理、数据备份、数据存储、容灾服务、电子商务平台等。

(3)文化创意服务

文化创意服务，包括设计服务、知识产权服务、广告服务和会议展览服务。

①设计服务，是指把计划、规划、设想通过文字、语言、图画、声音、视觉等形式传递出来的业务活动。包括工业设计、内部管理设计、业务运作设计、供应链设计、造型设计、服装设计、环境设计、平面设计、包装设计、动漫设计、网游设计、展示设计、网站设计、机械设计、工程设计、广告设计、创意策划、文印晒图等。

②知识产权服务，是指处理知识产权事务的业务活动。包括对专利、商标、著作权、软件、集成电路布图设计的登记、鉴定、评估、认证、检索服务。

③广告服务，是指利用图书、报纸、杂志、广播、电视、电影、幻灯、路牌、招贴、橱窗、霓虹灯、灯箱、互联网等各种形式为客户的商品、经营服务项目、文体节目或者通告、声明等委托事项进行宣传和提供相关服务的业务活动。包括广告代理和广告的发布、播映、宣传、展示等。

④会议展览服务，是指为商品流通、促销、展示、经贸洽谈、民间交流、企业沟通、国际往来等举办或者组织安排的各类展览和会议的业务活动。

(4)物流辅助服务

物流辅助服务，包括航空服务、港口码头服务、货运客运场站服务、打捞救助服务、装卸搬运服务、仓储服务和收派服务。

①航空服务，包括航空地面服务和通用航空服务。

航空地面服务，是指航空公司、飞机场、民航管理局、航站等向在境内航行或者在境内机场停留的境内外飞机或者其他飞行器提供的导航等劳务性地面服务的业务活动,包括旅客安全检查服务、停机坪管理服务、机场候机厅管理服务、飞机清洗消毒服务、空中飞行管理服务、飞机起降服务、飞行通信服务、地面信号服务、飞机安全服务、飞机跑道管理服务、空中交通管理服务等。

通用航空服务,是指为专业工作提供飞行服务的业务活动,包括航空摄影、航空培训、航空测量、航空勘探、航空护林、航空吊挂播撒、航空降雨、航空气象探测、航空海洋监测、航空科学实验等。

②港口码头服务,是指港务船舶调度服务、船舶通信服务、航道管理服务、航道疏浚服务、灯塔管理服务、航标管理服务、船舶引航服务、理货服务、系解缆服务、停泊和移泊服务、海上船舶溢油清除服务、水上交通管理服务、船只专业清洗消毒检测服务和防止船只漏油服务等为船只提供服务的业务活动。

港口设施经营人收取的港口设施保安费按照港口码头服务缴纳增值税。

③货运客运场站服务,是指货运客运场站提供货物配载服务、运输组织服务、中转换乘服务、车辆调度服务、票务服务、货物打包整理、铁路线路使用服务、加挂铁路客车服务、铁路行包专列发送服务、铁路到达和中转服务、铁路车辆编解服务、车辆挂运服务、铁路接触网服务、铁路机车牵引服务等业务活动。

④打捞救助服务,是指提供船舶人员救助、船舶财产救助、水上救助和沉船沉物打捞服务的业务活动。

⑤装卸搬运服务,是指使用装卸搬运工具或者人力、畜力将货物在运输工具之间、装卸现场之间或者运输工具与装卸现场之间进行装卸和搬运的业务活动。

⑥仓储服务,是指利用仓库、货场或者其他场所代客贮放、保管货物的业务活动。

⑦收派服务,是指接受寄件人委托,在承诺的时限内完成函件和包裹的收件、分拣、派送服务的业务活动。

⑧收件服务,是指从寄件人收取函件和包裹,并运送到服务提供方同城的集散中心的业务活动。

⑨分拣服务,是指服务提供方在其集散中心对函件和包裹进行归类、分发的业务活动。

⑩派送服务,是指服务提供方从其集散中心将函件和包裹送达同城的收件人的业务活动。

(5)租赁服务

租赁服务,包括融资租赁服务和经营租赁服务。

①融资租赁服务,是指具有融资性质和所有权转移特点的租赁活动。即出租人根据承租人所要求的规格、型号、性能等条件购入有形动产或者不动产租赁给承租人,合同期内租赁物所有权属于出租人,承租人只拥有使用权,合同期满付清租金后,承租人有权按照残值购入租赁物,以拥有其所有权。无论出租人是否将租赁物销售给承租人,均属于融资租赁。

根据标的物的不同,融资租赁服务可分为有形动产融资租赁服务和不动产融资租赁服务。

融资性售后回租不按照本税目缴纳增值税。

②经营租赁服务,是指在约定时间内将有形动产或者不动产转让他人使用且租赁物所有权不变更的业务活动。

根据标的物的不同,经营租赁服务可分为有形动产经营租赁服务和不动产经营租赁服务。

将建筑物、构筑物等不动产或者飞机、车辆等有形动产的广告位出租给其他单位或者个人用于发布广告,按照经营租赁服务缴纳增值税。

车辆停放服务、道路通行服务(包括过路费、过桥费、过闸费等)等按照不动产经营租赁服务缴纳增值税。

水路运输的光租业务、航空运输的干租业务,属于经营租赁。

光租业务,是指运输企业将船舶在约定的时间内出租给他人使用,不配备操作人员,不承担运输过程中发生的各项费用,只收取固定租赁费的业务活动。

干租业务,是指航空运输企业将飞机在约定的时间内出租给他人使用,不配备机组人员,不承担运输过程中发生的各项费用,只收取固定租赁费的业务活动。

(6)鉴证咨询服务

鉴证咨询服务,包括认证服务、鉴证服务和咨询服务。

①认证服务,是指具有专业资质的单位利用检测、检验、计量等技术,证明产品、服务、管理体系符合相关技术规范、相关技术规范的强制性要求或者标准的业务活动。

②鉴证服务,是指具有专业资质的单位受托对相关事项进行鉴证,发表具有证明力的意见的业务活动,包括会计鉴证、税务鉴证、法律鉴证、职业技能鉴定、工程造价鉴证、工程监理、资产评估、环境评估、房地产土地评估、建筑图纸审核、医疗事故鉴定等。

③咨询服务,是指提供信息、建议、策划、顾问等服务的活动,包括金融、软件、技术、财务、税收、法律、内部管理、业务运作、流程管理、健康等方面的咨询。

翻译服务和市场调查服务按照咨询服务缴纳增值税。

④广播影视服务,包括广播影视节目(作品)的制作服务、发行服务和播映(含放映,下同)服务。

A. 广播影视节目(作品)制作服务,是指进行专题(特别节目)、专栏、综艺、体育、动画片、广播剧、电视剧、电影等广播影视节目和作品制作的服务。具体包括与广播影视节目和作品相关的策划、采编、拍摄、录音、音视频文字图片素材制作、场景布置、后期的剪辑、翻译(编译)、字幕制作、片头、片尾、片花制作、特效制作、影片修复、编目和确权等业务活动。

B. 广播影视节目(作品)发行服务,是指以分账、买断、委托等方式,向影院、电台、电视台、网站等单位和个人发行广播影视节目(作品)以及转让体育赛事等活动的报道及播映权的业务活动。

C. 广播影视节目(作品)播映服务,是指在影院、剧院、录像厅及其他场所播映广播影视节目(作品),以及通过电台、电视台、卫星通信、互联网、有线电视等无线或者有线装置播映广播影视节目(作品)的业务活动。

(7)商务辅助服务

商务辅助服务,包括企业管理服务、经纪代理服务、人力资源服务、安全保护服务。

①企业管理服务，是指提供总部管理、投资与资产管理、市场管理、物业管理、日常综合管理等服务的业务活动。

②经纪代理服务，是指各类经纪、中介、代理服务，包括金融代理、知识产权代理、货物运输代理、代理报关、法律代理、房地产中介、职业中介、婚姻中介、代理记账、拍卖等。

货物运输代理服务，是指接受货物收货人、发货人、船舶所有人、船舶承租人或者船舶经营人的委托，以委托人的名义，为委托人办理货物运输、装卸、仓储和船舶进出港口、引航、靠泊等相关手续的业务活动。

代理报关服务，是指接受进出口货物的收、发货人委托，代为办理报关手续的业务活动。

③人力资源服务，是指提供公共就业、劳务派遣、人才委托招聘、劳动力外包等服务的业务活动。

④安全保护服务，是指提供保护人身安全和财产安全，维护社会治安等的业务活动，包括场所住宅保安、特种保安、安全系统监控以及其他安保服务。

(8)其他现代服务

其他现代服务，是指除研发和技术服务、信息技术服务、文化创意服务、物流辅助服务、租赁服务、鉴证咨询服务、广播影视服务和商务辅助服务以外的现代服务。

7)生活服务

生活服务，是指为满足城乡居民日常生活需求提供的各类服务活动，包括文化体育服务、教育医疗服务、旅游娱乐服务、餐饮住宿服务、居民日常服务和其他生活服务。

(1)文化体育服务

文化体育服务，包括文化服务和体育服务。

①文化服务，是指为满足社会公众文化生活需求提供的各种服务。包括文艺创作、文艺表演、文化比赛，图书馆的图书和资料借阅，档案馆的档案管理，文物及非物质遗产保护，组织举办宗教活动、科技活动、文化活动，提供游览场所。

②体育服务，是指组织举办体育比赛、体育表演、体育活动，以及提供体育训练、体育指导、体育管理的业务活动。

(2)教育医疗服务

教育医疗服务，包括教育服务和医疗服务。

①教育服务，是指提供学历教育服务、非学历教育服务、教育辅助服务的业务活动。

A. 学历教育服务，是指根据教育行政管理部门确定或者认可的招生和教学计划组织教学，并颁发相应学历证书的业务活动，包括初等教育、初级中等教育、高级中等教育、高等教育等。

B. 非学历教育服务，包括学前教育、各类培训、演讲、讲座、报告会等。

C. 教育辅助服务，包括教育测评、考试、招生等服务。

②医疗服务，是指提供医学检查、诊断、治疗、康复、预防、保健、接生、计划生育、防疫服务等方面的服务，以及与这些服务有关的提供药品、医用材料器具、救护车、病房住宿和伙食的业务。

(3)旅游娱乐服务

旅游娱乐服务,包括旅游服务和娱乐服务。

①旅游服务,是指根据旅游者的要求,组织安排交通、游览、住宿、餐饮、购物、文娱、商务等服务的业务活动。

②娱乐服务,是指为娱乐活动同时提供场所和服务的业务,具体包括歌厅、舞厅、夜总会、酒吧、台球、高尔夫球、保龄球、游艺(包括射击、狩猎、跑马、游戏机、蹦极、卡丁车、热气球、动力伞、射箭、飞镖)。

(4)餐饮住宿服务

餐饮住宿服务,包括餐饮服务和住宿服务。

①餐饮服务,是指通过同时提供饮食和饮食场所的方式为消费者提供饮食消费服务的业务活动。

②住宿服务,是指提供住宿场所及配套服务等的活动,包括宾馆、旅馆、旅社、度假村和其他经营性住宿场所提供的住宿服务。

(5)居民日常服务

居民日常服务,是指主要为满足居民个人及其家庭日常生活需求提供的服务,包括市容市政管理、家政、婚庆、养老、殡葬、照料和护理、救助救济、美容美发、按摩、桑拿、氧吧、足疗、沐浴、洗染、摄影扩印等服务。

(6)其他生活服务

其他生活服务,是指除文化体育服务、教育医疗服务、旅游娱乐服务、餐饮住宿服务和居民日常服务之外的生活服务。

(7)销售无形资产

销售无形资产,是指转让无形资产所有权或者使用权的业务活动。无形资产,是指不具实物形态,但能带来经济利益的资产,包括技术、商标、著作权、商誉、自然资源使用权和其他权益性无形资产。

技术,包括专利技术和非专利技术。

自然资源使用权,包括土地使用权、海域使用权、探矿权、采矿权、取水权和其他自然资源使用权。

其他权益性无形资产,包括基础设施资产经营权、公共事业特许权、配额、经营权(包括特许经营权、连锁经营权、其他经营权)、经销权、分销权、代理权、会员权、席位权、网络游戏虚拟道具、域名、名称权、肖像权、冠名权、转会费等。

2.12.2 销售不动产

销售不动产,是指转让不动产所有权的业务活动。不动产,是指不能移动或者移动后会引起性质、形状改变的财产,包括建筑物、构筑物等。

建筑物,包括住宅、商业营业用房、办公楼等可供居住、工作或者进行其他活动的建造物。构筑物,包括道路、桥梁、隧道、水坝等建造物。

转让建筑物有限产权或者永久使用权的,转让在建的建筑物或者构筑物所有权的,以及在转让建筑物或者构筑物时一并转让其所占土地的使用权的,按照销售不动产缴纳增值税。

[本章小结]

本章主要介绍我国的增值税制度和“营改增”的相关政策。首先,介绍了增值税的征税范围、税率和纳税人管理。其次,介绍了增值税的计税方法、一般计税方法应纳税额的计算、简易计税方法应纳税额的计算、进口货物征税和出口货物、劳务及跨境应税行为的退(免)税处理。最后介绍了增值税的税收优惠和征收管理。

[案例回顾]

业务(1)交通运输业在“营改增”后须征收增值税,税率11%

销项税额$=\frac{585\ 000}{1+17\%}\times17\%=85\ 000$(元)

可抵扣的进项税额$=(76\ 500+22\ 500\times11\%)\times80\%=63\ 180$(元)

应纳增值税税额 $=85\ 000-63\ 180=21\ 820$(元)

业务(2)视同销售的组成计税价格,非正常损失的进项税须转出

销项税额 $=450\times380\times(1+10\%)\times17\%=31\ 977$(元)

项税额转出$=50\ 000\times17\%=8\ 500$(元)

可抵扣的进项税额$=27\ 200-8\ 500=18\ 700$(元)

纳增值税税额$=31\ 977-18\ 700=13\ 277$(元)

业务(3)销售使用过的固定资产按征收率计算增值税

销售使用过的机器应纳增值税 $=\frac{32\ 440}{1+3\%}\times4\%\times\frac{1}{2}\ =629.9$(元)

业务(4)逾期包装物押金应当并入当期销售额计算增值税(注意剔税)

押金收入应纳增值税税额$=\frac{12\ 870}{1+17\%}\times17\%=1870$(元)

5月份应纳增值税额:

$21\ 820+13\ 277+629.9+1\ 870=37\ 596.9$(元)

[思考与练习]

一、单项选择

1. 将购买的货物用于下列项目,其进项税额准予抵扣的是(　　)。
   A. 用于修建展厅　　B. 用于发放奖品
   C. 无偿赠送给客户　　D. 作为发放职工的福利
2. 下列项目中应确认收入计算销项税额的项目有(　　)。
   A. 将购买的货物用于集体福利
   B. 将购买的货物用于非应税项目
   C. 将购买的货物委托加工单位加工后收回继续生产使用的货物
   D. 将购买的货物作为投资给其他单位

3. 增值税起征点的规定，只适用于(　　)。

A. 企业　　B. 事业单位

C. 自然人个人　　D. 个体经营者

4. 某童装厂(一般纳税人)当月购进原料，取得增值税专用发票上注明销售额80 000元，后将其委托另一服装厂加工成棉服，取得对方开具的增值税专用发票上注明增值税5 100元，当月收回并全部售给一小规模商业批发企业，开具普通发票上注明销售额为152 100元，其应纳增值税额为(　　)。

A. 3 400元　　B. -1 700元　　C. 680元　　D. 4 600元

5. 下列各项中属于视同销售行为应当计算销项税额的有(　　)。

A. 将购买的货物用于非应税项目　　B. 将购买的货物委托外单位加工

C. 将购买的货物无偿赠送他人　　D. 将购买的货物用于集体福利

6. 下列项目中，不得从计税销售额中扣除的有(　　)。

A. 折扣额与销售额同开在一张发票情形下的折扣额

B. 销售折扣额

C. 销售折让额

D. 销售退货额

7. 某酒厂为一般纳税人。本月向一小规模纳税人销售白酒，开具普通发票上注明金额93 600元。同时收取单独核算的包装物押金2 000元(尚未逾期)，此业务酒厂应计算的销项税额为(　　)。

A. 13 600元　　B. 13 890.60元　　C. 15 011.32元　　D. 15 301.92元

8. 某化工厂(一般纳税人)发生的下列(　　)业务，不准予抵扣进项税额。

A. 进口材料取得海关完税凭证上注明的增值税额

B. 购进辅助材料取得增值税专用发票上注明的增值税额

C. 购料时卖方转来的代垫运费(运费发票抬头开给化工厂)

D. 为加固厂房而购进钢材取得增值税专用发票上注明的增值税额

9. 下列关于销项税额确认时间的正确说法是(　　)。

A. 购销方式销售的，为将提货单交给卖方的当天

B. 直接收款方式销售的，为发货当天

C. 预收货款方式销售的，为收款当天

D. 将自产货物用于集体福利和个人消费的，为货物移送当天

10. 某商场采取以旧换新方式销售电视机，每台零售价3 000元，本月售出电视机150台，旧电视机折价200元，共收回150台旧电视，该业务应纳增值税为(　　)。

A. 61 025.64元　　B. 65 384.62元　　C. 73 500元　　D. 76 500元

11. 以下交易中不征收增值税的是(　　)。

A. 销售小轿车　　B. 提供运输劳务

C. 为雇主提供加工劳务　　D. 提供通信服务

12. 计算增值税时，销售额包括(　　)。

A. 向购买方收取的销项税额或增值税额

B. 受托加工应征消费税的消费品代收代缴的消费税

C. 代收代垫款项

D. 政府性基金

13. 下列进项税额可以从销项税额中抵扣的是(　　)。

A. 购进发生霉烂变质的货物的进项税额

B. 外购货物或应税劳务用于非应税项目

C. 外购原材料的进项税额

D. 外购货物或应税劳务用于集体福利

14. 我国出口货物增值税的退(免)税政策不包括(　　)。

A. 出口免税并退税　　B. 即征即退

C. 出口免税但不退税　　D. 出口不免税也不予退税

15. 以下对增值税纳税义务发生时间说法错误的是(　　)。

A. 预收货款方式销售货物,为发出货物的当天

B. 委托代销货物,为收到代销清单的当天

C. 视同销售的,为货物移送的次日

D. 进口货物为报关进口的当天

16. 以下不是增值税纳税期限的为(　　)。

A. 3 日　　B. 5 日　　C. 7 日　　D. 10 日

17. 增值税纳税人的销售额中的价外费用不包括(　　)。

A. 包装物租金　　B. 手续费　　C. 违约金　　D. 销项税额

18. 新办小型商贸企业在认定为一般纳税人之前,一律按小规模纳税人计税,一年内销售额达到或超过(　　)后,可申报一般纳税人。

A. 50 万元　　B. 100 万元　　C. 150 万元　　D. 80 万元

19. 增值税一般纳税人申请抵扣的防伪税控系统开具的增值税专用发票,必须自开具之日起(　　)内到税务机关论证,否则不予抵扣进项税额。

A. 30 日　　B. 60 日　　C. 180 日　　D. 120 日

20. 下列项目中,不允许扣除进项税额的是(　　)。

A. 一般纳税人购进生产用物资

B. 一般纳税人销售免税货物时支付的运费

C. 工业企业估价入库的原材料

D. 商业企业购进的已支付贷款并取得增值税专用发票的货物

二、多项选择

1. 增值税一般纳税人发生下列项目而支出的款额,可以按 11% 的扣除率计算进项税额的有(　　)。

A. 销售货物所支付的运输费用　　B. 收购免税农业产品的买价

C. 收购废旧物资的收购金额　　D. 购入货物所支付的运输费用

2. 下列哪些价外收费应并入销售额计算应纳增值税额(　　)。

A. 向购买方收取的手续费

B. 向购买方收取的销项税额

C. 向购买方收取的运输装卸费

D. 受托加工应征消费税的消费品所代收代缴的消费税

3. 下列各项目,能被认定为增值税一般纳税人的是(　　)。

A. 年应税销售额在50万元以上,会计核算健全的工业企业

B. 年应税销售额在100万元以上,会计核算健全的商业企业

C. 年应税销售额在50万元以上,会计核算健全的商业企业

D. 年应税销售额200万元的自然人

4. 纳税人销售货物或应税劳务,增值税纳税义务发生时间为(　　)。

A. 签订销售合同的当天　　B. 发出货物的当天

C. 取得索取销售款凭证的当天　　D. 收讫销售款的当天

5. 下列属于征收增值税范畴的交易有(　　)。

A. 汽车修配厂发生的修理修配劳务

B. 医院按医生所开处方销售给病人的药品

C. 邮局销售集邮商品

D. 员工为本单位提供的修理劳务

6. 下列经营收入在并入销售额计算销项税额时,需换算为不含税销售额的有(　　)。

A. 混合销售涉及的非应税劳务收入

B. 销售自己使用过的货物

C. 逾期没收的包装物押金收入

D. 向购买方收取的各项价外费用

7. 下列结算方式中,以发货当天作为增值税纳税义务发生时间的有(　　)。

A. 托收承付　　B. 交款提货　　C. 预收货款　　D. 分期收款

8. 以下属于增值税的课税对象的有(　　)。

A. 销售不动产　　B. 加工和修理修配　　C. 进口货物　　D. 销售货物

9. 以下交易中征收增值税的是(　　)。

A. 进口香烟　　B. 提供培训服务

C. 销售图书　　D. 提供机器修理服务

10. 以下行为应视同销售缴纳增值税的是(　　)。

A. 将自产货物分发给职工作为福利

B. 将委托加工货物分发给职工作为福利

C. 将自产货物用于个人消费

D. 将委托加工货物用于连续加工

11. 以下行为应视同销售缴纳增值税的是(　　)。

A. 将自产货物用于对外投资

B. 将委托加工的货物用于对外投资

C. 将自产货物用于连续加工

D. 将自产货物分配给股东

12. 下列关于单独核算,为销售货物出租出借包装物押金是否计入销售额的正确的是(　　)。

A. 时间在1年以内,又未过期的,不并入销售额征税

B. 逾期未收回,但时间在1年以内的,计入销售额征税

C. 时间超过1年的,并入销售额征税

D. 并入销售额征税时，应将押金换算成不含税价

13. 下列关于增值税纳税地点的说法正确的有(　　)。

A. 固定业户应当向其机构所在地主管税务机关申报纳税

B. 固定业户到外县市销售货物的，未开具外出经营活动税收管理证明单的，应当向其机构所在地主管税务机关纳税

C. 非固定业户销售货物或者应税劳务，应当向销售地主管税务机关申报纳税

D. 进口货物，应当由进口人或其代理人向报关地海关申报纳税

14. 下列说法正确的有(　　)。

A. 采用还本销售方式销售货物，其销售额就是货物的销售价格，不得从销售额中减除还本支出

B. 采取以旧换新方式销售货物的，应按新货物的同期销售价格确定销售额，不得扣减货物的收购价格

C. 采取以旧换新方式销售货物的，应按新旧货物的同期销售价格的差额确定销售额

D. 销售折扣可以从销售额中减除

15. 下列可以选择一般纳税人身份的有(　　)。

A. 年应税销售额未超过小规模纳税人标准的商业企业

B. 个人，除个体经营者以外的其他个人

C. 超过小规模纳税人标准的非企业性单位

D. 超过小规模纳税人标准的不经常发生增值税应税行为的企业

[案例分析]

1. 某饮料厂今年7月份销售汽水、果茶饮料，实现销售额为60万元，增值税销项税额为10.2万元。当月购入白糖原料15万元，取得增值税专用发票，注明的增值税税额为25 500元，原料已入库。另外，厂领导考虑到职工暑期工作辛苦，对全厂职工(共计200人)每人发送一箱汽水、一箱果茶，每箱汽水成本5元，售价8元，每箱果茶成本为20元，售价35元。当月该厂为职工食堂购进一台大冰柜，取得的增值税专用发票上注明的税额为5 440元，还为厂里的幼儿园购进一批儿童桌椅、木床，取得增值税专用发票上注明的税额为1 360元，题中的售价均为不含税价格。计算该企业当月应纳增值税。

2. 某百货大楼今年1月发生以下几笔经济业务，购销货物的税率为17%。

(1)购进货物取得的增值税专用发票上注明的货物金额为400万元，增值税为68万元，同时支付货物运费4万元，取得增值税专用发票。

(2)销售货物不含增值税价款为800万元，向消费者个人销售货物收到现金58.5万元。

(3)上年购进的货物用于职工福利，进价1万元，售价1.2万元(进价、售价均为不含增值税，下同)。

(4)上年购进的货物发生损失，进价为4 000元，售价为5 000元。

根据上述资料计算当月应纳增值税额。

3. 某企业产品价目表列明:A 产品的不含税销售价格为每件 200 元,一次购买 200 件以上,可获得 5% 的商业折扣;购买 400 件以上,可获得 10% 的商业折扣。开具发票时,折扣额与销售额在同一发票上列示。该企业今年 3 月对外销售 A 产品 350 件,规定对方付款条件为 2/10,1/20,n/30,购货单位已于 8 天内付款。计算该销售业务的销项税额(税率为 17%)。

4. 某工业企业今年 9 月取得产品销售收入 1 650 万元,自制半成品销售收入20 万元,工业性劳务收入 30 万元,销售材料收入 15 万元,销售残次品收入 8 万元(上述收入均为不含税价),没收包装物押金 2. 34 万元,本期购进材料 1 000 万元,取得增值税专用发票上注明的增值税额为 170 万元,材料已经验收入库,支付运输部门的运费 10 万元,取得增值税专用发票。计算本月应缴纳多少增值税。

5. 某食品厂为增值税一般纳税人,生产销售的产品均适用 17% 的税率,今年 5 月份发生下列业务:

(1) 销售产品一批,开出增值税专用发票,价款为 700 000 元,税款为 119 000 元,款项已经存入银行。

(2) 把本企业生产的产品对外投资,该批产品成本为 80 000 元,同类货物当期不含税售价 100 000 元。

(3) 购进面粉一批,取得增值税专用发票注明的价款为 260 000 元,税款为 33 800 元,面粉已经验收入库。

(4) 购入其他辅助材料,取得增值税专用发票注明的价款为 80 000 元,增值税为 13 600 元,材料尚未到达企业。

(5) 因保管不善造成面粉霉烂,损失 60 000 元,转入待处理财产损溢。

根据上述资料,计算该企业本期应纳增值税额多少元。

项目3
消费税

学习目标

一、知识目标

1. 了解消费税的特点、立法精神。
2. 熟悉消费税的征税范围。
3. 掌握消费税的纳税人、征税对象和税率。
4. 掌握消费税应纳税额的计算。
5. 掌握消费税的纳税申报方法。

二、能力目标

1. 能独立办理消费税纳税申报和税款缴纳。
2. 能完成消费税出口退(免)税。

知识点:应税消费品　从价计征　从量计征　复合计征

[案例导入]

美颜化妆品公司为增值税一般纳税人,2016 年 3 月发生如下业务:

1. 进口一批化妆品,海关审定的关税完税价格为人民币 8 000 元,取得海关填发的专用缴款书,并按规定向海关缴纳相关税费。

2. 特别制作香水一批,用于本企业的集体福利,该批香水的账面成本为 5 000 元,企业和市场上均无同类产品价格。

3. 当月销售 30 箱自产化妆品取得不含税价款 30 000 元。

4. 为向市场推广新研发的一种新型化妆品,将该化妆品与洗发水组成套装进行销售,取得不含税销售收入 10 000 元。

5. 委托佳丽化妆品厂生产香水一批,发出材料 25 000 元,支付加工费 3 000 元,该批香水收回后全部用于生产化妆品,销售该批化妆品取得不含税收入 50 000 元,佳丽化妆品厂无同类商品在售。

已知,化妆品的关税税率为 50%,增值税税率为 17%。

问:(1) 美颜化妆品公司当月发生的经济业务哪些应该缴纳消费税?

(2) 计算美颜化妆品公司 3 月应纳消费税税额 。

任务 1　消费税的概述

消费税是在对货物普遍征收增值税的基础上,根据国家宏观产业政策和消费政策的要求,有目的、有重点地选择某些特殊消费品再征收税额的一种税。我国实行增值税和消费税相结合的模式,既发挥市场对资源配置的基础功能,利用中性税,即增值税减少税收对经济的干预,又运用非中性税消费税来弥补市场缺陷。1994 年新税制改革时,为调节产品结构,引导消费方向,增加财政收入,在调整了增值税、营业税的基础上,开征了比较符合国际惯例的消费税,建立了独立的消费税税种。为了配合改革,我国于 2008 年 11 月 10 日发布了新的《中华人民共和国消费税暂行条例》,自 2009 年 1 月 1 日起开始实施。此后,消费税又经过几次修改,2015 年又增加了电池、涂料作为征税对象,进一步加强了应税商品对市场的调节作用。

3.1.1　消费税的概念和特点

1) 消费税的概念

消费税是对在我国境内从事生产、委托加工、进口应税消费品的单位和个人,就其销售额或销售数量,在特定环节征收的一种流转税。简单地说,消费税是对特定的消费品和消费行为征收的一种税。

消费税是世界各国普遍征收的税种。它由原产品税转变而来,与增值税配套运行,是国家对某些产品进行特殊调节而设立。

2)消费税的特点

消费税的征税对象是与居民消费相关的最终消费品和消费行为。与其他流转税相比,消费税具有如下特征:

(1)征税项目具有选择性

与增值税对货物普遍征税不同,消费税只对某些特定的消费品征收。在1994年的税制改革中,我国只对某些特殊的消费品、奢侈品、高能耗消费品、不可再生资源消费品和税基宽广、消费普遍又具有一定财政意义的普通消费品征税,一共11个税目。为了适应我国经济发展、消费水平和消费结构的变化,达到节能、环保的要求,在2006年4月1日对消费税税目进行了调整,调整后的税目增加为14个。2015年,消费税再次进行调整,在删除了部分税目的同时,新增电池、涂料两个税目,使消费税税目变更为15个。

(2)征税环节单一

从征税环节看,与增值税的多环节连续征税不同的是,我国现行的消费税实行单一环节一次征税制。一般选择在生产经营的起始环节,或者选择最终消费或使用环节,通常不在中间环节征税。消费税选择一次征税制主要是为了加强源泉控制,防止税款流失。

(3)征税方法具有多样性

消费税的计税方法比较灵活,为适应不同应税消费品的情况,在征收方法上有所不同,有些产品采取从价定率的方式征收;有些产品采取从量定额的方式征收;有些产品在实行从价定率征收的同时,还对其从量征收。

(4)税收调节具有特殊性

消费税属于国家运用税收杠杆对某些消费品或者消费行为进行特殊调节的税种。主要表现在:一方面,不同征税项目税负差异较大,对需要限制或者控制消费的消费品规定较高的税率,体现特殊的调节目的。另一方面,消费税往往同有关税种配合实行加重或者双重调节,通常采用增值税和消费税双重调节的办法,形成一种特殊的对消费品双层次调节的税收调节体系。

(5)税负具有转嫁性

凡是列入消费税征税范围的产品,一般都是高价高税产品。因此,消费税无论是在哪个环节征收,消费品中所含的消费税税款最终都要转嫁到消费者身上,由消费者负担,消费税的转嫁性的特征要较其他商品课税形式更为明显。

3.1.2 消费税的纳税义务人

消费税的纳税义务人是指在中国境内从事“生产、委托加工和进口”应税消费品的单位和个人,以及国务院确定的“销售”应税消费品的其他单位和个人。这里所说的“单位”是指:国有企业、集体企业、私有企业、股份制企业、外商投资企业和外国企业、其他企业和行政单位、事业单位、军事单位、社会团体及其他单位。“个人”是指个体工商户及其他个人。

具体来说,消费税的纳税义务人有4种类型:

①生产应税消费品的单位和个人,以生产并销售应税消费品的单位和个人为纳税义务人。

②自产自用应税消费品的单位和个人,以生产并自用应税消费品的单位和个人为纳税义务人。

③委托加工应税消费品的单位和个人,以受托单位和个人为代收代缴义务人,受托方为个体经营者除外。

④进口应税消费品的单位和个人,以进口应税消费品的报关单位和个人为纳税义务人。

3.1.3 消费税的征税范围

消费税的征税范围主要是根据我国经济发展现状和消费政策、人民群众的消费水平和消费结构以及财政需要,借鉴外国的通行做法而加以确定。我国实行的是选择性的消费税,现在的税目一共 15 个,其中很多税目中还包含了若干子目。所包含的消费品大体可以分为 5 类:

第一类是过度消费会对人类健康、社会秩序、生态环境等方面造成危害的特殊消费品,如烟、酒等。

第二类是奢侈品和非生活必需品,如贵重首饰、化妆品等。

第三类是高能耗及高档消费品,如小汽车、摩托车等。

第四类是不可再生和替代的稀缺资源消费品,如汽油、柴油等。

第五类是税基广阔、征税后不影响居民生活并有一定财政意义的消费品。

3.1.4 消费税的税目

现行的消费税税目一共有 15 个,具体征收范围如下:

1)烟

烟是指以烟叶为原料加工生产的特殊消费品,具体包括卷烟(进口卷烟、白包卷烟、手工卷烟和未经国务院批准纳入计划的企业和个人生产的卷烟)、雪茄烟、烟丝 3 个子目。

2)酒

酒是指酒精度在 1 度以上的各种酒类饮料,包括各类粮食白酒、薯类白酒、黄酒、啤酒和其他酒。

(1)粮食白酒

粮食白酒是指以高粱、玉米、大米、糯米、大麦、小麦、青稞等各种粮食为原料,经过糖化、发酵后,采用蒸馏方法酿制的白酒。

(2)薯类白酒

薯类白酒是指以白薯(红薯、地瓜)、木薯、马铃薯、芋头、山药等各种干鲜薯类为原料,经过糖化、发酵后,采用蒸馏方法酿制的白酒。用甜菜酿制的白酒,比照薯类白酒征税。

(3)黄酒

黄酒是指以糯米、籼米、大米、黄米、玉米、小麦、薯类等为原料,经加温、糖化、发酵、压榨酿制的酒。由于工艺、配料和含糖量的不同,黄酒分为干黄酒、半干黄酒、半甜黄酒、甜黄酒4类。黄酒的征收范围包括各种原料酿制的黄酒和酒度超过12度的土甜酒。

(4)啤酒

啤酒是指以大麦或其他粮食为原料,加入啤酒花,经糖化、发酵、过滤酿制的含有二氧化碳的酒。啤酒按照杀菌方法的不同,可分为熟啤酒和生啤酒或鲜啤酒。啤酒的征收范围包括各种包装和散装的啤酒。无醇啤酒比照啤酒征税。果啤是一种口味介于果汁和啤酒之间的低度酒精饮料,主要成分为啤酒和果汁。对饮食业、商业、娱乐业举办的啤酒屋(啤酒坊)利用啤酒生产设备生产的啤酒应当征收消费税。

(5)其他酒

其他酒是指除粮食白酒、薯类白酒、黄酒、啤酒以外,酒精度数在1度以上的各种酒,包括糠麸白酒、其他原料白酒、土甜酒、复制酒、果木酒、汽酒、药酒等。调味料酒不征收消费税。

3)化妆品

化妆品包括各类美容、修饰类化妆品(如香水、香水精、口红、指甲油、胭脂、眉笔、唇笔、眼睫毛等)、高档护肤类化妆品和成套化妆品。普通护肤品、护发品,舞台、戏剧、影视演员化妆用的上妆油、卸妆油、油彩不属于本税目征收范围。

4)贵重首饰及珠宝玉石

贵重首饰及珠宝玉石包括各种"金银珠宝"首饰和经采掘、打磨、加工的各种"珠宝玉石"。

(1)金银珠宝首饰

金银珠宝首饰包括以金、银、白金、宝石、珍珠、钻石、翡翠、珊瑚、玛瑙等高贵稀有物质以及其他金属、人造宝石等制作的各种纯金银首饰及镶嵌首饰(含人造金银、合成金银首饰等)。

(2)珠宝玉石

珠宝玉石的种类包括钻石、珍珠、松石、青金石、欧泊石、橄榄石、长石、玉、石英、玉髓、石榴石、锆石、尖晶石、黄玉、碧玺、金绿石、绿柱石、刚玉、琥珀、珊瑚、煤玉、龟甲、合成刚玉、合成宝石、双合石、玻璃仿制品。

5)鞭炮、焰火

鞭炮,又称为爆竹,是用多层纸密裹火药,接以药引线制成的一种爆炸品。焰火是指烟火剂,一般是爆炸品,内装药剂,点燃后烟火喷射,呈各种颜色,有的还变幻成各种景象,分为平地小焰火和空中大焰火两类。包括各种鞭炮、焰火,但不包括体育上用的发令纸、鞭炮药引线。

6)成品油

本税目包括汽油、柴油、石脑油、溶剂油、航空煤油、润滑油、燃料油7个子目。

(1)汽油

汽油是轻质石油产品的一大类,由天然或者人造原油经蒸馏所得的直馏汽油组分、二次加工汽油组分及其他高辛烷值组分按一定的比例调和而成,包括甲醇汽油、乙醇汽油等各类汽油,主要用做汽油发动机燃料。

(2)柴油

柴油是指用原油或其他原料加工生产的倾点在-50~30号各种轻质油和以柴油组分为主、经调和精制可用做柴油发动机燃料的非标油,包括生物柴油。

(3)石脑油

石脑油又叫化工轻油或轻汽油,是以原油或其他原料加工生产的用于化工原料的轻质油。

(4)溶剂油

溶剂油是以原油或其他原料生产的用于涂料和油漆生产、食用油加工、印刷油墨、皮革、农药、橡胶、化妆品生产的轻质油。

(5)航空煤油

航空煤油也叫喷气燃料,是以原油或其他原料加工生产的用于喷气式发动机和喷气推进系统中作为能源的石油燃料。

(6)润滑油

润滑油是用于内燃机、机械加工过程的润滑产品,包括矿物性、植物性、动物性、化工原料合成的润滑油。

(7)燃料油

燃料油又称重油、渣油,包括用做电厂发电、锅炉用燃料、加热炉燃料、冶金和其他工业炉的各类燃料油。

7)摩托车

摩托车包括轻便摩托车和摩托车两种。对最大设计车速不超过50千米/小时,发动机气缸总工作容量不超过50毫米的三轮摩托车不征收消费税。气缸容量250毫升(不含)以下的小排量摩托车不征消费税。

8)小汽车

小汽车是指由动力驱动,具有4个或者4个以上车轮的非轨道承载的车辆。包括含驾驶员在内座位不超过9座位(含)的,在设计和技术特性上用于载运乘客和货物的各类乘用车,含驾驶员座位在内的座位数在10~23座(含),车身小于7米,在设计和技术特性上用于载运乘客和货物的各类乘用车中轻型商用客车。电动汽车、沙滩车、雪地车、卡丁车、高尔夫车,企业购进货车或厢式货车改装生产的商务车、卫星通信车等专用车不属于本税目的征收范围。

9)高尔夫球及球具

高尔夫球及球具是指从事高尔夫球运动所需的各种专用设备,包括高尔夫球、高尔夫球杆、高尔夫球包(袋)、高尔夫球杆的杆头、杆身和握把。

10)高档手表

高档手表是指销售价格(不含增值税)每只在10 000元(含)以上的各类手表。本税目征收范围包括符合以上标准的各类手表。

11)游艇

游艇是指长度大于8米小于90米,船体由玻璃钢、钢、铝合金、塑料等多种材料制作,可以在水上移动的水上浮载体。按照动力划分,游艇分为无动力艇、帆艇和机动艇。本税目征收范围包括长度大于8米(含)小于90米(含),内置发动机,可以在水上移动,一般为私人或团体购买,主要用于水上运动和休闲娱乐等非牟利活动的各类机动艇。

12)木制一次性筷子

木制一次性筷子征税范围包括以木材为原料经过锯段、浸泡、旋切、刨切、烘干、筛选、打磨、倒角、包装等环节加工而成的各类一次性使用的筷子,也包括未打磨的一次性筷子。

13)实木地板

实木地板是指以木材为原料,经锯割、干燥、刨光、截断、开榫、涂漆等工序加工而成的块状或条状的地面装饰材料。本税目征收范围包括各类规格的实木地板、实木指接地板、实木复合地板及用于装饰墙壁、天棚的侧端面为榫、槽的实木装饰板。未经涂饰的素板属于本税目征税范围。

14)电池

电池是一种将化学能、光能等直接转换为电能的装置,一般由电极、电解质、容器、极端,通常还有隔离层组成的基本单元,以及用一个或多个基本单元装配成的电池组。自2015年2月1日起对各类电池征税。对无汞原电池、金属氢化物镍蓄电池、锂原电池、锂离子蓄电池、太阳能电池、燃料电池、全钒液流电池免征消费税。自2016年1月1日起,对铅蓄电池按4%税率征收消费税。

15)涂料

涂料是指涂于物体表面能形成具有保护、装饰或特殊性能的固态涂膜的一类液体或固体材料之总称。自2015年2月1日起对涂料征税消费税。施工状态下挥发性有机物含量低于420克/升(含)的涂料免征消费税。

3.1.5　税率

消费税采用比例税率和定额税率两种形式,以适应不同应税消费品的实际情况。消费税税率形式的选择主要是根据课税对象的具体情况来确定。对于一些供求基本平衡，价格差异不大，计量单位规范的消费品，选择定额税率，如成品油；对一些供求矛盾突出、价格差异较大，计量单位不规范的消费品，选择税价联动的比例税率，如化妆品、小汽车等。

一般情况下，一种消费品只选择一种税率形式，但为了更有效地保全消费税税基，对一些应税消费品（如卷烟、白酒），则采用了定额税率和比例税率双重征收形式。

表 3.1 消费税的税率

税目	计税单位	税率（税额）
一、烟		
1. 卷烟	每标准箱（50 000 支）	
（1）甲类卷烟	每标准条对外调拨价在 70 元以上的（含 70 元）	56%加 0.003 元/支
（2）乙类卷烟	每标准条对外调拨价在 70 元以上的	36%加 0.003 元/支
（3）批发环节		11%加 0.005 元/支
2. 雪茄烟		36%
3. 烟丝		30%
二、酒		
1. 白酒	斤或者 500 毫升	20%加 0.5 元/500 克（或者 500 毫升）
2. 黄酒	吨	240 元/吨
3. 啤酒		
（1）甲类啤酒	每吨出产价在 3 000 元（含）以上的	250 元/吨
（2）乙类啤酒	每吨出产价在 3 000 元以下的	220 元/吨
4. 其他酒		10%
三、化妆品		30%
四、贵重首饰及珠宝玉石		
1. 金银首饰、铂金首饰和钻石及钻石饰品		5%
2. 其他贵重首饰和珠宝玉石		10%
五、鞭炮、焰火		15%
六、成品油		
1. 汽油	升	1.52 元/升
2. 柴油		1.2 元/升
3. 航空煤油		1.2 元/升
4. 石脑油		1.52 元/升
5. 溶剂油		1.52 元/升
6. 润滑油		1.52 元/升
7. 燃料油		1.2 元/升

续表

税　目	计税单位	税率(税额)
七、摩托车 1. 气缸容量(排气量,下同)在250毫升(含250毫升)的 2. 气缸容量在250毫升以上的		 3% 10%
八、小汽车 1. 乘用车 (1)气缸容量(排气量,下同)在1.0升(含1.0升)以下的 (2)气缸容量在1.0升以上至1.5升(含1.5升)的 (3)气缸容量在1.5升以上至2.0升(含2.0升)的 (4)气缸容量在2.0升以上至2.5升(含2.5升)的 (5)气缸容量在2.5升以上至3.0升(含3.0升)的 (6)气缸容量在3.0升以上至4.0升(含4.0升)的 (7)气缸容量在4.0升以上的 2. 中轻型商用客车		 1% 3% 5% 9% 12% 25% 40% 5%
九、高尔夫球及球具		10%
十、高档手表		20%
十一、游艇		10%
十二、木制一次性筷子		5%
十三、实木地板		5%
十四、电池		4%
十五、涂料		4%

任务2　消费税应纳税额的计算

消费税的征收采用从价定率、从量定额以及从价定率和从量定额相结合的复合征收3种方法。

3.2.1　从价定率应纳税额的计算

对实行从价定率方法计算的应税消费品，以其销售额为计税依据，按适用的比例税率计算应纳消费税税额。其应纳税额的计算公式为：

应纳税额=销售额×比例税率

1）销售额的确定

销售额是指纳税人有偿转让应税消费品取得的全部收入，包括纳税人销售应税消费品向购买方收取的全部价款和价外费用。

价外费用是指价外向购买方收取的手续费、补贴、基金、集资费、返还利润、奖励费、违约金（延期付款利息）、包装费、包装物租金、储备费、优质费、装卸费、代收款项、代垫款项及其他各种性质的价外收费。但不包括下列款项：

①承运部门的运费发票开具给购买方的。

②纳税人将该项发票交给购货方的。

2）含增值税销售额的换算

应征消费税的消费品在缴纳消费税的同时，还需要缴纳增值税。但按照《消费税暂行条例》的规定，应税消费品的销售额不包括向购买方收取的增值税额。如果纳税人销售额中包含了增值税，或者因不得开具增值税专用发票而发生价款和增值税额合并收取的，在计算消费时，应当将销售额中包含的增值税额剔除，换算成不含增值税的销售额。具体换算公式为：

$$\text{应税销售额}=\frac{\text{含增值税的销售额}}{1+\text{增值税税率或征收率}}$$

【例3.1】　华信酒厂为增值税一般纳税人，2016年3月销售土甜酒，取得不含增值税销售额10万元，同时收取包装物租金0.585万元，优质费2.34万元。已知果木酒消费税税率为10%，增值税税率为17%，计算甲酒厂当月销售土甜酒应缴纳消费税

$$\text{税额}=\frac{10+(0.585+2.34)}{1+17\%}\times 10\%=1.25(\text{万元})$$

★知识链接

> 纳税人采用“以旧换新（含翻新改制）”方式销售的金银首饰，应按“实际收取”的不含增值税的全部价款确定计税依据征收消费税。

3.2.2　从量定额应纳税额的计算

实行从量定额计算方法的应税消费品，以其销售数量作为计税依据，按适用的单位税额计算应纳消费税税额。其应纳税额的计算公式为：

应纳税额=销售数量×定额税率

销售数量是指纳税人生产、委托加工收回、进口应税消费品的数量。具体为：

①销售应税消费品的,为应税消费品的销售数量。

②自产自用应税消费品的,为应税消费品的移送使用数量。

③委托加工应税消费品的,为纳税人收回应税消费品的数量。

④进口应税消费品的,为海关核定的应税消费品的进口征税数量。

【例3.2】　鑫鑫啤酒厂5月份销售乙类啤酒500吨,每吨出厂价格2 500元,乙类啤酒定额税率220元/吨。计算5月该啤酒厂应纳消费税税额。

应纳税额=销售数量×定额税率=500×220=110 000(元)

按规定,啤酒、黄酒以吨为计税单位,汽油等成品油以升为税额的计税单位。但在实际生产销售过程中,纳税人所采用的计算单位可能会和规定的计税单位不一致,这就需要在计算应纳税额时将其先换算成规定的计税单位。

★知识链接

实行从量定额办法计算应纳税额的应税消费品,计量单位的换算标准如下:

啤酒	1吨=988升
黄酒	1吨=962升
汽油	1吨=1 388升
柴油	1吨=1 176升
石脑油	1吨=988升
溶剂油	1吨=1 282升
润滑油	1吨=1 126升
燃料油	1吨=1 015升
航空煤油	1吨=1 246升

3.2.3　复合计征应纳税额的计算

目前,只有卷烟、白酒实行从价定率和从量定额相结合的复合计税方法征税消费税。其应纳税额的计算公式为:

应纳税额=销售数量×定额税率+销售额×比例税率

【例3.3】　华新酒厂为增值税一般纳税人,本月销售粮食白酒10吨,取得不含增值税销售额150 000元。已知粮食白酒的比例税率为20%,定额税率为0.5元/500克,增值税税率为17%。计算该企业当月应纳消费税税额。

当月应纳消费税税额=150 000×20%+0.5×2 000×10=40 000(元)

白酒可以按照公式计算征税,卷烟的计税依据有以下几个方面的特殊规定:

①从量定额计税办法的计税依据为卷烟的实际销售数量。

②卷烟消费税最低计税价格核定范围为卷烟生产企业在生产环节销售的所有牌号、规格的卷烟。计税价格由国家税务总局按照卷烟批发环节销售价格扣除卷烟批发环节批发毛利核定并发布。计税价格的核定公式为:

某牌号、规格卷烟计税价格=批发环节销售价格×(1-适用批发毛利率)

③实际销售价格高于国家计税价格的卷烟,按实际销售价格征收消费税;实际销

售价格低于国家计税价格的卷烟,按计税价格征收消费税。

3.2.4 消费税应纳税额计算的特殊规定

企业在生产经营过程中,会涉及自产自用应税消费品、委托加工应税消费品和兼营不同税率的应税消费品,外购应税消费品以及进口应税消费品等几种情况。

1)自产自用应税消费品应纳税额的计算

自产自用应税消费品是指纳税人在生产应税消费品后,没有将其对外出售,而是用于连续生产应税消费品或用于其他方面。

(1)用于连续生产应税消费品的规定

纳税人自产自用应税消费品,用于连续生产应税消费品的,即作为生产最终应税消费品的直接材料,并构成最终应税消费品实体的,不纳税。

(2)用于其他方面的规定

纳税人自产自用应税消费品,用于其他方面的,即用于生产非应税消费品和在建工程、管理部门、非生产机构、提供劳务,以及用于馈赠、赞助、集资、广告、样品、职工福利、奖励等方面的应税消费品,用于移送使用时缴纳消费税。

纳税人将自产自用应税消费品用于连续生产应税消费品以外的其他方面,要视同销售计征消费税。

(3)组成计税价格及税额

纳税人自产自用的应税消费品不是用于连续生产应税消费品的,按照同类消费品销售价格计算纳税。纳税人用于"换取"生产资料和消费资料,"投资"入股和"抵偿"债务等方面("换、投、抵")的应税消费品,应当以纳税人同类应税消费品的"最高"销售价格计算消费税。

如果没有同类消费品销售价格的,应按组成计税价格纳税。

①实行从价定率计税。

纳税人实行从价定率办法计算纳税时,组成计税价的计算公式为:

$$组成计税价格=成本+利润+消费税$$

$$=成本\times\frac{1+成本利润率}{1-消费税比例税率}$$

$$应纳消费税=组成计税价格\times消费税比例税率$$

【例3.4】 美达公司为增值税一般纳税人,2016年2月,将自产的化妆品用于职工福利,企业无同类产品的销售价格。已知该批化妆品的成本为2 000元,成本利润率为5%,消费税税率为30%,计算企业该笔经济业务应缴纳的消费税。

$$组成计税价格=2\ 000\times\frac{1+5\%}{1-30\%}=3\ 000(元)$$

$$应纳消费税=3\ 000\times30\%=900(元)$$

②实行复合计税。

纳税人实行复合计税办法计算纳税时,组成计税价的计算公式为:

$$组成计税价格=成本+利润+从量消费税+从价消费税$$

$$=\frac{\text{成本}\times(1+\text{成本利润率})+\text{自产自用数量}\times\text{消费税定额税率}}{1-\text{消费税比例税率}}$$

应纳消费税=组成计税价格×消费税比例税率+自产自用数量×消费税定额税率

【例3.5】　佳华企业为增值税一般纳税人,2016年3月,将2标准箱的自产卷烟无偿赠送给消费者,企业无同类产品的销售价格。已知该批卷烟的成本为8 000元,成本利润率为5%,该批卷烟适用的消费税比例税率为56%,定额税率为150元/标准箱,计算本月应缴纳的消费税。

$$\text{组成计税价格}=\frac{8\ 000\times(1+5\%)+150\times2}{1-56\%}=19\ 772.73(\text{元})$$

$$\text{应纳消费税}=19\ 772.73\times56\%+150\times2=11\ 372.73(\text{元})$$

★知识链接

同类消费品销售价格是指纳税人或者代收代缴义务人当月销售的同类消费品的销售价格,如果当月同类消费品的各期销售价格高低不同,应按销售数量加权平均计算。但销售的应税消费品有下列情况之一的,不得列入加权平均计算:①销售价格明显偏低又无正当理由的。②无销售价格的。

★知识链接

表3.2　成本利润率表

货物名称	利润率/%	货物名称	利润率/%
甲类卷烟	10	摩托车	5
乙类卷烟	5	高尔夫球及球具	10
雪茄烟	5	高档手表	20
烟丝	5	游艇	10
粮食白酒	10	木制一次性筷子	5
薯类白酒	5	实木地板	5
其他酒	5	乘用车	8
化妆品	5	中轻型商用客车	5
鞭炮、烟火	5	电池	4
贵重首饰及珠宝玉石	6	涂料	7

2)委托加工应税消费品应纳税额的计算

(1)委托加工计税的规定

①委托加工。是指由委托方提供原料和主要材料,受托方只收取加工费和代垫部分辅助材料加工的应税消费品。

★知识链接

> 由受托方提供原材料生产，或者受托方先将原材料卖给委托方，然后再接受加工的，以及由受托方以委托方名义购进原材料生产的应税消费品，应当按照销售自制应税消费品缴纳消费税。

②代收代缴。对于受托加工应税消费品的，由受托方在向委托方交货时代收代缴消费税，但纳税人委托个体经营者加工应税消费品的，由委托方收回后向所在地主管税务机关缴纳消费税。

(2)应纳税额的计算

委托加工的应税消费品，按照受托方同类消费品的销售价格计算，如果当月同类消费品销售价格不等时，按销售数量加权平均价计算。如果受托方没有同类消费品销售价格的，按照组成计税价计算纳税。组成计算价的具体公式为：

①实行从价定率的。

$$组成计税价格=\frac{材料成本+加工费}{1-消费税比例税率}$$

$$应纳消费税=组成计税价格\times消费税比例税率$$

②实行复合计税的。

$$组成计税价格=\frac{材料成本+加工费+委托加工数量\times消费税定额税率}{1-消费税比例税率}$$

$$应纳消费税=组成计税价格\times消费税比例税率+委托加工数量\times消费税定额税率$$

加工费是指受托方加工应税消费品向委托方所收取的全部费用，包括代垫辅助材料的实际成本，但不包括增值税税金。

【例3.6】　华中公司委托东南公司加工一批化妆品，已知，华中企业提供的材料成本为200万元(不含税)，支付给东南企业的加工费为60万元(不含税)，化妆品的消费税税率为30%，东南企业没有同类化妆品的销售价格。

本例中，华中公司为消费税的纳税义务人，由受托方东南公司代收代缴消费税，其应代收代缴的消费税为：

$$组成计税价格=\frac{200+80}{1-30\%}=400(万元)$$

$$应代收代缴消费税=400\times30\%=120(万元)$$

3)已纳消费税的扣除

根据税法相关规定，外购和委托加工收回应税消费品，用于连续生产应税消费品的，在计征消费税时，对外购应税消费品已缴纳的消费税税款或者委托加工的应税消费品，由受托方代收代缴的消费税税款，准予按当期生产领用数量计算扣除已纳消费税税款。扣除范围包括：

①已税烟丝生产的卷烟。

②已税化妆品原料生产的化妆品。

③已税珠宝、玉石原料生产的贵重首饰及珠宝、玉石。

④已税鞭炮、焰火原料生产的鞭炮、焰火。

⑤已税汽油、柴油、石脑油、燃料油、润滑油用于连续生产的应税成品油。

⑥已税摩托车零件生产的摩托车。

⑦已税杆头、杆身和握把为原料生产的高尔夫球杆。

⑧已税木制一次性筷子原料生产的木制一次性筷子。

⑨已税实木地板原料生产的实木地板。

上述当期准予扣除外购应税消费品已纳消费税税款的计算公式为：

当期准予扣除的应税消费品已纳税款＝当期生产领用数量×单价×应税消费品的适用税率

当期准予扣除的外购应税消费品买价或数量＝期初库存＋当期购进－期末库存

【例3.7】 华西卷烟厂为一般纳税人，2016年3月委托中华烟厂加工一批特制烟丝，华西卷烟厂烟丝合同中成本价43 000元，收取加工费6 000元，受托方无同类烟丝价格。假设该烟丝无月初库存，收回的烟丝全部被生产领用，生产A牌甲类卷烟10箱，当月全部销售，取得不含税收入200 000元。

$$委托加工烟丝收回时应交消费税=\frac{43\ 000+6\ 000}{1-30\%}\times 30\%=21\ 000(元)$$

$$生产销售A牌卷烟应交消费税=200\ 000\times 56\%+150\times 10=113\ 500(元)$$

$$本月应纳消费税=113\ 500-21\ 000=92\ 500(元)$$

分析：委托加工应税消费品用于连续生产应税消费品的，委托加工环节已纳消费税准予按规定扣除。

允许扣除已纳税款的应税消费品一般限于从工业企业购进的应税消费品，从商业企业购进的应税消费品连续生产应税消费品，符合抵扣条件的，准予扣除外购应税消费品应纳消费税税款。纳税人用外购的已税珠宝玉石生产改在零售环节征收消费税的金银首饰（镶嵌首饰）、钻石首饰，在计税时，一律不得扣除外购珠宝玉石的已纳税款。

4）兼营不同税率应税消费品应纳税额的计算

兼营行为是指纳税人生产销售的消费品为不同税率的产品。纳税人兼营不同税率应税消费品，应当分别核算不同税率应税消费品的销售额、销售数量。未分别核算销售额、销售数量，或者将不同税率的应税消费品组成成套消费品销售的，从高适用税率。

【例3.8】 玉泉酒厂生产经营粮食白酒和葡萄酒两种酒。2016年1月，为了促进销售，该厂将500毫升装的白酒和500毫升装的葡萄酒搭配成礼盒进行销售，由于受春节因素影响，需求量大增，1月份一共销售礼盒5 000盒，每盒售价260元。计算玉泉酒厂1月份应该缴纳的消费税。

根据规定，纳税人兼营不同税率应税消费品，将不同税率的应税消费品组成成套消费品销售的，从高适用税率。

$$应纳消费税税额=260\times 5\ 000\times 20\%+0.5\times 2\times 5\ 000=265\ 000(元)$$

3.2.5　进口环节应纳税额计算

进口或者代理进口应税消费品的单位和个人为进口应税消费品消费税的纳税义务人。进口应税消费品以进口商品总值为课税对象。进口商品总值包括到岸价格、关税、消费税3部分内容。

进口应税消费品于报关进口时缴纳消费税。进口应税消费品的消费税由海关代征。进口的应税消费品由进口人或者其代理人向报关地海关申报纳税。

1)实行从价定率计征的应税消费品应纳税额的计算

进口的应税消费品,实现从价定率办法计算应纳消费税税额的,按照组成计税价格计算纳税。其计算公式为:

$$组成计税价格=\frac{关税完税价格+关税}{1-消费税比例税率}$$

$$应纳消费税=组成计税价格\times 消费税比例税率$$

【例3.9】　红云烟草公司为增值税一般纳税人,2016年3月进口一批烟丝,关税完税价格为150万元。已知烟丝适用的关税税率为40%,消费税税率为30%,计算该公司此进口业务应该交纳的消费税税额。

$$进口烟丝应纳关税=150\times 40\%=60(万元)$$

$$组成计税价格=\frac{150+60}{1-30\%}=300(万元)$$

$$应纳进口消费税=300\times 30\%=90(万元)$$

2)进口从量定额计征的应税消费品应纳税额的计算

进口的应税消费品,实行从量定额计算应纳税额的,按照进口应税消费品的数量计算纳税。

$$应纳消费税税额=应税消费品数量\times 消费品单位税额$$

3)实行复合计税的

$$组成计税价格=\frac{关税完税价格+关税+进口数量\times 消费税定额税率}{1-消费税比例税率}$$

$$应纳消费税=组成计税价格\times 消费税比例税率+进口数量\times 消费税定额税率$$

【例3.10】　金华商贸公司为增值税一般纳税人,2016年4月进口卷烟10标准箱,每标准箱的关税完税价格为6 000元。已知:关税税率为25%,该批卷烟的消费税比例税率为56%,定额税率为150元/标准箱。计算4月应缴纳的消费税。

$$应缴纳关税=6\ 000\times 10\times 25\%=15\ 000(元)$$

$$应税消费品的组成计税价格=\frac{6\ 000\times 10+15\ 000+150\times 10}{1-56\%}=173\ 863.64(元)$$

$$应缴纳消费税=173\ 863.64\times 56\%+150\times 10=98\ 863.64(元)$$

进口环节消费税除国务院另有规定外,一律不得给予减免、免税。

任务3　消费税出口退(免)税

纳税人出口应税消费品和出口其他货物一样,按照国家规定享受退(免)税优惠。由于出口应税消费品同时涉及退(免)增值税和消费税,且两者在退(免)税的范围限定、办理程序、审核管理上都有很多一致的地方,因此,在这里仅就出口应税消费品退(免)消费税的某些规定进行介绍。

3.3.1　出口退(免)税的规定

1)出口免税并退税

消费税关于出口货物免税并退税的政策只适用于有出口经营权的外贸企业购进应税消费品直接出口,以及外贸企业受其他外贸企业委托代理出口应税消费品。外贸企业只有受其他外贸企业委托,代理出口应税消费品才可以办理退税,外贸企业受其他企业(非生产性的商贸企业)委托,代理出口应税消费品是不予退(免)税的。

2)出口免税但不退税

消费税关于出口货物免税但不退税的政策适用于有出口经营权的生产企业自营出口或生产企业委托外贸企业代理出口自产的应税消费品,依据其实际出口数量免征消费税,但不办理退还消费税。免征消费税是指对生产性企业按其实际出口数量免征生产环节的消费税。不予办理退还消费税,因已免征生产环节的消费税,该应税消费品出口时,已不含有消费税,所以无须再办理退还消费税。

3)出口不免税也不退税

这个政策适用于除生产企业、外贸企业外的其他企业,具体是指一般商贸企业,这类企业委托外贸企业代理出口应税消费品一律不予退(免)税。

3.3.2　出口应退消费税税额的计算

1)从价定率计征消费税

属于从价定率计征消费税的,为已征且未在内销应税消费品应纳税额中抵扣的购进出口货物金额,其公式为:

$$应退消费税=出口货物的工厂销售额\times税率$$

2)从量定额计征消费税

属于从量定额征收消费税的消费品,应依据货物报关出口的数量计算应退消费税税款,其公式为:

应退消费税=出口数量×单位税额

3)复合计征消费税

属于复合计征消费税的,按从价定率和从量定额的计税依据分别确定。

应退消费税=出口货物的工厂销售额×税率+出口数量×单位税额

3.3.3 出口应税消费品的退(免)税后处理

出口应税消费品办理退税后,发生退关,或者国外退货进口时予以免税的,报关出口者必须及时向其所在地主管税务机关申报补交已退的消费税税款。

纳税人直接出口的应税消费品办理免税后,发生退关或者国外退货,进口时予以免税的,经所在地主管税务机关批准,可暂不办理补税,待其转为国内销售时,再向其主管税务机关申报补缴消费税。

任务4 消费税的征收管理

3.4.1 纳税义务发生时间

消费税的纳税义务发生时间根据不同的生产经营方式和货款的不同结算方式分别进行确定。

1)销售应税消费品

纳税人采取托收承付和委托银行收款方式销售货物,其纳税义务发生的时间为发出货物并办妥托收手续的当天。

纳税人采取赊销和分期收款方式销售货物,其纳税义务发生的时间为书面合同约定的收款日期的当天,无书面合同的或者书面合同没有约定收款日期的,为发出应税消费品的当天。

纳税人采取预收货款方式销售货物,其纳税义务发生的时间为应税消费品发出的当天。

纳税人采取其他结算方式销售货物,其纳税义务发生的时间均为收讫销售款或者取得索取销售款凭据的当天。

2)自产自用应税消费品

纳税人自产自用应税消费品的,其纳税义务发生的时间为移送使用的当天。

3)委托加工应税消费品

纳税人委托加工应税消费品的,为纳税人提货的当天。

4)进口应税消费品

纳税人进口应税消费品的,为报关进口的当天。

5)销售金银首饰

纳税人销售金银首饰的,为收讫销售款或取得索取销售款凭据的当天;用于馈赠、赞助、集资、广告、样品、职工福利、奖励等方面的金银首饰,为移送的当天;带料加工、翻新改制金银首饰的,为向受托方交货的当天。

6)卷烟批发

从事卷烟批发环节的,为纳税人收讫销售款或取得索取销售凭据的当天。

3.4.2　纳税期限

消费税的纳税期限分别为1日、3日、5日、10日、15日、1个月或1个季度。纳税人的具体纳税期限,由主管税务机关根据纳税人应纳税额的大小分别核定。不能按照固定期限纳税的,可以按次纳税。

纳税人以1个月或1个季度为一期纳税的,自期满之日起15日内申报纳税;以1日、3日、5日、10日、15日为一期纳税的,自期满之日起5日内预缴税款,于次月1日起至15日内申报纳税并结清上月税款。

纳税人进口应税消费品的,自海关填发海关进口消费税专用缴款书之日起15日内缴纳税款。

3.4.3　纳税地点

纳税人销售应税消费品以及自产自用的应税消费品,除国务院财政、税务主管部门另有规定外,应当向其机构所在地或居住地的主管税务机关申报纳税。

委托加工的应税消费品,受托方为单位的,由受托方向机构所在地或居住地的主管税务机关解缴税款。受托方为个人的,由委托方向机构所在地或居住地的主管税务机关解缴税款。

纳税人进口应税消费品,由进口人或代理人向报关地海关申报纳税。个人携带或者邮寄进境的应税消费品的消费税,连同关税由海关一并征收。

纳税人到外县(市)销售或者委托外县(市)代销自产应税消费品的,于销售后,回纳税核算地,向机构所在地或者居住地主管税务机关申报纳税。

纳税人总、分机构不在同一县(市)的,应当分别核算,在生产应税消费品的分支机构所在地缴纳消费税。但经国家税务总局及所属省国家税务局批准,纳税人分支机构应纳消费税税款也可由总机构汇总向总机构所在地主管税务机关缴纳。

3.4.4　纳税环节

纳税人生产的应税消费品,由生产者于销售时纳税。其中,纳税人自产自用的应税消费品,用于连续生产应税消费品的不纳税;用于其他方面的,于移送时纳税。

委托加工的应税消费品,由受托方在向委托方交货时代收代缴消费税。委托方收回后用于连续生产应税消费品的,对受托方代收代缴的消费税准予抵扣。

进口的消费品,由进口报关者于应税消费品报关进口环节纳税。

金银首饰、钻石及钻石饰品在零售环节纳税。

3.4.5 纳税申报

消费税由税务机关负责征收。进口应税消费品应征的消费税由海关代征。

纳税人无论当期有无销售,均应填制消费税纳税申报表及附表,并向主管税务机关进行纳税申报。消费税纳税申报表一式两联,第一联为申报联,第二联为收执联。

[本章小结]

消费税属于流转税,是对增值税的补充,是对应税货物的生产、委托加工和进口环节征收的一种选择性的商品税。我国在对全部商品征收增值税的同时,再对一些需要调节的特殊商品再征收一道消费税,目的是为了发挥消费税的个别调节功能。在征税环节上,除个别商品外,消费税实行单一环节征税。消费税的征收方法主要包括从价定率、从量定额以及从价定率加从量定额相结合的复合计税方法。其中,从价定率征税时,计税依据为销售额,而销售额的确定与增值税的规定相同,为销售货物或提供劳务收取的全部价款及价外费用,消费税属于价内税,在计算应纳税额时,销售额中应包括消费税税额。对于外购或者委托加工的应税消费品,如果用于连续生产应税消费品的,允许在计算产品消费税时按实际领用数量扣除原材料已纳消费税。对于出口环节,分别视不同情况实行出口免税及退税。消费税的纳税义务发生时间、纳税地点等规定与增值税的规定基本相同。

[案例回顾]

1. 根据我国《消费税暂行条例》的规定,消费税的纳税义务人是指在中国境内从事"生产、委托加工和进口"应税消费品的单位和个人,本例中,第 1,3,5 笔经济业务属于进口、生产销售、委托加工应税消费品,都应缴纳消费税。第 2 笔经济业务属于视同销售行为,也应当缴纳消费税。第 4 笔经济业务属于混合销售行为,也应当缴纳消费税。

2. (1)进口应税消费品按照组成计税价计算应纳消费税,按照《消费税暂行条例》的规定,化妆品属于从价定率计征消费税的,化妆品适用的消费税税率为 30%。

$$\text{应纳税额}=\frac{10\ 000+10\ 000\times 50\%}{1-30\%}\times 30\%=6\ 428.57(\text{元})$$

(2)根据规定,纳税人将自产自用的应税消费品用于连续生产应税消费品以外的其他方面,即用于职工福利等方面的,要视同销售计征消费税,用于移送使用时缴纳消费税。由于企业和市场上均无同类产品价格,要按成本利润率方法计算组成计税价格,再计算缴纳消费税。

$$应纳税额=\frac{5\ 000+50\ 000\times5\%}{1-30\%}\times30\%=2\ 250(元)$$

(3)根据规定,企业生产应税消费品于销售时缴纳消费税。

应纳税额=30 000×30%=9 000(元)

(4)根据规定,纳税人将不同税率的应税消费品组成成套消费品销售的,从高适用税率。洗发水不属于消费税的应税消费品,应该与化妆品分开核算,没有分开核算的,一并征收消费税。

应纳税额=10 000×30%=3 000(元)

(5)根据规定,委托加工应税消费品按照受托人销售同类商品的价格作为计税价。无同类商品的,按组成计税价计算缴纳。同时,纳税人委托加工收回应税消费品,用于连续生产应税消费品的,在计征消费税时,对委托加工的应税消费品,由受托方代收代缴的消费税税款,准予按当期生产领用数量计算扣除已纳消费税税款。本题中委托加工的香水在收回时已缴纳消费税,由于用于连续生产应税消费品,所以,可以按生产领用的数量扣除已纳税款。

$$委托加工香水应纳税额=\frac{25\ 000+3\ 000}{1-30\%}\times30\%=12\ 000(元)$$

销售化妆品应纳税额=50 000×30%=15 000(元)

该批化妆品实际应纳税额=15 000-12 000=3 000(元)

公司3月应纳消费税税额=6 428.57+2 250+9 000+3 000+3 000=23 678.57(元)

[思考与练习]

一、单项选择

1. 下列关于消费税征收范围的表述中,不正确的是(　　)。
   A. 纳税人自产自用的应税消费品,用于连续生产应税消费品的,不缴纳消费税
   B. 纳税人将自产自用的应税消费品用于馈赠、赞助的,缴纳消费税
   C. 委托加工的应税消费品,受托方在交货时已代收代缴消费税,委托方收回后直接销售的,再缴纳一道消费税
   D. 卷烟在生产和批发两个环节均征收消费税

2. 根据消费税法律制度的规定,下列各项中,应缴纳消费税的是(　　)。
   A. 汽车厂销售雪地车　　B. 手表厂销售高档手表
   C. 珠宝店销售珍珠项链　　D. 商场销售木制一次性筷子

3. 我国消费税对不同应税消费品采用了不同的税率形式。下列应税消费品中,适用复合计税方法计征消费税的是(　　)。
   A. 白酒　　B. 啤酒　　C. 小汽车　　D. 摩托车

4. 根据消费税法律制度的规定,下列各项中,不属于消费税纳税义务人的是(　　)。
   A. 化妆品进口商　　B. 鞭炮批发商
   C. 钻石零售商　　D. 卷烟生产商

5. 某化妆品生产企业(以下简称甲企业)为增值税一般纳税人,2016年2月委托

乙企业加工一批化妆品,甲企业提供不含税价款为100万元的原材料,同时支付含税加工费23.4万元。当月将该批化妆品收回后全部销售,取得不含税销售额500万元,则甲企业当月应缴纳消费税(　　)万元(不含代收代缴的消费税,化妆品消费税税率为30%)。

A.0　　B.98.57　　C.150　　D.78.85

6.某酒厂下设一非独立核算的门市部,2014年12月该酒厂共生产黄酒150吨,当月将其中100吨由总机构移送到非独立核算门市部用于销售,当月门市部实际对外销售黄酒80吨,则该酒厂当月就上述业务计算缴纳消费税的黄酒销售数量为(　　)吨。

A.150　　B.100　　C.80　　D.0

7.某工业生产企业为增值税一般纳税人,2015年1月将新研制的香水3吨移送用于生产化妆品,另将2吨香水移送用于生产高级香包饰品,已知该批香水没有同类市场售价,其每吨的生产成本为10万元,成本利润率为5%,化妆品的消费税税率为30%,则该工业生产企业当月就上述业务应纳消费税的计算中,正确的是(　　)。

A. $\frac{(2+3)\times10\times(1+5\%)}{1-30\%}\times30\%=22.5$(万元)

B. $2\times10\times(1+5\%)\times30\%=6.3$(万元)

C. $\frac{2\times10\times(1+5\%)}{1-30\%}\times30\%=9$(万元)

D. $\frac{(2+3)\times10\times(1+5\%)}{1+17\%}\times30\%=13.46$(万元)

8.某高尔夫球具厂为增值税一般纳税人,2014年12月销售一批高尔夫球具,取得含增值税销售额108.6万元,另向购买方收取包装费15.6万元。已知高尔夫球具适用的消费税税率为10%,则该高尔夫球具厂2014年12月此项业务应缴纳的增值税和消费税合计为(　　)万元。

A.28.67　　B.25.68　　C.18.05　　D.10.62

9.酒厂2013年10月生产销售乙类啤酒400吨,每吨售价2 800元。另外,该厂生产一种新研制的粮食白酒,广告样品使用0.2吨,已知该种白酒无同类产品出厂价,生产成本每吨不含税35 000元。已知:啤酒的消费税定额税率220元/吨;白酒的消费税税率20%加0.5元/500克;成本利润率为10%。该厂当月应纳消费税为(　　)元。

A.90 175　　B.86 166.60　　C.2 175　　D.88 000.00

10.根据消费税的有关规定,下列表述不正确的是(　　)。

A.纳税人将不同税率的应税消费品组成成套消费品销售的,从高适用税率

B.卷烟由于接装过滤嘴而提高售价后,应按照新的销售价格确定征税类别和适用税率

C.委托加工的卷烟按照受托方同牌号规格卷烟的征税类别和适用税率征税;没有同牌号规格卷烟的,一律按照卷烟最高税率征税

D.残次品卷烟不缴纳消费税

二、多项选择

1.下列消费品中,征收消费税的有(　　)。

A. 实木复合地板　　　　　　　　　B. 电动汽车

C. 高尔夫球杆　　　　　　　　　　D. 农用拖拉机专用轮胎

2. 根据消费税法律制度的规定,下列情形中,应缴纳消费税的有(　　)。

A. 卷烟厂将自产的卷烟用于个人消费

B. 化妆品厂将自产的化妆品赠送给客户

C. 酒厂将自产的啤酒赞助啤酒节

D. 地板厂将自产的实木地板用于办公室装修

3. 根据消费税法律制度的有关规定,纳税人外购和委托加工的特定应税消费品,用于继续生产应税消费品的,已缴纳的消费税税款准予从应纳消费税税额中抵扣,下列各项中,可以抵扣已缴纳的消费税的有(　　)。

A. 外购的已税化妆品用于生产化妆品

B. 委托加工收回的烟丝用于生产卷烟

C. 外购的已税汽车用于改装成小货车

D. 外购的已税润滑油用于生产润滑油

4. 下列关于消费税纳税义务发生时间的表述中,正确的有(　　)。

A. 纳税人采取托收承付和委托银行收款方式的,为发出应税消费品并办妥托收手续的当天

B. 纳税人自产自用应税消费品的,为移送使用的当天

C. 纳税人委托加工应税消费品的,为纳税人提货的当天

D. 纳税人进口应税消费品的,为报关进口的当天

5. 根据消费税法律制度的规定,下列消费品中,属于消费税征税范围的有(　　)。

A. 柴油　　　　B. 摩托车　　　　C. 珠宝玉石　　　　D. 烟丝

6. 下列关于消费税有关规定的说法中,正确的有(　　)。

A. 残次品卷烟不属于消费税征税范围,不缴纳消费税

B. 白包卷烟不分征税类别,一律按照56%的税率征税,并按照定额每标准箱150元计算缴纳消费税

C. 白酒生产企业向商业企业收取的"优质费"应并入白酒销售额中缴纳消费税

D. 纳税人采用以旧换新方式销售金银首饰,应按实际收取的不含增值税的全部价款确定计税依据征收消费税

7. 根据消费税法律制度的有关规定,纳税人将自产的应税消费品用于下列情形的,应当以纳税人同类应税消费品的最高销售价格作为计税依据计算消费税的有(　　)。

A. 用于换取生产资料　　　　　　　B. 用于分配给投资者

C. 用于投资入股　　　　　　　　　D. 用于集体福利

8. 根据消费税法律制度的有关规定,下列各项中,应视同销售计算缴纳消费税的有(　　)。

A. 汽车经销商将外购的小汽车赠送给关联企业

B. 白酒生产企业将自产的白酒用于广告宣传

C. 商场将外购的金银首饰奖励给职工

D. 企业将自产的白酒用于生产夹心糖果

9. 根据消费税的有关规定,下列表述正确的有(　　)。

A. 纳税人采取分期收款方式销售应税消费品的,其纳税义务发生时间为销售合同规定的收款日期的当天

B. 纳税人采取托收承付和委托银行收款方式销售应税消费品的,其纳税义务发生时间为发出应税消费品并办妥托收手续的当天

C. 纳税人总机构与分支机构不在同一县(市),但在同一省(自治区、直辖市)范围内,经省(自治区、直辖市)财政厅(局)、国家税务局审批同意,可以由总机构汇总向总机构所在地的主管税务机关申报缴纳消费税

D. 纳税人销售的应税消费品,如因质量等原因由购买者退回时,可自行直接抵减消费税应纳税款

10. 根据消费税法律制度的有关规定,下列情形中,准予抵扣已纳消费税的有(　　)。

A. 外购已税珠宝玉石生产的金银首饰

B. 外购已税素板生产的实木地板

C. 外购已税化妆品生产的化妆品

D. 外购已税鞭炮、焰火为原料生产的鞭炮、焰火

[案例分析]

小王是某酒厂的新会计,会计主管交给小王的第一项任务就是计算该企业2016年3月应缴纳的消费税,并进行纳税申报。小王所在的酒厂为增值税一般纳税人,主要从事各类酒的生产和销售业务。该厂发生以下经济业务:

1.2日,销售粮食白酒5吨,不含增值税的销售价格为90元/千克,另外向购货方收取包装物租金23 400元,款项已收讫。

2.10日,研发生产一种新型粮食白酒800千克,成本为20万元,作为礼品赠送客户品尝,没有同类售价,已知粮食白酒的成本利润率为10%。

3.特别酿制葡萄酒一批,用于本企业的集体福利,该批葡萄酒的账面成本为4 000元,企业和市场上无同类产品价格。

4.将自产的500毫升的白酒与500毫升的葡萄酒成套销售,销售白酒和葡萄各200瓶,取得不含税销售收入20 000元。

5.委托甲厂生产果木酒一批,发出材料18 000元,支付加工费3 000元,甲厂无同类商品在售。

6.进口葡萄酒一批,海关审定的关税完税价格为人民币10 000元,按规定向海关缴纳相关税费,并取得海关填发的专用缴款书。

已知关税税率为50%,增值税税率为17%。

请帮助小王完成该企业3月份应纳消费税的计算,并进行纳税申报表的填写。

项目4
关　税

学习目标

一、知识目标

1. 熟悉关税的纳税人、关税的分类、关税税率及其适用的规定。
2. 掌握进出口货物完税价格的确定方法。
3. 掌握进出口货物完税价格中运输及相关费用、保险费的计算。
4. 掌握进出口货物关税的计算方法。
5. 掌握关税的核算方法。
6. 掌握关税的征管规定。

二、能力目标

1. 能进行应纳关税税额的计算。
2. 能进行进出口关税计算。

知识点：关税应纳税额进（出）口关税

[案例导入]

某商场于2016年2月进口一批化妆品。该批货物在国外的买价120万元,货物运抵我国入关前发生的运输费、保险费和其他费用分别为10万元、6万元、4万元。货物报关后,该商场按规定缴纳了进口环节的增值税和消费税并取得了海关开具的缴款书。从海关将化妆品运往商场所在地取得增值税专用发票,注明运输费用5万元,增值税进项税额0.55万元。该批化妆品当月在国内全部销售,取得不含税销售额520万元(假定化妆品进口关税税率20%,增值税税率17%,消费税税率30%)。

问:该批化妆品进口环节应缴纳多少关税、增值税、消费税和国内销售环节的增值税?

任务1　关税概述

关税是海关根据国家有关法律,以进出关境货物和物品为征税对象而征收的一种流转税。现行关税法律规范以全国人民代表大会于2000年7月修正颁布的《中华人民共和国海关法》(以下简称《海关法》)为法律依据,以国务院于2003年11月发布的《中华人民共和国进出口关税条例》(以下简称《进出口关税条例》),以及由国务院关税税则委员会审定并报国务院批准,作为条例组成部分的《中华人民共和国海关进出口税则》(以下简称《海关进出口税则》)和《中华人民共和国海关入境旅客行李物品和个人邮递物品征收进口税办法》为基本法规,由负责关税政策制定和征管的主管部门依据基本法规拟定的管理办法和实施细则为主要内容。

4.1.1　关税的概念

关税是海关代表国家按照国家制定的关税政策和公布实施的进出口税则,对进出关境的货物和物品为征税对象征收的一种流转税。从以下几个方面,可以加深对关税概念的理解:

1)关税是一种税收形式

关税与其他税收的性质是一样的,征税主体都是国家。不同的是,其他税收主要是由税务机关征收,而关税是由海关征收。

2)关税的征税对象是货物和物品

关税只对有形的货品征收,对无形的货品不征关税。

3)关税的征税范围是进出关境的货物和物品

一般情况下,一国的关境和国境是一致的,但当一个国家在境内设立自由贸易区或自由港时,国境大于关境。当几个国家结成关税同盟,组成统一的关境,实施统一的关税法令和统一的对外税则,只对来自或运往其他国家的货物进出共同关境征收关税时,国境小于关境,如欧洲联盟。

4.1.2 征税对象

关税的征税对象是国家准许进出关境的货物和物品。货物是指贸易性商品。物品是指入境旅客随身携带的行李物品、个人邮递物品、各种运输工具上的工作人员携带进口的自用物品、馈赠物品以及其他方式进入关境的个人物品。具体地说,除国家规定享受减免税的货物可以免征或减征关税外,所有进口货物和少数出口货物均属于关税的征收范围。

4.1.3 纳税义务人

进口货物的收货人、出口货物的发货人、进出境物品的所有人为关税发纳税义务人。

一般情况下,对携带进境的物品,推定其携带人为所有人;对分离运输的行李,推定相应的进出境旅客为所有人;对以邮递进境的物品,推定其收件人为所有人;对以邮递或其他运输方式出境的物品,推定其寄件人或托运人为所有人。

4.1.4 税率及其运用

1)进口关税税率

在我国加入世界贸易组织(WTO)之后,为履行我国在加入 WTO 关税减让谈判中承诺的有关义务,享有 WTO 成员应有的权利,根据《关税条例》,自 2002 年 1 月 1 日起,我国进口税则设有最惠国税率、协定税率、特惠税率、普通税率、关税配额税率等税率形式,对进口货物在一定期限内可以实行暂定税率。经过调整,我国 2013 年进出口税则税目总数为 8 238 个。

根据《国务院关税税则委员会关于调整进境物品税税目税率的通知》(税委会[2011]3 号,《进境物品税调整方案》自 2011 年 1 月 27 日起开始实施。调整后的《中华人民共和国进境物品进口税率表》如表 4.1 所示。

表 4.1 进境物品进口税率

税号	税率/%	物品名称
1	10	书报、刊物、教育专用电影片、幻灯片、原版录音带、录像带、金银及其制品、计算机,视频摄录一体机,数字照相机等信息技术产品、照相机、食品、饮料、本表税号 2,3,4 及备注不包含的其他商品
2	20	纺织品及其制成品、电视摄像机及其他电器用具、自行车、手表、钟表(含配件、附件)
3	30	高尔夫球及球具、高档手表
4	50	烟、酒、化妆品

2)出口关税税率

我国出口税则为一栏税率,即出口税率。我国仅对少数资源性产品及易于竞相杀价、盲目进口、需要规范出口秩序的半制成品征收出口关税。

3)特别关税

特别关税包括报复性关税、反倾销税与反补贴税、保障性关税。征收特别关税的货物,适用国别、税率、期限和征收办法,由国务院关税税则委员会决定,海关总署负责实施。

4)税率的运用

《中华人民共和国进出口关税条例》(以下简称《进出口关税条例》)规定,进出口货物应当依照税则规定的归类原则归入合适的税号,并按照适用的税率征税。

进出口货物到达前,经海关核准先行申报的,应当按照装载此货物的运输工具申报进境之日实施的税率征税。进出口货物的补税和退税,适用该进出口货物原申报进口或者出口之日所实施的税率,但下列情况除外:

①按照特定减免税办法批准予以减免税的进口货物,后因情况改变经海关批准转让或出售或移作他用需补税的,应当适用海关接受申报办理纳税手续之日实施的税率征税。

②加工贸易进口料、件等属于保护性质的进口货物,如经批准转为内销,应按向海关申报转为内销之日实施的税率征税。如未经批准擅自转为内销的,则按海关检查获日期所施行的税率征税。

③暂时进口货物转为正式进口需补税时,应按其申报正式进口之日实施的税率征税。

④分期支付租金的租赁进口货物,分期付税时适用海关接受纳税人再次填写报关单申报办理纳税及有关手续之日实施的税率征税。

任务2　关税的计算

2014年2月1日实施的《中华人民共和国海关审定进出口货物完税价格办法》中规定,进口货物的完税价格由海关以该货物的成交价格为基础审查确定,并应当包括该货物运抵中华人民共和国境内输入地点起卸前的运输及其相关费用、保险费。

4.2.1　进口货物关税完税价格的确定

1)进口货物成交价格的确定

进口货物的完税价格包括货物的成交价格、货物运抵我国境内输入地点起卸前的运输及其相关费用、保险费。货物的成交价格是指买方为购买该货物,并按《中华人民共和国海关审定进出口货物完税价格办法》有关规定调整后的实付或应付价格。以成交价格为基础审查确定进口货物的完税价格时，未包括在该货物实付或者应付价格中的下列费用或者价值，应当计入完税价格：

①由买方负担的除购货佣金以外的佣金和经纪费。

②由买方负担的与该货物视为一体的容器费用。

③由买方负担的包装材料和包装劳务费用。

④与该货物的生产和向中国境内销售有关的，由卖方以免费或低于成本方式提供并可按适当比例分摊的料价、工模具、消耗性材料的价款，境外开发、设计相关服务费用。

⑤与该货物相关应当由买方直接或间接支付的特许权使用费。

⑥卖方直接或间接从买方对该货物进口后转售、处置或使用中获得的收益。

进口货物的价款中单独列明的下列税收、费用，不得计入完税价格：

①厂房、机械、设备等货物进口后的基建、安装、装配、维修和技术援助的费用。

②进口货物运抵境内输入地点起卸之后的运输费用、保险费和其他相关费用。

③进口关税及其他国内税。

④为在境内复制进口货物而支付的费用。

⑤境内外技术培训及境外考察费用。

2)进口货物完税价格的确定方法

进口货物的价格不符合成交价格条件或者成交价格不能确定的，完税价格由海关依次适用下列方法估定：

①相同货物成交价格方法。

②类似货物成交价格方法。

③倒扣价格方法。

④计算价格方法。

⑤其他合理方法。

4.2.2　出口货物关税完税价格的确定

1)以成交价格为基础的完税价格

出口货物的完税价格由海关以该货物向境外销售的成交价格为基础审查确定，并应包括货物运至我国境内输出地点装载前的运输及其相关费用、保险费。

下列税收、费用不计入出口货物的完税价格：

①出口关税。

②货物价款中单独列明的货物运至中国境内输出地点装载后的运输及其相关费用、保险费。

③在货物价款中单独列明应由卖方承担的佣金。

2)出口货物海关估价方法

出口货物的成交价格不能确定时，完税价格由海关依次使用下列方法估定：

①同时或大约同时向同一国家或地区出口的相同货物的成交价格。

②同时或大约同时向同一国家或地区出口的类似货物的成交价格。

③根据境内生产的相同或类似货物的成本、利润和一般费用、境内发生的运输及其相关费用、保险费计算所得的价格。

④按照合理方法估定的价格。

4.2.3 进口货物完税价格中的运费及保险费的计算

1)进口货物的运费

陆运、空运和海运进口货物的运费应当按照实际支付的费用计算。如果进口货物的运费无法确定或未实际发生,海关应当按照该货物进口同期运输行业公布的运费率(额)计算。运输工具作为进口货物,利用自身动力进境的,海关在审定完税价格时不再另行计入运费。

2)进口货物的保险费

进口货物的保险费应当按照实际支付的费用计算。如果进口货物的保险费无法确定或者未实际发生,海关应当按照"货价加国外运输费"两者总额的3‰计算保险费,其计算公式如下:

$$保险费=(货价+国外运输费)\times 3‰$$

邮运进口的货物,应当以邮费作为运输及其相关费用、保险费。

销售价格如果包括离境口岸至境外口岸之间的运输、保险费的,该运费、保险费应当扣除。

以境外边境口岸价格条件成交的铁路或者公路运输进口货物,海关应当按照境外边境口岸价格的1%计算运输及其相关费用、保险费。

4.2.4 应纳税额的计算

1)从价税应纳关税税额的计算

$$应纳关税税额=应税进(出)口货物数量\times单位完税价格\times税率$$

2)从量税应纳关税税额的计算

$$应纳关税税额=应税进(出)口货物数量\times单位货物税额$$

3)复合税应纳关税税额的计算

$$应纳关税税额=应税进(出)口货物数量\times单位货物税额+应税进(出)口货物数量\times单位完税价格\times税率$$

我国目前实行的复合税都是先计征从量税,再计征从价税。

【例4.1】 某公司从国外进口铁盘条5万吨,其成交价格为FOB纽约2 550万美元。已知国外运输费、保险费共计 50 万美元,进口关税税率为 15%,已知海关填发税款缴款书之日的外汇中间牌价 USD1=CNY6.38。

$$关税完税价格=(2\ 550+50)\times 6.38=16\ 588(万元)$$

$$应纳关税税额=16\ 588\times 15\%=2\ 488.2(万元)$$

【例 4.2】 某公司从日本进口甲商品,进口申请报价为 CIF 天津,折合人民币 4 000万元,经海关审定,其成交价正常,甲商品关税税率为 15%。计算该公司应纳进口关税税额。

$$关税完税价格=4\ 000(万元)$$

$$应纳关税税额=4\ 000\times 15\%=600(万元)$$

【例 4.3】 某外贸进出口公司出口商品一批,合同规定该批商品离岸价为 805 000元,出口关税税率为 15%。计算该公司应纳出口关税税额。

$$关税完税价格=\frac{805\ 000}{1+15\%}=700\ 000(元)$$

$$应纳关税税额=700\ 000\times 15\%=105\ 000(元)$$

【例 4.4】 某电视台从国外进口 10 台电视摄像机,价格为 CIF 65 000 美元。已知海关填发税款缴款书之日的外汇中间牌价 USD1=CNY6.30。适用优惠税率为每台完税价高于 5 000 美元的,从量税为每台 13 280 元,从价税率为 3%。计算应纳关税税额。

$$应纳关税税额=10\times 13\ 280+65\ 000\times 6.30\times 3\%=145\ 085(元)$$

【例 4.5】 某商场于 2016 年 2 月进口一批化妆品。该批货物在国外的买价 120 万元,货物运抵我国入关前发生的运输费、保险费和其他费用分别为 10 万元、6 万元、4 万元。货物报关后,该商场按规定缴纳了进口环节的增值税和消费税并取得了海关开具的缴款书。从海关将化妆品运往商场所在地取得增值税专用发票,注明运输费用 5 万元,增值税进项税额 0.55 万元,该批化妆品当月在国内全部销售,取得不含税销售额 520 万元。假定化妆品进口关税税率 20%,增值税税率 17%,消费税税率 30%。

要求:计算该批化妆品进口环节应缴纳的关税、增值税、消费税和国内销售环节应缴纳的增值税。

1. 关税的组成计税价格=120+10+6+4=140(万元)
2. 应缴纳进口关税=140×20%=28(万元)

$$进口环节应纳增值税的组成计税价格=\frac{140+28}{1-30\%}=240(万元)$$

3. 进口环节应缴纳增值税=240×17%=40.8(万元)
4. 进口环节应缴纳消费税=240×30%=72(万元)
5. 国内销售环节应缴纳增值税=520×17%-0.55-40.8=47.05(万元)

任务3 关税的征收管理

4.3.1 关税缴纳

进口货物自运输工具申报进境之日起14日内,出口货物在货物运抵海关监管区后装货的24小时以前,应由进出口货物的纳税义务人向货物进(出)境地海关申报,海关根据税则归类和完税价格计算应缴纳的关税和进口环节代征税,并填发税款缴款书。纳税义务人应当自海关填发税款缴款书之日起15日内,向指定银行缴纳税款。如关税缴纳期限的最后1日是周末或法定节假日,则关税缴纳期限顺延至周末或法定节假日过后的第1个工作日。为方便纳税义务人,经申请且海关同意,进(出)口货物的纳税义务人可以在设有海关的指运地(启运地)办理海关申报、纳税手续。

关税纳税义务人因不可抗力或者在国家税收政策调整的情形下,不能按期缴纳税款的,经海关总署批准,可以延期缴纳税款,但最长不得超过6个月。

4.3.2 关税的强制执行

纳税义务人未在关税缴纳期限内缴纳税款,即构成关税滞纳。为保证海关征收关税决定的有效执行和国家财政收入的及时入库,《海关法》赋予海关对滞纳关税的纳税义务人强制执行的权利。强制措施主要有两类:

1)征收关税滞纳金

滞纳金自关税缴纳期限届满滞纳之日起,至纳税义务人缴纳关税之日止,按滞纳税款万分之五的比例按日征收,周末或法定节假日不予扣除。具体计算公式为:

关税滞纳金金额=滞纳关税税额×滞纳金征收比率×滞纳天数

2)强制征收

如纳税义务人自海关填发缴款书之日起3个月仍未缴纳税款,经海关关长批准,海关可以采取强制扣除、变价抵缴等强制措施。强制扣缴即海关从纳税义务人在开户银行或者其他金融机构的存款中直接扣缴税款。变价抵缴即海关将应税货物依法变卖,以变卖所得抵缴税款。

4.3.3 关税退还

关税退还是关税纳税义务人按海关核定的税额缴纳关税后,因某种原因的出现,海关将实际征收多于应当征收的税额(称为溢征关税)退还给原纳税义务人的一种行政行为。根据《海关法》的规定,海关多征的税款,海关发现后应当立即归还。

按规定,有下列情形之一的,进出口货物纳税义务人可以自缴纳税款之日起1年内,书面声明理由,连同原纳税收据向海关申请退税并加算银行同期活期存款利息,逾期不予受理：

①因海关误征，多纳税款的。

②海关核准免验进口的货物，在完税后，发现有短卸情形，经海关审查认可的。

③已征出口关税的货物，因故未将其出口，申报退关，经海关查验属实。

对已征出口关税的出口货物和已征进口关税的进口货物，因货物品种或规格原因（非其他原因），原状复运进境或出境的，经海关查验属实的，也应退还已征关税。海关应当自受理退税申请之日起30日内，作出书面答复并通知退税申请人。本规定强调的是："因货物品种或规格原因，原状复运进境或出境的。"如果属于其他原因且不能以原状复运进境或出境，不能退税。

4.3.4　关税补征和追征

补征和追征是海关在关税纳税义务人按海关核定的税额缴纳关税后，发现实际征收税额少于应当征收的税额（称为短征关税）时，责令纳税义务人补缴所差税款的一种行政行为。海关法根据短征关税个原因，将海关征收原短征关税的行为分为补征和追征两种。由于纳税人违反海关规定造成短征关税的，称为追征；非因纳税人违反海关规定造成短征关税的，称为补征。区分关税追征和补征的目的是区别不同情况适用不同的征收时效，超过时效规定的期限，海关就丧失了追补关税的权力。根据《海关法》规定，进出境货物和物品放行后，海关发现少征或者漏征税款，应当自缴纳税款或者货物、物品放行之日起1年内，向纳税义务人补征。因纳税义务人违反规定而造成的少征或者漏征的税款，自纳税义务人应缴纳税款之日起3年内可以追征，并从缴纳税款之日起按日加收少征或者漏征税款万分之五的滞纳金。

4.3.5　关税纳税争议

为保护纳税人合法权益，《海关法》和《进出口关税条例》都规定了纳税义务人对海关确定的进出口货物的征税、减税、补税或者退税等有异议时，有提出申诉的权利。纳税义务人同海关发生纳税争议时，可以向海关申请复议，但同时应当在规定期限内按海关核定的税额缴纳关税，逾期则构成滞纳，海关有权按规定采取强制执行措施。

纳税争议的内容一般为原产地认定、税则归类、税率或汇率适用、完税价格确定、关税减征、免征、追征、补征和退还等。

纳税争议的申诉程序为：纳税义务人自海关填发税款缴款书之日起30日内，向原征税海关的上一级海关书面申请复议。逾期申请复议的，海关不予受理。海关应当自收到复议申请之日起60日内作出复议决定，并以复议决定书的形式正式答复纳税义务人。纳税义务人对海关复议决定仍然不服的，可以自收到复议决定书之日起15日内，向人民法院提起诉讼。

[本章小结]

本章主要介绍我国关税的相关政策。首先，介绍了关税的征税对象、纳税义务人，通过介绍进出口税则概况，对进出口关税税率进行了介绍；其次，根据相关规定，对关税完税价格进行计算；最后，对关税的征收管理进行了梳理。

［案例回顾］

1. 关税的组成计税价格＝120+10+6+4＝140（万元）

2. 应缴纳进口关税＝140×20%＝28（万元）

3. 进口环节应纳增值税的组成计税价格$=\frac{140+28}{1-30\%}=240$（万元）

4. 进口环节应缴纳增值税＝240×17%＝40.8（万元）

5. 进口环节应缴纳消费税＝240×30%＝72（万元）

6. 国内销售环节应缴纳增值税＝520×17%－0.55－40.8＝47.05（万元）

［思考与练习］

一、单项选择

1. 下列各项中，应计入出口货物完税价格的是（　　）。

A. 出口关税税额

B. 单独列明的支付给境外的佣金

C. 货物在我国境内输出地点装载后的运输费用

D. 货物运至我国境内输出地点装载前的保险费

2. 某企业海运进口一批货物，海关审定货价折合人民币5 000万元，运抵境内输入地点起卸前的运输折合人民币20万元，保险费无法查明，该批货物进口关税税率为5%，则该企业应纳关税（　　）。

A. 250万元　　B. 251万元　　C. 251.75万元　　D. 260万元

3. 关税纳税义务人因不可抗力或者在国家税收政策调整的情形下，不能按期缴纳税款的，经海关批准，可以延期缴纳税款，但最多不得超过（　　）。

A. 3个月　　B. 6个月　　C. 9个月　　D. 12个月

4. 某公司进口一批货物，海关于2015年3月1日填发税款缴款书，但公司迟至3月27日才缴纳500万元的关税。海关应征收关税滞纳金（　　）。

A. 2.75万元　　B. 3万元　　C. 6.5万元　　D. 6.75万元

5. 进出口货物完税放行后，如发现少征或者漏征关税税款（非纳税人原因），海关应自缴纳税款或者货物、物品放行之日起（　　）内，向纳税人补征。

A. 1年　　B. 2年　　C. 3年　　D. 5年

6. 在进行税则归类时，进口地海关无法解决的税则归类问题，应报（　　）明确。

A. 当地外贸部门　　B. 海关总署　　C. 国务院　　D. 财政部

7. 根据关税的有关规定，下列费用中不得计入进口货物关税完税价格的是（　　）。

A. 货价　　B. 境外运费

C. 由买方负担的包装　　D. 由买方负担的购货佣金

8. 根据中国海关法现行规定，进出口货物放行后，如因纳税人违反规定造成的少征或者漏征税款，海关应当自纳税人应缴纳税款之日起（　　）内追征。

A. 1 年　　B. 3 年　　C. 5 年　　D. 10 年

二、多项选择

1. 下列各项中，属于关税纳税人的有（　　）。
A. 进口货物的收货人　　B. 出口货物的发货人
C. 进出口货物的经纪人　　D. 进出境物品的携带人

2. 下列出口货物完税价格确定方法中，符合关税法规定的有（　　）。
A. 海关依法估价确定的完税价格
B. 以成交价格为基础确定的完税价格
C. 根据境内生产类似货物的成本、利润和费用计算出的价格
D. 以相同或类似的进口货物在境内销售价格为基础估定的完税价格

3. 下列税费中，应计入进口货物关税完税价格的有（　　）。
A. 进口环节缴纳的消费税
B. 单独支付的境内技术培训费
C. 由买方负担的境外包装材料费用
D. 由买方负担的与该货物视为一体的容器费用

4. 由买方负担的能与进口货物实付价格区分的下列费用中，应计入进口货物关税完税价格的有（　　）。
A. 境外考察费　　B. 境外运输费
C. 境外保险费　　D. 境外包装劳务费

5. 出口货物的成交价格不能确定时，海关可使用的完税价格估定方法有（　　）。
A. 同时或大约同时向同一国家或地区出口的相同货物的成交价格
B. 同时或大约同时向同一国家或地区出口的类似货物的成交价格
C. 根据境内生产相同或类似货物的成本、利润和一般费用、境内发生的运输及其相关费用、保险费计算所得的价格
D. 按照合理方法估定的价格

6. 有下列（　　）情形之一的，进出口货物的纳税人可以向海关申请退税。
A. 销售方修改价格而多缴的进口关税
B. 因海关误征，多纳税款
C. 海关核准免验进口的货物，在完税后，发现有短卸情形，经海关审查认可的
D. 已征出口关税的货物，因故未装运出口，申请报关，经海关查验属实的

[案例分析]

上海某进出口公司从美国进口货物一批，货物以离岸价格成交，成交价格合计人民币为 1 410 万元（包括单独计价并经海关审查属实的向境外采购代理人支付的购货佣金 10 万元，但不包括为使用该货物而向境外支付的软件费 50 万元，向卖方支付的佣金 15 万元），另支付货物运抵我国上海港的运费、保险费等 35 万元。假设该货物适用关税税率为 20%，增值税税率为 17%，消费税税率为 10%。

要求：请分别计算该公司进口环节应纳关税、消费税和增值税。

项目5
企业所得税

学习目标

一、知识目标

1. 了解企业所得税的特点。
2. 掌握纳税人、征税对象和税率。
3. 掌握企业所得税应纳税额的计算。
4. 熟悉企业所得税的税收优惠政策。
5. 掌握企业所得税的纳税申报方法。

二、能力目标

1. 能准确判断居民企业和非居民企业,能根据业务资料计算应纳所得税。
2. 能独立办理企业所得税纳税申报和税款缴纳。

知识点:居民企业　非居民企业　应纳税所得额　优惠政策

[案例导入]

某市一家汽车轮胎生产企业为增值税一般纳税人,2015年度相关经营情况如下:

(1)销售汽车轮胎7 000个,每个不含税售价0.2万元,支付销售汽车轮胎铁路运输费30万元,保险费和装卸费16万元,取得运输凭证。

(2)销售汽车轮胎400个给本公司职工,以成本价核算取得销售金额40万元,已按规定计算消费税及增值税。

(3)将仓库对外出租取得收入100万元,对应的其他业务成本10万元。

(4)发生其他销售费用384万元,其中,广告费用170万元,业务宣传费用114万元。

(5)发生管理费用214万元,其中,业务招待费14万元,技术开发费80万元,10万元无形资产(研发费用资本化)摊销为2012年底已形成的无形资产的年摊销额。

(6)营业外支出中列支固定资产盘亏损失23.4万元,合同违约金支出11.7万元。

(7)所得税前准许扣除的营业税金及附加60.69万元。

(8)12月份购入安全生产专用设备,取得普通发票上注明价款为85万元。

(9)在A国设有分支机构,A国分支机构当年应纳税所得额300万元,其中,生产经营所得200万元,A国规定税率为20%;特许权使用费所得100万元,A国规定的税率为30%;从A国分回税后利润230万元。

注:支付的运费均已取得相应的运费发票,涉及审批手续的事项已通过审批。

问:(1)计算企业所得税前准许扣除的销售(营业)成本。

(2)计算企业所得税前准许扣除的销售费用。

(3)计算企业所得税前准许扣除的管理费用(不考虑加计扣除)。

(4)计算2015年境内应纳税所得额。

(5)计算2015年A国分支机构在我国应补缴企业所得税额。

(6)计算2015年应纳的企业所得税。

任务1　企业所得税概述

现行企业所得税的基本规范,是2007年3月16日第十届全国人民代表大会第五次全体会议通过的《中华人民共和国企业所得税法》(以下简称《企业所得税法》和2007年11月28日国务院第197次常务会议通过的《中华人民共和国企业所得税法实施条例》(以下简称《企业所得税法实施条例》)以及国务院财政、税务部门发布的相关规定,于2008年1月1日正式实施,内、外资企业从此实行统一的企业所得税法。

企业所得税是国家财政的重要来源,与增值税一样是我国的主体税种之一。

5.1.1　企业所得税的概念

企业所得税是对我国境内的企业和其他取得收入的组织的生产经营所得和其他

所得征收的所得税。其中,企业分为居民企业和非居民企业。个人独资企业和合伙企业缴纳个人所得税,不是企业所得税的纳税人。

5.1.2 纳税义务人

1)居民企业

居民企业是指依法在中国境内成立,或者依照外国(地区)法律成立但实际管理机构在中国境内的企业。

我国判定居民企业的两个标准:一是登记注册地标准;二是实际管理机构所在地标准。居民企业应当就来源于中国境内、境外的所得缴纳企业所得税。这里的企业包括国有企业、集体企业、私营企业、联营企业、股份制企业,外商投资企业、外国企业以及有生产、经营所得和其他所得的其他组织。

★知识链接

实际管理机构是指对企业的生产经营、人员、财务、财产等实施实质性全面管理和控制的机构。

有生产、经营所得和其他所得的其他组织,是指经国家有关部门批准,依法注册、登记的事业单位、社会团体等组织。这些事业单位、社会团体等组织在完成国家事业计划的过程中,开展多种经营和有偿服务活动,取得除财政部门各项拨款、财政部和国家物价部门批准的各项规费收入的经营收入,具有经营特点,纳入征税范围。

2)非居民企业

非居民企业是指依照外国(地区)法律成立且实际管理机构不在中国境内,但在中国境内设立机构、场所的,或者在中国境内未设立机构、场所,但有来源于中国境内所得的外国企业。

★知识链接

上述所称机构、场所是指在中国境内从事生产经营活动的机构、场所,包括:管理机构、营业机构、办事机构,工厂、农场、开采自然资源的场所,提供劳务的场所,从事建筑、安装、装配、修理、勘探等工程作业的场所,其他从事生产经营活动的机构、场所。

非居民企业委托营业代理人在中国境内从事生产经营活动的,包括委托单位或者个人经常代其签订合同,或者储存、交付货物等,该营业代理人被视为非居民企业在中国境内设立的机构、场所。

5.1.3　征税对象及税率

企业所得税的征税对象是指企业取得的生产经营所得、其他所得和清算所得。

1)居民企业的征税对象

居民企业应就来源于中国境内、境外的所得作为征税对象。所得,包括销售货物所得、提供劳务所得、转让财产所得、股息红利等权益性投资所得、利息所得、租金所得、特许权使用费所得、接受捐赠所得和其他所得。

2)非居民企业的征税对象

非居民企业在中国境内设立机构、场所的,应当就其所设机构、场所取得的来源于中国境内的所得,以及发生在中国境外但与其所设机构、场所有实际联系的所得,缴纳企业所得税。非居民企业在中国境内未设立机构、场所,或者虽设立机构、场所,但取得的所得与其所设机构、场所没有实际联系的,应当就其来源于中国境内的所得缴纳企业所得税。

★知识链接

上述所称实际联系,是指非居民企业在中国境内设立机构、场所拥有的据以取得所得的股权、债权,以及拥有、管理、控制据以取得所得的财产。

3)所得来源地的确定

依据《企业所得税法》及其实施条例的规定,所得来源地的确定有如下方法:

(1)销售货物所得

按照交易活动发生地确定。

(2)提供劳务所得

按照劳务发生地确定。

(3)转让财产所得

①不动产转让所得按照不动产所在地确定。

②动产转让所得按照转让动产的企业或者机构、场所所在地确定。

③权益性投资资产转让所得按照被投资企业所在地确定。

(4)股息、红利等权益性投资所得

利息所得、租金所得、特许权使用费所得,按照负担、支付所得的企业或者机构、场所所在地确定,或者按照负担、支付所得的个人的住所地确定。

(5)其他所得

由国务院财政、税务主管部门确定。

4)税率

我国企业所得税实行比例税率。比例税率简便易行,透明度高,不会因征税而改变企业间的收入分配比例,有利于促进效率的提高。现行规定是:

(1)基本税率为25%

适用于居民企业和在中国境内设立机构、场所且所得与机构、场所有关联的非居民企业(认定为境内常设机构)。

(2)低税率为20%

适用于在中国境内未设立机构、场所,或者虽设立机构、场所,但取得的所得与其所设机构、场所没有实际联系的非居民企业。但对这类企业实际征税时适用10%的税率(在税收优惠中有介绍)。

(3)小型微利企业税率为20%

其条件是:

①工业企业,年度应纳税所得额不超过30万元,从业人员不超过100人,资产总额不超过3 000万元。

②其他企业,年度应纳税所得额不超过30万元,从业人员不超过80人,资产总额不超过1 000万元。

非居民企业取得《企业所得税法》第三条第三款规定的所得,适用税率为20%,高新技术企业和小型微利企业分别享受15%和20%的低税率。

(4)国家需要重点扶持的高新技术企业税率为15%

必须同时具备以下条件:

①指近3年通过自主研发、受让、受赠、并购等方式,或者通过5年以上的独占许可方式,对其主要产品(服务)的核心技术拥有自主知识产权。

②产品(服务)属于《国家重点支持的高新技术领域》规定的范围。

③研究开发费用占销售收入的比率不低于规定的比率。

④高新技术产品(服务)收入占企业总收入的比率不低于60%。

⑤具有大专以上学历的科技人员占企业职工总数的比率在30%以上,其中,研究开发人员占企业当年职工总数的10%以上。

⑥高新技术企业认定管理办法规定的其他条件。

任务2 应纳税所得额的确定

5.2.1 企业所得税的计税依据

企业所得税以应纳税所得额作为计税依据,其确定的基本公式:

应纳税所得额=收入总额-不征税收入-免税收入-扣除项目金额-允许弥补的以前年度亏损

★知识链接

注意，应纳税所得额的确定是正确计算应缴纳企业所得税税额的关键，也是对企业所得税进行会计核算的基础；应纳税所得额同财务会计（简称会计）利润总额是两个既有联系又有区别的不同的概念，前者是根据税法规定计算出来用于计算应缴纳企业所得税的计税依据，后者是根据财务会计规范计算出来用于反映会计主体一定期间的经营成果。两者的联系可以用公式表示如下：

应纳税所得额＝会计利润总额±纳税调整项目金额

5.2.2　收入总额的确定

企业的收入总额包括取得的货币形式和非货币形式的各种收入。

货币形式的收入包括现金、银行存款、应收账款、应收票据、准备持有至到期的债券投资以及豁免的债务等。非货币形式的收入包括处置固定资产、生物资产、无形资产、股权投资、存货、不准备持有至到期的债券投资、劳务以及有关权益等，这些非货币资产应按照公允价值确定收入。公允价值，是指按照市价格确定的价值。

1）一般收入的确定

①销售货物收入，是指企业销售商品、产品、原材料、包装物、低值易耗品以及其他存货取得的收入。

②提供劳务收入，是指企业从事建筑安装、修理修配、交通运输、金融保险、仓储租赁、邮电通信、咨询经纪、中介代理、科学研究、技术服务、文化体育、卫生保健、社区服务、教育培训、餐饮住宿、旅游娱乐加工以及其他劳务活动取得的收入。

③转让财产收入，是指企业转让固定资产、生物资产、无形资产、股权、债权等财产取得的收入。

④股息、红利等权益性投资收益，是指企业应权益性投资从被投资方取得的收入。

⑤利息收入，是指企业将资金提供他人使用但不构成权益性投资，或者因他人占用本企业资金取得的收入，包括存款利息、贷款利息、债券利息、欠款利息等。

⑥租金收入，是指企业提供固定资产、包装物或其他有形资产的使用权取得的收入。

⑦特许权使用费收入，是指企业提供专利权、非专利技术、商标权、著作权以及特许经营权取得的收入。

⑧接受捐赠收入，是指企业接受来自企业、组织或个人无偿给予的货币性和非货币性资产。

⑨其他收入，是指除了上述收入外的收入，包括企业资产盈余收入、逾期未退包装物押金收入、确实无法支付的应付账款、已做坏账损失处理后又收回的应收款项、债务重组收入、补贴收入、违约金收入、汇兑收益等。

2)特殊收入的确定

①分期收款方式销售货物的,按合同约定的收款日期确定收入的实现。

②企业接受委托加工制造大型机器设备、船舶、飞机,以及从事建筑、安装、转配工程以及其他劳务收入等,持续时间超过12个月的,按照纳税年度内完工进度或完成的工作量确认收入的实现。

③采取产品分成方式取得收入的,按照企业分得产品的日期确认收入的实现。

④企业发生非货币性资产交换,以及将货物、财产、劳务用于捐赠、偿债、赞助、集资、广告、样品、职工福利或利润分配的,应当视同销售货物、转让财产或提供劳务,但国务院财政、税务部门另有规定的除外。

3)处置资产收入的确定

(1)不视同销售

企业发生下列情形的处置资产,除将资产移至境外的外,可作为内部划拨移送,不视同销售不确认收入的实现,不计税:

①将资产用于生产、制造、加工另一产品。

②改变资产现状、结构或性能。

③改变资产用途。

④将资产在总分支机构之间转移。

⑤上述两种及以上情形的混合。

⑥其他不改变资产所有权属的用途。

(2)视同销售

企业发生以下情形的资产移送,应视同销售,确认收入的实现计税:

①用于市场推广或促销的。

②用于交际应酬的。

③用于职工福利或奖励的。

④用于股息或股利分配的。

⑤用于对外捐赠的。

⑥其他改变资产所有权属的用途。

4)收入实现的确定

(1)企业销售商品同时满足以下条件,应确认收入的实现

①企业已将商品所有权上的主要风险和报酬转移给购货方。

②企业既没有保留通常与所有权相联系的继续管理权,也没有对已售出的商品实施有效控制。

③收入的金额能够可靠地计量。

④相关的经济利益很可能流入企业。

⑤相关的已发生或将发生的成本能够可靠地计量。

(2)采取不同销售方式的收入确定实现时间

①销售商品采用托收承付方式的,在办妥托收手续的时候确定收入。

②销售商品采用预收款方式的,在发出商品时确定收入。

③销售商品采用支付手续费方式委托代销的,在收到代销清单时确定收入。

④销售商品需要安装和检验的,在购买方接受商品及安装和检验完毕时确定收入;若安装程序比较简单,可在发出商品时确定收入。

(3)销售商品以旧换新的

应按新产品确定收入的实现,回收商品作购进处理。

(4)商品销售涉及商业折扣的

应当按照扣除商业折扣后的金额确定收入。

(5)商品销售涉及现金折扣的

应当按照折扣前的金额确定收入,现金折扣在实际发生时作为财务费用核算。

(6)商品销售涉及销售折让或销售退回的

应在发生当期冲减销售商品收入。

(7)企业以买一赠一等组合方式销售商品的

企业以买一赠一等组合方式销售商品的不属于捐赠,应将总的销售金额按各项商品的公允价值比例来分摊确定各项商品的销售收入。

5.2.3　不征税收入

国家为了扶持和鼓励某些特殊的纳税人和特定的项目,对企业取得某些收入不征税或免征税的特殊政策,以减少企业负担,促进经济协调发展。

①财政拨款,是指各级人民政府对纳入预算的事业单位、社会团体等组织拨付的财政资金,但国务院财政、税务部门另有规定的除外。

②依法收取并纳入财政管理的行政事业性收费、政府性基金。行政事业性收费是指依照法律、法规等有关规定,按照国务院规定程序批准,在实施社会公共管理,以及在向公民、法人或者其他组织提供特定公共服务过程中,向特定对象收取并纳入财政管理的费用。

政府性基金,是指企业依照法律、行政法规等规定,代政府收取具有专项用途的财政资金。

③国务院规定的其他不征税的财政性资金,是指企业取得的来源于政府及其有关部门的财政补助、补贴、贷款贴息,以及其他各类财政专项资金,包括直接减免的增值税和即征即退、先征后退、先征后返的各种税收,但不包括企业按规定取得的出口退税。

5.2.4　扣除项目

1)扣除项目的范围

根据《中华人民共和国企业所得税法》和《(企业所得税法)实施条例》的规定,企业实际发生的同取得收入有关的、合理支出,包括成本、费用、税金、损失和其他支出,准予在计算应纳税所得额时扣除。

(1)成本

成本是指企业在生产经营活动中发生的销售成本、销货成本、业务支出以及其他耗费,即企业销售商品(产品、包装物、低值易耗品、废料、废旧物资等)、提供劳务、转让固定资产、无形资产(包括技术转让)的成本。

(2)费用

费用是指企业每一纳税年度为生产、经营商品和提供劳务等发生的销售(经营)费用、管理费用和财务费用,已经记入成本的费用不在此列。

①销售(经营)费用,是指应由企业负担的为销售商品发生的各种费用,包括广告费、运输费、装卸费、包装费、展览费、保险费、销售佣金、代销手续费、经营性租赁费以及销售部门发生的差旅费、办公费、工资福利等费用。

②管理费用,是指企业行政管理部门为管理组织经营活动提供各种支援性服务而发生的费用。

③财务费用,是指企业筹集经营性资金而发生的费用,包括利息净支出、汇兑净损失、金融机构手续费以及其他非资本化支出。

(3)税金

税金是指企业发生的除了企业所得税和允许抵扣的增值税以外的实际缴纳的各项税金及附加,允许扣除的税金如下:

①在发生当期扣除,包括计入"营业税金及附加"的消费税、营业税、土地增值税、资源税、城市维护建设税、教育费附加,还有计入"管理费用"的房产税、车船税、城镇土地使用税、印花税和矿产资源补偿费。

②在发生当期计入相关资产的成本,在以后各期分摊扣除,如关税、车辆购置税、契税、耕地占用税等。

(4)损失

损失是指企业在生产经营活动中发生的固定资产和存货的盘亏、损毁、报废损失,转让财产损失,坏账损失,自然灾害等不可抗力因素造成的损失,以及其他损失。

(5)扣除的其他支出

扣除的其他支出,是指除了成本、费用、税金、损失以外,企业在生产经营活动过程中发生的同生产经营有关的、合理的支出。

2)扣除项目及其标准

(1)工资、薪金支出

企业发生的合理的工资、薪金支出准予据实扣除。

工资、薪金支出是指企业每一纳税年度支付给本企业任职或与其有雇佣关系的员工的所有现金或非现金形式的劳动报酬,包括基本工资、奖金、津贴、补贴、年终加薪、加班工资,以及与任职或受雇有关的其他支出。

"合理的工资、薪金"是指企业按照股东大会、董事会或相关管理机构制定的工资、薪金制度规定实际发放给员工的工资、薪金。

(2)职工福利费、工会经费、职工教育经费

①企业发生的职工福利费,不超过工资、薪金总额14%的部分准予扣除。

★知识链接

> 注意：企业发生的职工福利费，企业应单独设置账册进行准确核算，否则税务机关有权进行合理核定。

②企业拨缴的工会经费，不超过工资、薪金总额2%的部分准予扣除。

③除软件生产企业外，企业发生的职工教育经费，不超过工资、薪金总额2.5%的部分准予扣除。

软件生产企业发生的职工教育经费中的职工培训费用，可以在税前全额列支。软件生产企业应准确划分职工教育经费中职工培训费支出，不能准确划分的，一律按工资、薪金总额2.5%的比率扣除。

★知识链接

> 注意：对于国有企业，其工资、薪金不得超过政府有关部门给予的限定数额，超过部分不得在计算企业应纳税所得额时扣除，相应的职工福利费、工会经费、职工教育经费也如此。

(3)社会保险费

①企业按照国家人力资源和社会保障部或省级人民政府规定的范围和标准为职工缴纳的"五保一金"，即基本养老保险、基本医疗保险、失业保险、工伤保险、生育保险和住房公积金，准予扣除。

②企业为投资者或职工支付的补充养老保险、补充医疗保险，在国务院财政、税务主管部门规定的范围和标准内，准予扣除。

③企业为投资者或职工支付的商业保险，不得扣除。企业参加的财产保险的，准予扣除。

(4)借款费用

①企业在生产经营活动中发生的合理的不需要资本化的借款费用，准予扣除。

②企业为购建、建造固定资产、无形资产和经过12个月以上的建造才能达到预定可销售状态的存货发生借款的，在购置、建造期间发生的合理的借款费用，应予资本化计入有关资产的成本。有关资产交付使用以后发生的借款费用，可在发生当期扣除。

(5)利息费用

①非金融企业向金融企业借款发生的利息支出、金融企业的各项存款利息支出和同业拆借利息支出、企业经批准发行债券的利息支出可以据实扣除。

②非金融企业向非金融企业借款的利息支出，不超过按金融企业同期同类贷款利率计算的数额可以据实扣除，超出部分不得扣除。

③企业向自然人借款的利息支出的扣除规定。

A. 企业向股东或内部职工以外的自然人借款的利息支出，在不超过按金融企业同期同类贷款利率计算的数额可以据实扣除，超出部分不得扣除。

B. 企业向股东或同企业有关联关系的其他自然人借款的利息支出，接受方债权投资与权益性投资比率，金融企业为5∶1，其他企业为2∶1。在此规定比率以内的利息支出，准予税前扣除，超出规定比率部分计算的利息支出不得扣除。

(6)业务招待费

企业发生的同生产经营活动有关的业务招待费支出，按发生额的60%扣除，但最高不能超过当年销售收入的5‰，即按两者孰低扣除。

(7)汇兑损失

企业在货币交易中，以及在纳税年度按规定将外币资产、负债以期末汇率中间价折算为人民币时发生的汇兑损失，除了资本化部分以及向投资者进行利润分配相关的部分外，准予扣除。

(8)财产保险费

准予扣除。

(9)劳动保护费

企业合理的劳动保护支出准予扣除。

(10)环境保护专项资金

准予扣除。

(11)租赁费支出

①以经营租赁方式租入固定资产发生的租赁费支出，在租赁期内平均扣除。

②以融资租赁方式租入固定资产发生的租赁费支出，构成固定资产价值的，应按规定提取折旧分期扣除。

(12)广告费和业务宣传费

企业发生的广告费和业务宣传费应严格区分，除另有规定外，不超过当年销售(营业)收入15%的部分，准予扣除；超过部分，准予结转以后纳税年度在规定比率内扣除。

企业申报扣除的广告费必须同时符合以下条件：

①广告是通过国家工商行政管理部门批准的专门机构制作的。

②已经实际支付费用并取得相应的发票。

③通过一定的媒体传播。

(13)有关资产的费用

①企业按规定计算的固定资产折旧费、无形资产和递延资产的摊销费用，准予扣除。

②企业转让各类固定资产发生的费用，准予扣除。

(14)总机构分摊的费用

非居民企业在境内设立机构、场所，向境外总机构支付的同该机构、场所生产经营有关的费用，能够提供总机构出具的费用惠及范围、定额、分配依据和方法等证明文件的，准予扣除；否则，一律不得扣除。

(15)资产减值损失

①企业计提的各种资产减值准备，不得扣除。

②企业当期发生的固定资产和流动资产盘亏、毁损净损失，应按规定提供相应资料向主管税务机关审核批准后，准予扣除；否则，一律不得扣除。

(16)手续费及佣金支出

①企业不得将手续费及佣金计入回扣、业务提成、返利、进场费等在税前扣除。

②企业支付的手续费及佣金不得直接冲减服务协议或合同金额,并如实入账。

③企业应当如实向主管税务机关提供当年手续费及佣金计算分配表和其他相关资料,并依法取得合法、真实的凭证。

④企业已经计入固定资产、无形资产等相关资产的手续费及佣金支出,应通过折旧、摊销等方式分期扣除,不得在发生当期直接扣除。

⑤保险企业的扣除规定。

A. 财产保险企业按当年全部保费收入的15%计算内扣除,超出部分不得税前扣除。

B. 人身保险企业按当年全部保费收入的10%计算内扣除,超出部分不得税前扣除。

⑥其他企业,按同具有合法经营资格中介服务机构或个人所签订服务协议或合同确认的收入金额的5%以内计算扣除,超出部分不得税前扣除。

(17)捐赠支出扣除规定

①公益性捐赠支出,不超过年度利润总额12%的部分,准予扣除。

公益性捐赠,是指企业通过公益性社会团体、群众团体或县级及以上人民政府及其所属部门,用于符合《中华人民共和国公益事业捐赠法》规定范围的捐赠。

年度利润总额是指企业按照国家统一会计制度规定计算的年度会计利润。

②不通过以上单位捐赠或捐赠范围不符合上述规定的,其支出一律不得在税前扣除。

(18)研究开发费的特殊扣除规定

研究开发费用,是指企业从事《国家重点支持的高新技术领域》规定范围内开发新产品、新技术、新工艺而发生的研究开发费用(以下简称"三新"费用),包括:

①新产品设计费、新工艺规程制订费以及与研究开发活动直接相关的技术图书资料费、资料翻译费。

②从事研究开发活动直接消耗的材料、动力和燃料费用。

③在职直接从事研究开发活动人员的工资、薪金、奖金、津贴、补贴。

④专门用于研究开发活动的仪器、设备的折旧费或租赁费。

⑤专门用于研究开发活动的软件、专利权、非专利技术等无形资产的摊销费用。

⑥专门用于中间试验和产品试制的模具、工艺装备开发及制造费。

⑦勘探开发技术的现场试验费。

⑧研究开发成果的论证、评审、验收费用。

纳税人的"三新"费用未形成无形资产计入当期损益的,在据实扣除的基础上,加计50%扣除;形成无形资产的,按照无形资产成本的150%摊销。

(19)依照法律、行政法规准予扣除的其他项目

包括会员费、办公费、合理的差旅费、会议费、违约金、诉讼费用等。

3)不得扣除的项目

①向投资者支付的股息、红利等权益性投资收益款项。

②企业所得税税款。

③税收滞纳金,是指纳税人违反税收法规被税务机关处以滞纳金。

④罚金、罚款和被没收财务的损失，是指纳税人违反国家有关法律法规，被有关部门处以的罚款以及司法机关处以的罚金和被没收财物。

⑤超过规定标准的捐赠支出。

⑥赞助支出，是指企业发生的同生产经营活动无关的各种非广告性质支出。

⑦未经核定的准备金支出，是指不符合国务院财政、税务主管部门规定的各项资产减值准备、风险准备等准备金支出。

⑧企业之间支付的管理费、企业内部经营机构之间支付的租金和特许权使用费，以及非银行企业内部营业机构之间支付的利息。

⑨与取得收入无关的其他支出。

5.2.5 亏损弥补

税法规定，企业某一纳税年度发生亏损的，可用下一年度的所得弥补，下一年度所得不足弥补的，可用逐年延续弥补，但最长不得超过5年。

亏损，是指按税法规定，将纳税年度的收入总额减去不征税收入、免税收入和准予扣除的各项金额后的余额，小于零的数额。企业某一纳税年度发生亏损的，可用以后纳税年度的所得弥补时，5年必须连续计算不得因为纳税人盈亏而停顿。纳税人在汇总计算缴纳企业所得税时，其境外营业机构的亏损不得抵减境内营业机构的盈利。

任务3 应纳所得税税额的计算

在实际工作中，居民企业和非居民企业纳税人在征收管理、纳税申报等方面具有不同要求，分别阐述如下：

5.3.1 居民企业应纳税额的计算

居民企业应纳税额基本计算公式为：

应纳税额=应纳税所得额×适用税率-减免税额-抵免税额

应纳税所得额的确定一般有两种方法：

1)直接计算法

应纳税所得额=收入总额-不征税收入-免税收入-
扣除项目金额-允许弥补的以前年度亏损

2)间接计算法

应纳税所得额=会计利润总额±纳税调整项目金额

在实际工作中，大多数企业均采用间接计算法确定应纳税所得额。

【例5.1】 某工业企业为居民企业，2015年发生经营业务如下：全年取得产品销售收入6 000万元，产品销售成本4 000万元，缴纳营业税金及附加300万元，取得其他业务收入800万元，发生其他业务成本700万元；取得营业外收入100万元，发生营业外支出250万元，其中包含公益性捐赠40万元；取得投资于其他居民企业的投资收益30万元，被投资企业同投资企业税率相同，并且投资企业已经按规定缴纳了企业所得税；取得购买国债利息收入40万元；发生管理费用800万元，其中新技术研究开发费用80万元，业务招待费70万元；发生财务费用200万元。

要求：计算该企业2015年应缴纳的企业所得税。

【解析】

1. 会计利润总额＝6 000－4 000－300＋800－700－800－200＋30＋40＋100－250＝720（万元）

2. 公益性捐赠税前扣除标准＝720×12%＝86.40（万元），实际捐赠金额为40万元，可据实扣除不做纳税调整。

3. 居民企业从其他居民企业取得的投资收益属于免税收入，应调减应纳税所得额30万元。

4. 国债利息收入属于免税收入，应调减应纳税所得额40万元。

5. 三新费用可以加计50%扣除，应调减应纳税所得额80×50%＝40（万元）。

6. 业务招待费70万元，按六成计算为42万元，扣除限额最高为销售收入6 000万元的5‰为30万元，实际应调增应纳税所得额＝70－30＝40（万元）

7. 应纳税所得额＝720－30－40－40＋40＝650（万元）

8. 该企业2015年应缴纳企业所得税＝650×25%＝162.50（万元）

5.3.2　居民企业核定征收应纳税额的计算

1）纳税人有下列情形之一的，核定征收企业所得税

①依照法律、行政法规的规定可以不设置账簿的。

②依照法律、行政法规的规定应设置账簿但未设置账簿的。

③擅自销毁账簿或拒不提供纳税资料的。

④虽设置账簿，但账目混乱或成本资料、收入凭证、费用凭证残缺不全的。

⑤发生纳税义务，未按规定的期限办理纳税申报，经税务机关责令限期申报，逾期仍不申报的。

⑥申报的计税依据明显偏低，又无正当理由的。

2）纳税人有下列情形的，核定应税所得额

①能正确核算查实收入总额，但不能正确核算查实成本费用总额的。

②能正确核算查实成本费用总额，但不能正确核算查实收入总额的。

③通过合理方法，能正确计算和推定收入总额和成本费用总额的。

3）纳税人不属于以上情形的，采用下列方法核定征收企业所得税

①参照当地同类行业或类似行业中经营规模和收入水平相近的纳税人的税负水平核定。

②按照应税收入额或成本费用支出额定率核定。

③按照耗用的原材料、燃料、动力等推算或测算核定。

④按照其他合理方法核定。

采用以上所列一种方法不足以正确核定应纳税所得额或应纳税额的，可以同时采用两种以上方法核定，其计算公式如下：

$$应纳税额=应纳税所得额\times 适用税率$$

$$应纳税所得额=应税收入额\times 应税所得率$$

$$应纳税所得额=\frac{成本(费用)支出额}{1-应税所得率}\times 应税所得率$$

应税所得率由国家税务总局规定幅度标准。

5.3.3 非居民纳税人应纳税额的计算

对于在中国境内未设立机构、场所的，或虽设立机构、场所但取得的所得与其所设机构、场所没有实际联系的非居民企业所得，按照下列方法计算缴纳应纳税所得额：

①股息、红利等权益性投资收益和利息、租金、特许权使用费，以收入全额为应纳税所得额。

②转让财产所得，以收入全额减除财产净值后的余额为应纳税所得额。

③其他所得，参照前两项规定的方法计算应纳税所得额。

5.3.4 税法与会计的差异及处理

1)两种差异

(1)暂时性差异

暂时性差异，是指资产或负债的计税基础与其列示在会计报表上的账面价值之间的差异。根据暂时性差异对未来期间应税金额影响不同，分为可抵扣暂时性差异和应纳税暂时性差异。可抵扣暂时性差异直接导致递延所得税资产的产生与核算，应纳税暂时性差异直接导致递延所得税负债的产生与核算，从而影响递延所得税的计算，最终影响应在利润表中列示的所得税费用。

★知识链接

早期的税收法规与会计实务相互一致，相互承认。后来，由于税收法律法规的改变，导致税法与会计逐步分离，最终出现了按税法计算的应纳税所得额同按会计核算的利润总额相互不一致。为此，在纳税申报和纳税核算时，需要将会计利润总额按税法规定进行特殊的计算调整和账务处理。

根据2006年2月财政部发布的《企业会计准则第18号——所得税会计准则》的规定，根据资产负债表债务法，从资产负债表出发，企业在一定会计期间，通过比较资产、负债依据会计规定确定的账面价值同按税法规定确定的计税基础，对于两者的差额即暂时性差异，这种差异在本期发生，可在以后的会计期间内计算应交所得税时转回。

①可抵扣暂时性差异。可抵扣暂时性差异，是指在确定未来收回资产或清偿负债期间的应纳税所得额时，将导致产生可抵扣金额的暂时性差异。该差异在未来期间转回时会减少转回期间的应纳税所得额，减少未来期间的应缴所得税。在可抵扣暂时性差异产生当期，应当确认相关的递延所得税资产。

②应纳税暂时性差异。应纳税暂时性差异，是指在确定未来收回资产或清偿负债期间的应纳税所得额时，将导致产生应税金额的暂时性差异。该差异在未来期间转回时，会增加转回期间的应纳税所得额，即在未来期间不考虑该事项影响的应纳税所得额的基础上，由于该暂时性差异的转回，会进一步增加转回期间的应纳税所得额和应缴所得税金额。在应纳税暂时性差异产生当期，应当确认相关的递延所得税负债。

(2)永久性差异

企业在一定会计期间，由于税法和会计在核算收入、费用、损失等时计算口径不一致，所产生的应纳税所得额与税前会计利润之间的差额，叫永久性差异。此差异在本期发生，不会在以后的会计期间转回。永久性差异直接影响当期应交所得税的计算。

2)差异处理

对税法规定和会计制度存在差异的部分，要按照税法规定进行纳税调整。需要进行纳税调整的项目主要有不征税收入、不允许税前扣除的费用、存在扣除限额的费用、允许加计扣除的费用支出及部分税收优惠等。

任务4　企业所得税税收优惠

税收优惠是指国家运用税收政策在税收法律、行政法规中规定对某一部分特定企业和课税对象给予减轻或免除税收负担的一种措施。

税法规定的企业所得税的税收优惠方式包括免税、减税、加计扣除、加速折旧、减计收入、税额抵免等。

5.4.1　免税收入

①国债利息收入，是指企业购买国家债券(俗称国库券)而取得的利息收入。

②符合条件的居民企业之间的股息、红利等权益性收益，是指居民企业直接投资于其他居民企业取得的投资收益。

③在中国境内设立机构、场所的非居民企业从居民企业取得的同该机构、场所有实际联系的股息、红利等权益性投资收益。

④符合条件的非营利组织取得收入。

非营利组织的下列收入为免税收入：

A. 接受其他单位或个人捐赠的收入。

B. 政府各种补助收入。

C. 按省级及以上民政、财政部门规定收取的会费。

D. 不征税收入和免税收入孳生的银行存款利息收入。

E. 财政部、国家税务总局规定的其他收入。

5.4.2 免征与减征优惠

企业的下列所得项目,可以免征、减征企业所得税。企业如果从事国家限制和禁止发展的项目,不得享受企业所得税优惠:

1)从事农、林、牧、渔业的所得

企业从事从事农、林、牧、渔业的所得,包括免征和减征两部分。

(1)企业从事下列项目的所得,免征企业所得税

①蔬菜、谷物、薯类、油料、豆类、棉花、麻类、糖类、水果、坚果的种植。

②农作物新品种的选育。

③中药材的种植。

④林木的培育与种植。

⑤家畜、牧畜的饲养。

⑥林产品的采集。

⑦远洋捕捞。

⑧灌溉、农产品初加工、兽医、农业技术推广、农机作业和维修。

(2)企业从事下列项目所得,减半征收企业所得税

①花卉、茶以及其他饮料作物和香料作物的种植。

②海水养殖、内陆养殖。

2)从事国家重点扶持的公共基础设施项目投资所得

国家重点扶持的公共基础设施项目,是指《公共基础设施项目企业所得税优惠目录》规定的港口、码头、机场、铁路、公路、电力、水利等项目。企业从事从事国家重点扶持的公共基础设施项目投资经营所得,自项目取得第一笔生产经营收入所属纳税年度起,第1年至第3年免征企业所得税,第4年至第6年减半征收企业所得税。

企业承包经营、承包建设和内部自建自用本条规定的项目,不得享受企业所得税优惠。

3)从事符合条件的环境保护、节能节水项目所得

环境保护、节能节水项目所得,自项目取得第一笔生产经营收入所得纳税年度起,第1年至第3年免征企业所得税,第4年至第6年减半征收企业所得税。符合条件的环境保护、技能节水项目,包括公共污水处理、公共垃圾处理、沼气综合开发利用、节能减排技术改造、海水淡化等。

以上规定享受减免税优惠的项目,在减免税期限内转让的,受让方自受让之日

起,可以在剩余期限内享受规定的减免税优惠;减免税期限届满后转让的,受让方不得就该项目重复享受减免税优惠。

4)符合条件的技术转让所得

税法所称符合条件的技术转让所得免征、减征企业所得税,是指一个纳税年度内,居民企业转让技术所有权所得不超过500万元的部分,免征企业所得税;超过500万元的部分,减半征收企业所得税。

(1)技术转让

技术转让,是指居民企业转让其拥有的技术所有权或5年以上(含5年)全球独占许可使用权的行为。范围包括居民企业转让专利技术、计算机软件著作权,集成电路布图设计权、植物新品种、生物医药新品种,以及财政部和国家税务总局确定的其他技术。其中,专利技术,是指法律授予独占权的发明、实用新型和非简单改变产品图案的外观设计。

居民企业从直接或间接持有股权之和达到100%关联方取得的技术转让所得不享受技术转让减免企业所得税优惠政策。

(2)享受减免企业所得税优惠的技术转让应符合以下条件

①享受优惠的技术转让主体是《企业所得税法》规定的居民企业。

②技术转让属于财政部、国家税务总局规定的范围。

③境内技术转让经省级以上科技部门认定。

④向境外技术转让经省级以上商务部门认定。

⑤国务院税务主管部门规定的其他条件。

享受技术转让所得减免企业所得税优惠的企业,应单独计算技术转让所得,并合理分摊企业的期间费用;没有单独计算的,不得享受技术转让所得企业所得税优惠。符合条件的技术转让所得应按以下方法计算:

技术转让所得=技术转让收入-技术转让成本-相关税费

技术转让收入,是指当事人履行签订的技术转让合同后获得的价款,不包括销售或转让设备、仪器、零部件、原材料等非技术性收入。不属于与技术转让项目密不可分的技术咨询、技术服务、技术培训等收入,不得计入技术转让收入。

技术转让成本,是指转让的无形资产的净值,即该无形资产的计税基础减除在资产使用期间按照规定计算的摊销扣除额后的余额。

相关税费是指技术转让过程中实际发生的有关税费,包括除企业所得税和应许抵扣的增值税以外的各项税金及其附加、合同签订费用、律师费等相关费用及其他支出。

企业发生技术转让,应在纳税年度终了后至报送年度纳税申报表以前,向主管税务机关办理减免税备案手续。

5.4.3　高新技术企业优惠

国家需要重点扶持的高新技术企业,减按15%的税率征收企业所得税。

国家需要重点扶持的高新技术企业,是指拥有核心自主知识产权,并同时符合下列6个方面条件的企业：

①拥有核心自主知识产权。是指在中国境内(不含港、澳、台地区)注册的企业，近3年内通过自主研发、受让、受赠、并购等方式，或通过5年以上的独占许可方式，对其主要产品(服务)的核心技术拥有自主知识产权。

②产品(服务)属于《国家重点支持的高新技术领域》规定的范围。

③研究开发费用占销售收入的比例不低于规定比例。

A. 最近一年销售收入小于5 000万元的企业，比例不低于6%。

B. 最近一年销售收入在5 000万元至20 000万元的企业，比例不低于4%。

C. 最近一年销售收入在20 000万元以上的企业，比例不低于3%。

其中，企业在中国境内发生的研究开发费用总额占全部研究开发费用的比例不低于60%。企业注册成立时间不足3年的，按实际经营年限计算。

④高新技术产品(服务)收入占企业当年总收入的60%以上。

⑤科技人员占企业当年职工总数的30%以上，其中研发人员占企业当年职工总数的10%以上。

⑥高新技术企业认定管理办法规定的其他条件。

《国家重点支持的高新技术领域》和《高新技术企业认定管理办法》由国务院科技、财政、税务主管部门和国务院有关部门制定，报国务院批准后公布施行。

高新技术企业资格自颁发证书之日起有效期为3年。企业应在期满前3个月内提出复审申请，不提出复审申请或复审不合格的，其高新技术企业资格到期自动失效。通过复审的高新技术企业资格有效期为3年。期满后，企业再次提出认定申请。被取消高新技术企业资格的企业，认定机构在5年内不再受理该企业的认定申请。

5.4.4 小型微利企业优惠

《企业所得税法》第二十八条第一款规定：符合条件的小型微利企业，减按20%的税率征收企业所得税。

小型微利企业是指从事国家非限制和禁止行业，并符合下列条件的企业：

①工业企业，年度应纳税所得额不超过30万元，从业人数不超过100人，资产总额不超过3 000万元。

②其他企业，年度应纳税所得额不超过30万元，从业人数不超过80人，资产总额不超过1 000万元。

《关于小型微利企业所得税优惠政策的通知》(财税[2015]34号文)规定，为了进一步支持小型微利企业发展，自2015年1月1日至2017年12月31日，对年应纳税所得额低于20万元(含)的小型微利企业，其所得减按50%计入应纳税所得额，按20%的税率缴纳企业所得税。

小型微利企业，在季度、月份预缴企业所得税时，可以自行享受小型微利企业所得税优惠政策，无须税务机关审核批准。

小型微利企业预缴时享受企业所得税优惠政策，按照以下规定执行：

①查账征收的小型微利企业。上一纳税年度符合小型微利企业条件，且年度应纳税所得额不超过20万元(含)的，分别按照以下情况处理：

A. 本年度按照实际利润额预缴企业所得税的，预缴时累计实际利润额不超过20万元的，可以享受小型微利企业所得税减半征税政策；超过20万元的，应当停止享受减半征税政策。

B. 本年度按照上年度应纳税所得额的季度（或月份）平均额预缴企业所得税的，可以享受小型微利企业减半征税政策。

②定率征税的小型微利企业。上一纳税年度符合小型微利企业条件，且年度应纳税所得额不超过20万元（含）的，本年度预缴企业所得税时，累计应纳税所得额不超过20万元的，可以享受减半征税政策；超过20万元的，不享受减半征税政策。

③本年度新办的小型微利企业预缴企业所得税时，凡累计实际利润额或应纳税所得额不超过20万元的，可以享受减半征税政策；超过20万元的，停止享受减半征税政策。

企业预缴时享受了小型微利企业优惠政策，但年度汇算清缴超过规定标准的，应按规定补缴税款。

5.4.5　加计扣除优惠

1）研发费用

研发费用加计扣除，是指企业为开发新技术、新产品、新工艺发生的研究开发费用。未形成无形资产计入当期损益的，在按照规定据实扣除的基础上，按照研究开发费用的50%加计扣除；形成无形资产的，按照无形资产成本的150%摊销。

企业从事规定的研究开发活动，其在一个纳税年度中实际发生的下列费用支出，允许在计算应纳税所得额时按照规定实行加计扣除的包括：

①新产品设计费、新工艺规程指定费以及与研发活动直接相关的技术图书资料费、资料翻译费。

②从事研发活动直接消耗的材料、燃料和动力费用。

③在职直接从事研发活动人员的工资、薪金、奖金、津贴、补贴。

④专门用于研发活动的仪器、设备的折旧费或租赁费。

⑤专门用于研发活动的软件、专利权、非专利技术等无形资产的摊销费用。

⑥专门用于中间试验和产品试制的模具、工艺装备开发及制造费。

⑦勘探开发技术的现场试验费。

⑧研发成果的论证、评审、验收费用。

2）企业安置残疾人员所支付的工资

企业安置残疾人员所支付的工资费用的加计扣除，是指企业安置残疾人员的，单位支付给残疾人的实际工资可在企业所得税前据实扣除，并可按支付给残疾人实际工资的100%加计扣除。

企业就支付给残疾职工的工资，在进行企业所得税预缴申报时，允许据实计算扣除。在年度终了进行企业所得税年度申报和汇算清缴时，再依照规定计算加计扣除。企业应在年度终了进行企业所得税年度申报和汇算清缴时，向主管税务机关报送本通知第四条规定的相关资料、已安置残疾职工名单及其《中华人民共和国残疾人证》或《中华人民共和国残疾军人证(1至8级)》复印件和主管税务机关要求提供的其他资料,办理享受企业所得税加计扣除优惠的备案手续。

安置残疾人就业的单位(包括福利企业、盲人按摩机构、工疗机构和其他单位),同时符合以下条件并经过有关部门的认定后,均可申请享受规定的税收优惠政策:

★知识链接

"工疗机构"是指集就业和康复为一体的福利性生产安置单位,通过组织精神残疾人员参加适当生产劳动和实施康复治疗与训练,达到安定情绪、缓解症状、提高技能和改善生活状况的目的,包括精神病院附设的康复车间、企业附设的工疗车间、基层政府和组织兴办的工疗站等。

①依法与安置的每位残疾人签订了1年以上(含1年)的劳动合同或服务协议,并且安置的每位残疾人在单位实际上岗工作。

②月平均实际安置的残疾人占单位在职职工总数的比例应高于25%(含25%),并且实际安置的残疾人人数多于10人(含10人)。以劳务派遣形式就业的残疾人,属于劳务派遣单位的职工。

月平均实际安置的残疾人占单位在职职工总数的比例低于25%(不含25%)但高于1.5%(含1.5%),并且实际安置的残疾人人数多于5人(含5人)的单位,可以享受企业所得税优惠政策,但不得享受本增值税、营业税或城镇土地使用税优惠政策。

③为安置的每位残疾人按月足额缴纳了单位所在区县人民政府根据国家政策规定的基本养老保险、基本医疗保险、失业保险和工伤保险等社会保险。

④通过银行等金融机构向安置的每位残疾人实际支付了不低于单位所在区县适用的经省级人民政府批准的最低工资标准的工资。

⑤具备安置残疾人上岗工作的基本设施。

5.4.6 创投企业优惠

①创业投资企业采取股权投资方式投资于未上市的中小高新技术企业2年以上的,可以按照其投资额的70%在股权持有满2年的当年抵扣该创业投资企业的应纳税所得额。当年不足抵扣的,可以在以后纳税年度结转抵扣。

★知识链接

投资于未上市的中小高新技术企业2年以上的,包括发生在2008年1月1日以前满2年的投资;所称中小高新技术企业是指按照《高新技术企业认定管理办法》(国科发火[2008]172号)和《高新技术企业认定管理工作指引》(国科发火[2008]362号)取得高新技术企业资格,且年销售额和资产总额均不超过2亿元、从业人数不超过500人的企业,其中2007年底前已取得高新技术企业资格的,在其规定有效期内不需重新认定。

②关于有限合伙制创业投资企业法人合伙人企业所得税政策，自2015年10月1日起，全国范围内的有限合伙制创业投资企业采取股权投资方式投资于未上市的中小高新技术企业满2年(24个月)的，该有限合伙制创业投资企业的法人合伙人可按照其对未上市中小高新技术企业投资额的70%抵扣该法人合伙人从该有限合伙制创业投资企业分得的应纳税所得额，当年不足抵扣的，可以在以后纳税年度结转抵扣。

5.4.7　加速折旧优惠

固定资产加速折旧的主要内容：

①对生物药品制造业，专用设备制造业，铁路、船舶、航空航天和其他运输设备制造业，计算机、通信和其他电子设备制造业，仪器仪表制造业，信息传输、软件和信息技术服务业等6个行业的企业，2014年1月1日后新购进的固定资产，可以缩短折旧年限或采取加速折旧的方法。对上述6个行业的小型微利企业2014年1月1日后新购进的研发和生产经营共用的仪器、设备，单位价值不超过100万元的，允许一次性计入当期成本费用在计算应纳税所得额时扣除，不再分年度计算折旧。单位价值超过100万元的，可以缩短折旧年限或采取加速折旧的方法。

②对所有行业企业2014年1月1日后新购进的专门用于研发的仪器、设备，单位价值不超过100万元的，允许一次性计入当期成本费用在计算应纳税所得额时扣除，不再分年度计算折旧。单位价值超过100万元的，可以缩短折旧年限或采取加速折旧的方法。

③对所有企业持有的单位价值不超过5 000元的固定资产，允许一次性计入当期成本费用在计算应纳税所得额时扣除，不再分年度计算折旧。

④企业享受加速折旧政策不会对企业应享受的研发费用加计扣除优惠产生影响：企业专门用于研发活动的仪器、设备已享受加速折旧政策的，在享受研发费用加计扣除时，应按照研发费用加计扣除的有关文件，就已经进行会计处理的折旧、费用等金额进行加计扣除。因此，对于开展研发活动的企业来说，意味着在会计上按照公告规定进行加速折旧处理的折旧、费用，若符合加计扣除条件的话，仍可以进行加计扣除，享受双重的优惠。

⑤企业在2013年12月31日前持有的固定资产也有优惠政策：企业在2013年12月31日前持有的单位价值不超过5 000元的固定资产，其折余价值部分，2014年1月1日以后可以一次性在计算应纳税所得额时扣除。

⑥小微企业可以享受固定资产加速折旧政策：加速折旧政策中规定的适用于所有企业的优惠政策，小型微利企业都可以享受。此外，考虑到小型微利企业普遍存在研发和生产共用仪器、设备的情况，公告特别规定，对六大行业中的小型微利企业2014年1月1日后购进的研发和生产经营共用的仪器、设备，可以按照专门用于研发活动仪器、设备享受加速折旧政策。

⑦享受加速折旧税收优惠不需要税务机关审批：为方便纳税人，企业享受此项加速折旧税收优惠不需要税务机关审批，而是实行事后备案管理。总、分机构汇总纳税的企业对所属分支机构享受加速折旧政策的，由其总机构向其所在地主管税务机关备案。为简化办税手续，在备案时纳税人只需提供相应报表，而发票等原始凭证、记

账凭证等无需报送税务机关，留存企业备查即可。同时，为加强管理，企业应建立台账，准确核算税法与会计差异情况。

⑧企业预缴申报时可以享受加速折旧税收优惠：企业在预缴时就可以享受加速折旧政策。企业在预缴申报时，由于无法取得主营业务收入占收入总额的比重数据，可以由企业合理预估，先行享受。到年底时如果不符合规定比例，则在汇算清缴时一并进行纳税调整。为了便于税务机关能够及时准确了解企业享受此项优惠政策的实际情况，要求企业在预缴申报时，应报送《固定资产加速折旧（扣除）预缴情况统计表》。

⑨新、旧加速折旧政策能择优享受：企业的资产如果既符合国家税务总局公告2014 年第 64 号的规定，又符合国税发［2009］81 号文件的规定，以及符合《关于进一步鼓励软件产业和集成电路产业发展所得税政策的通知》财税［2012］27 号）中相关加速折旧政策条件的，企业可以选择最优的政策执行。需要注意的是，企业一经选择，不得改变。

5.4.8 减计收入优惠

①企业综合利用资源，生产符合国家产业政策规定的产品所取得的收入，可以在计算应纳税所得额时减计收入。

综合利用资源，是指企业以《资源综合利用企业所得税优惠目录》规定的资源作为主要原材料，生产国家非限制和禁止并符合国家和行业相关标准的产品取得的收入，减按 90% 计入收入总额。

②农村金融减计收入。自 2014 年 1 月 1 日至 2016 年 12 月 31 日，对金融机构农户小额贷款的利息收入，保险公司为种植业、养殖业提供保险业务的保费收入，在计算应纳税所得额时，按 90% 比例减计收入。

5.4.9 税额抵免优惠

税额抵免，是指企业购置并实际使用《环境保护专用设备企业所得税优惠目录》《节能节水专用设备企业所得税优惠目录》和《安全生产专用设备企业所得税优惠目录》规定的环境保护、节能节水、安全生产等专用设备的，该专用设备的投资额的 10% 可以从企业当年的应纳税额中抵免。当年不足抵免的，可以在以后 5 个纳税年度结转抵免。

享受前款规定的企业所得税优惠的企业，应当实际购置并自身实际投入使用前款规定的专用设备。企业购置上述专用设备在 5 年内转让、出租的，应当停止享受企业所得税优惠，并补缴已经抵免的企业所得税税款。

企业同时从事适用不同企业所得税待遇的项目的，其优惠项目应当单独计算所得，并合理分摊企业的期间费用；没有单独计算的，不得享受企业所得税优惠。

5.4.10 民族自治地方的优惠

民族自治地方的自治机关对本民族自治地方的企业应缴纳的企业所得税中属于

地方分享的部分，可以决定减征或者免征。自治州、自治县决定减征或者免征的，须报省、自治区、直辖市人民政府批准。

5.4.11　非居民企业优惠

优惠种类	具体规定
减按低税率	非居民企业减按10%的税率征收企业所得税
免征企业所得税	非居民企业的下列所得免征企业所得税： 1. 外国政府向中国政府提供贷款取得的利息所得。 2. 国际金融组织向中国政府和居民企业提供优惠贷款取得的利息所得。 3. 经国务院批准的其他所得。

任务5　企业所得税的征收管理

5.5.1　纳税地点

①除税收法律法规另有规定外，居民企业以企业登记注册地为纳税地点，但是登记地在境外的，以实际管理机构所在地为纳税地点。

②居民企业在中国境内设立不具有法人资格的营业机构时，应当汇总计算缴纳企业所得税。

③非居民企业在中国境内设立机构场所的，应当就其机构场所所取得的来源中国境内的所得，以及发生在中国境外但与其机构场所有实际联系的所得，以机构场所所在地为纳税地点。

非居民企业在中国境内设立两个或者两个以上机构场所的，经税务机关审核批准，可以选择由其主要机构场所汇总缴纳企业所得税。非居民企业未设立机构场所的，或者虽设立机构场所，但取得是所得与其机构场所没有实际练习的，以扣缴义务人所在地为纳税地点。

④除国务院另有规定外，企业之间不得合并缴纳企业所得税。

5.5.2　纳税期限

企业所得税实行按年计算、分月或分季预交、年度汇算清缴、多退少补的征纳方法。具体纳税期限由主管税务机关根据纳税人应纳税额的大小，予以核定。

企业所得税的纳税年度，自公历1月1日起到12月31日止。纳税人在一个年度中间开业，或者由于合并、关闭等原因，使该纳税年度的实际经营期不足12个月的，应当以其实际经营期为一个纳税年度。纳税人清算时，应当以清算期间作为一个纳税年度。纳税人来源于境外的所得,无论是否汇回,均应按照《条例》及其《实施细则》的规定,即每年 1 月 1 日至 12 月 31 日作为一个纳税年度。

纳税人应当在月份或者季度终了后 15 日内,向其机构所在地主管税务机关报送会计报表和预交所得税申报表,并在规定期限内预交所得税。预交方法一经确定,不得随意变更。企业所得税的年终汇算清缴,在年终后 4 个月内进行。纳税人应在年度终了后 45 天内,向其机构所在地主管税务机关报送会计决算报表和所得税申报表,办理年终汇算。少交的所得税税款,应在下一个年度内补交;多预交的所得税税款,可在下一个年度抵交。

对于纳税人的境外投资所得,可以在年终汇算时清缴。纳税人在纳税年度内,无论是盈利或亏损,均应按规定的期限办理纳税申报。

纳税人进行清算时,应当在进行工商注销登记之前,向当地主管税务机关进行所得税申报。

5.5.3 按月(季)预缴所得税的纳税申报

纳税人预缴所得税时,应当按照纳税期限的实际数额预缴。按照实际数额预缴有困难的,可以按上一年度应纳税所得额的 1/12 或 1/4,或者经当地税务机关认可的其他方法分期预缴所得税。预缴所得税的方法一经确定,不得随意变更。其计算公式为:

月(季)预缴所得税额=月(季)应纳税所得额×所得税税率

或者=上年应纳税所得额×1/12(或 1/4)×所得税税率

【例 5.2】 昆明市某贸易有责任限公司为一般纳税人,主要经营购销工矿用机械零配件,其纳税识别号为 530116770462815,适用所得税税率 25%。2015 年 1 季度会计资料反映的经营情况如下:

销售收入总额:1 094 575.79 元

销售成本总额:883 231.65 元

销售税金及附加:11 160.33 元

营业费用:23 365.77 元

管理费用:48 372.21 元

财务费用:1 442.32 元

营业外收入:2 119.12 元

营业外支出:2 986.76 元

要求:计算该企业 2015 年 1 季度利润总额及应纳所得税(不考虑纳税调整事项)

利润总额=1 094 575.79-883 231.65-11 160.33-23 365.77-48 372.21-1 442.32+2 119.12-2 986.76=126 135.87(元)

应纳所得税=126 135.87×25%=31 533.97(元)

根据(一),(二)的相关数据,填制企业所得税纳税月(季)预缴纳税申报表,表 5.1。

表5.1　企业所得税月(季)度预缴纳税申报表(A类)

税款所属期间:2015年1月1日至2015年3月13日

纳税人识别号:530116770462815

纳税人名称:昆明市某贸易有责任限公司　　　　金额单位:人民币元(列至角分)

<table>
<tr><th>行次</th><th colspan="2">项　目</th><th>本期金额</th><th>累计金额</th></tr>
<tr><td>1</td><td colspan="4">一、据实预缴</td></tr>
<tr><td>2</td><td colspan="2">营业收入</td><td>1 094 575.79</td><td>1 094 575.79</td></tr>
<tr><td>3</td><td colspan="2">营业成本</td><td>883 231.65</td><td>883 231.65</td></tr>
<tr><td>4</td><td colspan="2">实际利润</td><td>126 135.87</td><td>126 135.87</td></tr>
<tr><td>5</td><td colspan="2">税率(25%)</td><td>0.25</td><td>0.25</td></tr>
<tr><td>6</td><td colspan="2">应纳所得税额(4行×5行)</td><td>31 533.97</td><td>31 533.97</td></tr>
<tr><td>7</td><td colspan="2">减免所得税额</td><td></td><td></td></tr>
<tr><td>8</td><td colspan="2">实际已预缴所得税额</td><td>—</td><td>31 533.97</td></tr>
<tr><td>9</td><td colspan="2">应补(退)的所得税额(6行-7行-8行)</td><td>—</td><td></td></tr>
<tr><td>10</td><td colspan="4">二、按照上一纳税年度应纳税所得额的平均额预缴</td></tr>
<tr><td>11</td><td colspan="2">上一纳税年度应纳税所得额</td><td>—</td><td></td></tr>
<tr><td>12</td><td colspan="2">本月(季)应纳税所得额(11行÷12或11行÷4)</td><td></td><td></td></tr>
<tr><td>13</td><td colspan="2">税率(25%)</td><td></td><td></td></tr>
<tr><td>14</td><td colspan="2">本月(季)应纳所得税额(12行×13行)</td><td></td><td></td></tr>
<tr><td>15</td><td colspan="4">三、按照税务机关确定的其他方法预缴</td></tr>
<tr><td>16</td><td colspan="2">本月(季)确定预缴的所得税额</td><td>—</td><td>—</td></tr>
<tr><td>17</td><td colspan="4">总分机构纳税人</td></tr>
<tr><td>18</td><td rowspan="4">总机构</td><td>总机构应分摊的所得税额(9行或14行或16行×25%)</td><td>—</td><td></td></tr>
<tr><td>19</td><td>中央财政集中分配的所得税额(9行或14行或16行×25%)</td><td>—</td><td></td></tr>
<tr><td>20</td><td>分支机构分摊的所得税额(9行或14行或16行×50%)</td><td>—</td><td></td></tr>
<tr><td>20.1</td><td>其中,总机构缴纳其独立生产经营部门分摊的所得税额</td><td>—</td><td></td></tr>
<tr><td>21</td><td rowspan="2">分支机构</td><td>分配比例</td><td>—</td><td></td></tr>
<tr><td>22</td><td>分配的所得税额(20行×21行)</td><td>—</td><td></td></tr>
</table>

续表

<table>
<tr><td>行次</td><td colspan="2">项 目</td><td>本期金额</td><td>累计金额</td></tr>
<tr><td colspan="5">谨声明:此纳税申报表是根据《中华人民共和国企业所得税法》《中华人民共和国企业所得税法实施条例》和国家有关税收规定填报的,是真实的、可靠的、完整的。
法定代表人(签字): 年 月 日</td></tr>
<tr><td colspan="2">纳税人公章:
会计主管:
填表日期: 年 月 日</td><td colspan="2">代理申报中介机构公章:
经办人:
经办人执业证件号码:
代理申报日期: 年 月 日</td><td>主管税务机关受理专用章:
受理人:
受理日期: 年 月 日</td></tr>
</table>

[本章小结]

本章主要介绍我国的企业所得税制度的相关政策。第一,从企业所得税的纳税人,划分为居民企业和非居民企业。第二,再确定企业所得税应纳税所得额,其中重点介绍了收入总额的确定,不征税收入的确定,扣除项目及弥补亏损。第三,介绍企业所得税应纳所得税税额的计算。第四,介绍企业所得税税收优惠政策。第五,介绍企业所得税的征收管理。

[案例回顾]

1.(1)销售(营业)成本$=(400+7\ 000)\times\frac{4}{400}+10=750$(万元)

(2)广告费、业务宣传费扣除限额$=[(400+7\ 000)\times0.2+100]\times15\%=237$(万元),实际发生$170+114=284$(万元),税前可以扣除237万元。

应扣除的销售费用$=30\times(1-7\%)+16+384-284+237=380.9$(万元)

(3)业务招待费扣除限额$=[(400+7\ 000)\times0.2+100]\times5‰=7.9$(万元)$<14\times60\%=8.40$(万元),准予扣除7.9万元。

应扣除的管理费用$=214-14+7.9=207.9$(万元)

(4)营业外支出中固定资产盘亏损失和违约金支出准予税前扣除,所以可以税前扣除的营业外支出$=23.4+11.7=35.1$(万元)

加计扣除调减应纳税所得额$=80\times50\%+10\times50\%=45$(万元)

境内生产经营所得的应纳税所得额$=(400+7\ 000)\times0.2+100-750-380.9-207.9-60.69-35.1-45=100.41$(万元)

(5)A国的分支机构在境外实际缴纳的税额$=200\times20\%+100\times30\%=70$(万元)

A国的分支机构境外所得的税收扣除限额$=300\times25\%=75$(万元)

A国分支机构在我国应补缴企业所得税$=75-70=5$(万元)

(6)购买安全生产专用设备的,可以按投资额的10%从企业当年的应纳税额中抵免,当年不足抵免的,可以在以后5个纳税年度结转抵免。

可以抵免额=85×10%=8.5(万元)

应缴纳的企业所得税=100.41×25%+5-8.5=21.6(万元)

[思考与练习]

一、单项选择

1. 下列各项中,属于企业所得税法中“其他收入”的有(　　)。

A. 债务重组收入　B. 视同销售收入　C. 资产溢余收入　D. 补贴收入

2. 下列情况属于外部移送资产,需缴纳企业所得税的有(　　)。

A. 用于职工奖励或福利

B. 将资产在总机构及其分支机构之间转移

C. 改变资产形状、结构或性能

D. 将资产用于生产、制造、加工另一产品

3. 某公司2008年度实现会计利润总额30万元。经某注册税务师审核,“财务费用”账户中列支有两笔利息费用:向银行借入生产用资金100万元,借用期限6个月,支付借款利息3万元。经过批准向本企业职工借入生产用资金80万元,借用期限9个月,支付借款利息4万元。该公司2008年度的应纳税所得额为(　　)万元。

A. 20　B. 30　C. 31　D. 30.4

4. 某企业2008年4月1日向银行借款600万元用于建造厂房,借款期限1年,当年向银行支付了9个月借款利息30万元,该厂房于9月30日完工结算并投入使用,当年税前可扣除的利息费用为(　　)万元。

A. 10　B. 30　C. 21　D. 20

5. 某企业2008年销售收入1 000万元,年实际发生业务招待费10万元,该企业当可在所得税前列支的业务招待费金额是多少?(　　)

A. 5　B. 6　C. 8　D. 10

6. 下列各项中,能作为业务招待费税前扣除限额计提依据的是(　　)。

A. 销售货物收入　B. 债务重组收入

C. 转让无形资产所有权的收入　D. 确实无法偿付的应付款项

7. 某公司2015年5月1日,以经营租赁方式租入固定资产使用,租期1年,支付租金12万元。计算当年企业应纳税所得额时应扣除的租赁费用为(　　)万元。

A. 2　B. 8　C. 12　D. 14

8. 某公司2015年度利润总额为50万元,当年“营业外支出”账户中列支了通过社会团体向希望工程的捐赠10万元,没有其他纳税调整项目。该企业2015年应缴纳的企业所得税为(　　)万元。

A. 12.50　B. 12　C. 13.5　D. 13

9. 某企业(一般纳税人)因意外事故损失外购材料10万元(不含税)。保险公司审理后同意赔付5万元,则该企业所得税前可以扣除的损失为(　　)万元。

A. 5　B. 6.7　C. 11.7　D. 12

10. 在计算企业所得税应纳税所得额时,下列项目准予从收入总额中直接扣除的

是(　　)。

A. 罚金、罚款和被没收财物的损失

B. 各项税收滞纳、罚款支出

C. 在利润总额12%以内的公益性捐赠支出

D. 非广告性质的赞助支出

二、多项选择

1. 以下使用25%税率的企业有(　　)。

A. 在中国境内的居民企业

B. 在中国境内设有机构场所,但所得与机构场所没有实际联系的非居民企业

C. 在中国境内设有机构场所,且所得与机构场所有关联的非居民企业

D. 在中国境内未设立机构场所的非居民企业

2. 符合条件的小型微利企业,减按20%的税率征收企业所得税。对于工业企业小型微利企业的判断标准是(　　)。

A. 年度应纳税所得额不超过30万元　　B. 从业人数不超过100人

C. 从业人数不超过80人　　D. 资产总额不超过3 000万元

3. 按照企业所得税法及实施条例规定,企业以货币形式和非货币形式从各种来源取得的收入,为收入总额。下列属于"非货币形式"收入的有(　　)。

A. 应收票据　　B. 固定资产

C. 不准备持有至到期的债券投资　　D. 准备持有至到期的债券投资

4. 以下关于企业所得税收入确认时间的正确表述有(　　)。

A. 股息、红利等权益性投资收益,以投资方收到分配金额作为收入的实现

B. 利息收入,按照合同约定的债务人应付利息的日期确认收入的实现

C. 租金收入,在实际收到租金收入时确认收入的实现

D. 接受捐赠收入,在实际收到捐赠资产时确认收入的实现

5. 下列属于企业所得税法规定的"其他收入"的项目有(　　)。

A. 债务重组收入　　B. 补贴收入

C. 违约金收入　　D. 视同销售收入

6. 下列情况属于内部处置资产,不需缴纳企业所得税的有(　　)。

A. 将资产用于市场推广　　B. 将资产用于对外赠送

C. 将资产用于职工奖励　　D. 将自建商品房转为自用

E. 将资产用于生产、制造、加工另一产品

7. 依据企业所得税相关规定,准予在税前扣除的保险费用有(　　)。

A. 参加运输保险支付的保险费

B. 按规定上交劳动保障部门的职工养老保险费

C. 企业为职工支付的工伤保险费、生育保险费

D. 按国家规定为特殊工种职工支付的法定人身安全保险费

E. 企业为投资者或者职工支付的商业保险费

8. 根据企业所得税法及实施条例规定,企业在生产经营活动中发生的利息支出,准予扣除的有(　　)。

A. 非金融企业向金融企业借款的利息支出

B. 非金融企业向非金融企业借款的利息支出

C. 企业经批准发行债券的利息支出

D. 金融企业的同业拆借利息支出

9. 下列各项中，在计算应纳税所得额时有加计扣除规定的包括(　　)。

A. 企业开发新技术、新产品、新工艺发生的研究开发费用

B. 创业投资企业从事国家需要重点扶持和鼓励的创业投资项目

C. 从事国家重点扶持和鼓励的创业投资企业的投资支出

D. 企业综合利用资源，生产符合国家产业政策规定的产品

E. 企业安置残疾人员及国家鼓励安置的其他就业人员所支付的工资

10. 企业在纳税年度无论盈利或者亏损，都应当依照企业所得税法第五十四条规定的期限，向税务机关报送(　　)。

A. 预缴企业所得税申报表

B. 年度企业所得税申报表

C. 财务会计报告

D. 税务机关规定应当报送的其他有关资料

[案例分析]

1. 某服装厂2015年产品销售收入3 000万元，销售成本1 500万元，销售税金及附加12万元，销售费用300万元(含广告费110万元)，管理费用500万元(含招待费20万元，办公室房租36万元，存货跌价准备2万元)投资收益25万元(含国债利息6万元、从深圳联营企业分回税后利润34万元、权益法计算投资某公司损失15万元)，营业外支出30万元，系违反购销合同被供货方处以的违约罚款。

其他补充资料：(1)当年9月1日起租用办公室，支付2年房租36万元；(2)企业已预缴税款120万元。

要求：

(1)该企业所得税前可扣除的销售费用。

(2)该企业所得税前可扣除的管理费用。

(3)该企业计入计税所得的投资收益。

(4)该企业应纳税所得额。

(5)该企业应纳的所得税额。

(6)该企业2015年度应补(退)的所得税额。

2. (1)某企业2015年在日本取得贷款利息收入100万元，被扣缴日本所得税10万元，企业应摊计到此项利息收入的筹资成本及有关费用为70万元。

(2)该企业在日本另设一家分公司，2015年度取得营业利润200万元，缴纳日本所得税100万元。

(3)该企业2015年度在新加坡设立的一家分公司取得营业利润200万元，缴纳新加坡所得税30万元。该企业2015年度境内、境外所得总额1 000万元。

请计算该企业2015年度在中国应纳的所得税税额。

3. 某邮电企业2015年取得主营业务收入2 800万元，其他业务收入200万元。当年营业成本2 200万元，营业税金及附加130万元，其他业务成本120万元，财务费用20万元，管理费用200万元，销售费用300万元，会计利润为30万元。企业具体情况：

(1) 支付工资总额230万元（税务机关认定该企业支付的工资属于合理的工资薪金支出，可以全额在税前扣除）。

(2) 向工会组织拨付了4.6万元职工工会经费，实际支出了25万元职工福利费，发生了7.8万元职工教育经费。

(3) 支付财产保险费和运输保险费共计15万元。

(4) 管理费用中支付业务招待费50万元。

(5) 销售费用中列支广告费300万元。

(6) 营业外支出中，通过中国减灾委员会向贫困地区捐款5万元。

根据以上事实，请计算该邮电企业2015年应纳的企业所得税。

项目 6
个人所得税

学习目标

一、知识目标

1. 了解个人所得税的特点。
2. 熟悉个人所得税的税收优惠政策。
3. 掌握纳税人、征税对象和税率。
4. 掌握个人所得税应纳税额的计算。
5. 掌握个人所得税的纳税申报方法。

二、能力目标

1. 能准确判断居民纳税人和非居民纳税人。
2. 能根据业务资料计算纳税人应纳所得税。
3. 能独立办理个人所得税纳税申报和税款缴纳。

知识点：居民纳税人　非居民纳税人　应纳税所得额　扣缴义务人

[案例导入]

王某是我国甲企业一名管理人员,2015 年 12 月取得以下收入:

1. 从单位领取工资 6 000 元。

2. 获得年终奖金 30 000 元。

3. 到某高校连续做两场讲座,每场讲座收入 1 000 元。

4. 出版小说一本,取得稿酬收入 6 000 元,因该书畅销,出版社增加发行数量,又获得追加稿酬 4 000 元。

5. 出租自家住房一套,每月租金收入 2 000 元,发生维修费用 500 元。

6. 出售一套 2013 购买的住房,取得收入 400 000 元,房屋原值 250 000 元,支付交易费 6 000 元。

7. 取得专利使用费 8 000 元。

8. 取得国债利息 2 000 元。

9. 购买福利彩票奖金 20 000 元,在领取奖金时通过红十字会捐赠收入 3 000 元。

问:(1) 王某应如何计算其 2015 年 12 月应缴纳个人所得税额?

(2) 王某应采取哪种方式申报纳税?

任务 1 个人所得税概述

个人所得税是世界上许多国家普遍征收的一种税种。它是以个人(自然人)取得的各项应税所得为征税对象所征收的一种税。1980 年 9 月 10 日我国公布了《中华人民共和国个人所得税法》,同年 12 月 14 日全国人民代表大会第三次会议通过了《个人所得税法实施细则》,这是我国第一部以个人所得税命名的立法。之后,个人所得税经过了 6 次修改。我国现行的个人所得税法是 2011 年第十一届全国人民代表大会常务委员会第二十一次会议于 2011 年 6 月 30 日通过,于 2011 年 9 月 1 日起实施的。现行的个人所得税对所得适用累进税率和比例税率。

6.1.1 个人所得的特点

个人所得税是以个人取得的各项应税所得为征税对象的一种税种。我国现行的个人所得税具有如下特点:

1)实行分类征收

我国现行的个人所得税采用的是分类所得税制,我国《个人所得税法》列举的征税的个人所得一共有 11 项,不同类型的所得分别适用不同的计税方法、不同的税率和不同的费用减除标准,分别征收,各个清缴。实行分类课征制度,可以广泛采用源泉扣缴办法,加强源泉管控,简化纳税手续,方便征纳双方。但是,分类所得税制客观上造成了收入来源单一的工薪阶层缴税较多,而收入来源多元化的高收入阶层缴税反而较少的问题,导致无法兼顾不同家庭、不同个人的负担能力。

2)累进税率与比例税率并用

在个人所得税税率的设计上,充分考虑到各类所得的性质和特点,分别采用比例税率或累进税率进行征收。对工资薪金所得、个体工商户生产、经营所得采用超额累进税率,对劳动报酬所得、稿酬所得等采用比例税率,实行等比例负担。

3)按月或按次计算

我国个人所得税对不同项目的应税所得规定了不同的纳税要求,具体可分为按月纳税或按次纳税。对于工资薪金所得,由于是连续性的所得因此按月计算。对于如劳务所得、稿酬所得等不连续性取得的所得或者不方便按月计算所得,实行按次计算纳税。

4)采取源泉扣税和申报纳税两种征税方法

对凡是可以在应税所得的支付环节扣缴个人所得税的,均由扣缴义务人履行代扣代缴义务。对于没有扣缴义务人的,以及在两处以上取得的工资、奖金所得,由纳税人自行申报纳税。这些规定既简化了征收手续,方便了纳税人,也利用税务机关对税收的实现。

6.1.2　纳税义务人

我国个人所得税的纳税义务人是指在税法上负有纳税义务的个人,可以泛指取得所得的自然人,包括中国公民、个体工商户、个人独资企业、独资企业和合伙企业投资者、在中国有所得的外籍人员和香港、澳门、台湾同胞。个人所得税依据纳税义务人的住所和居住时间两个标准划分为居民纳税人和非居民纳税人。

1)居民纳税人

根据《个人所得税法》规定,居民纳税人是指在中国境内有住所,或者无住所而在中国境内居住满1年的个人。居民纳税人负有无限纳税义务,即应就其来源于中国境内和境外的各项应税所得缴纳个人所得税。

在中国境内有"住所",是指因户籍、家庭、经济利益关系而在中国境内习惯性居住,而不是指实际居住地或某一特定时期内的居住地。"居住时间"是指个人在一国境内实际居住的日数。我国规定的居住时间是在一个纳税年度内(即每年的1月1日至12月31日)内在中国境内居住满365天,即"居住满1年"。在居住期内临时离境不扣减居住天数。临时离境,是指在一个纳税年度内一次离境不超过30日或多次离境累计不超过90日。

2)非居民纳税人

《个人所得税法》规定,非居民纳税义务人是指"在中国境内无住所又不居住,或无住所且居住不满1年的个人"。非居民纳税人负有有限纳税义务,应就其来源于中国境内的所得,向中国缴纳个人所得税。在现实生活中,非居民纳税义务人,实际上只能是在一个纳税年度中,没有在中国境内居住,或者在中国境内居住不满 1 年的外籍人员或者中国香港、澳门、台湾同胞。

从 2000 年 1 月 1 日起,个人独资企业和合伙企业投资者也为个人所得税的纳税义务。

非居民纳税人的暂免优惠政策:在中国境内无住所,但在一个纳税年度中在中国境内连续或累计工作不超过 90 日的个人,或在税收协定规定期间内,在中国境内连续或累计居住不超过 183 天的个人,其来源于中国境内的所得,由境外雇主支付并且不由该雇主设在中国境内的机构、场所负担的工资、薪金所得,免征个人所得税,仅就其实际在中国境内工作期间由中国境内企业或个人雇主支付或由中国境内机构负担的工作、薪金所得征税。

我国个人所得税实行代扣代缴和个人申报纳税相结合的征收管理制度,凡支付应纳税所得的单位和个人,都是个人所得税的扣缴义务人。扣缴义务人在向纳税人支付各项应纳税所得时(个体工商的生产、经营所得除外),必须履行代扣代缴税款的义务。

6.1.3 征税范围

1)工资、薪金所得

工资、薪金所得,是指个人因任职或者受雇而取得的工资、薪金、奖金、年终加薪、劳动分红、津贴、补贴以及与任职或受雇有关的其他所得。

一般来说,工资、薪金所得属于非独立个人劳动所得。所谓非独立个人劳动所得,是指个人所从事的是由他人指定、安排并接受管理的劳动、工作,或服务于公司、工厂、行政、事业单位(私营企业主除外)。他们从上述单位取得的劳动报酬,是以工资、薪金的形式体现的。

年终加薪、劳动分红不分种类和取得情况,一律按工资、薪金所得课税。另外,根据我国目前个人收入的构成情况,规定对于一些不属于工资、薪金性质的补贴、津贴或者不属于纳税人本人工资、薪金所得项目的收入,不予征税。这些项目包括:

①独生子女补贴。

②执行公务员工资制度未纳入基本工资总额的补贴、津贴差额和家属成员的副食品补贴。

③托儿补助费。

④差旅费津贴、午餐补助。

其中,误餐补助是指按照财政部的规定,个人因公在城区、郊区工作,不能在工作单位或返回就餐的,根据实际误餐顿数,按规定的标准领取的误餐费。单位以误餐补助名义发给职工的补助、津贴不包括在内。

★知识链接

通常情况下，把直接从事生产、经营或服务的劳动者（工人）的收入称为工资，即所谓“蓝领阶层”所得；将从事社会公职或管理活动的劳动者（公职人员）的收入称为薪金，即所谓的“白领阶层”所得。

2）个体工商户的生产、经营所得

个体工商户的生产、经营所得包括以下几个方面：

①个体工商户从事工业、手工业、建筑业、交通运输业、商业、饮食业、服务业、修理业及其他行业的生产、经营取得的所得。

②个人经政府有关部门批准取得执照，从事办学、医疗、咨询以及其他有偿服务取得的所得。

③个体工商户和个人取得的与生产、经营有关的各项应纳税所得。

④其他个人从事个体工商业生产、经营取得的所得。

⑤从事个体出租车运营的驾驶员取得的收入、个人从事彩票代销业务取得的所得。

个人独资企业、合伙企业的个人投资者以企业资金为本人、家庭成员及其他相关人员支付与企业生产经营无关的消费性支出及购买汽车、住房等财产性支出，视为企业对个人投资者的利润分配，并入投资者个人的生产经营所得，依照“个体工商户的生产、经营所得”项目征收个人所得税。

3）对企业事业单位的承包经营、承租经营所得

对企业事业单位的承包经营、承租经营所得，是指个人承包经营、承租经营以及转包、转租取得的所得，还包括个人按月或者按次取得的工资、薪金性质的所得。承包项目可分多种，如生产经营、采购、销售、建筑安装等各种承包。

★知识链接

个人对企事业单位承包、承租经营后，工商登记改为个体工商户，这类承包实际上属于个体工商户的生产、经营所得，按照个体工商户的生产、经营所得征税。如果个人对企事业单位承包、承租经营后，工商登记仍为企业的，无论其分配方式如何，均应先按照企业所得税法的规定缴纳企业所得税。

4）劳务报酬所得

劳务报酬所得是指个人独立从事各种非雇佣的劳务所取得的所得，包括个人从事设计、装潢、安装、制图、化验、测试、医疗、法律、会计、咨询、讲学、新闻、广播、翻译、审稿、书画、雕刻、影视、录音、录像、演出、表演、广告、展览、技术服务、介绍服务、经纪服务、代办服务以及其他劳务取得的所得。

自2004年1月20日起，对商品营销活动中，企业和单位对其营销业绩突出的非雇员以培训班、研讨会、工作考察等名义组织旅游活动，通过免收差旅费、旅游费对个人实行的营销业绩奖励,应根据所发生费用的全部作为该营销人员当期的劳务收入,按照“劳务报酬所得”项目征收个人所得税,并由提供上述费用的企业和单位代扣代缴。

个人因担任董事、监事职务不在公司任职、受雇的,所取得的董事费收入应按劳务报酬所得项目征税。个人在公司任职、受雇,同时兼任董事、监事职务的,所取得的董事费收入应按工资、薪金所得项目征税。

★知识链接

是否存在雇佣与被雇佣关系,是判断工资、薪金所得与劳务报酬所得的重要标准。两者的区别在于:工资、薪金所得是属于非独立个人劳务活动,及在机关、团体、学校、企事业单位和其他组织中任职、受雇领取的报酬。而劳务报酬不存在雇佣与被雇佣关系,是个人独立从事各种技艺、提供各项劳务取得的报酬。

5)稿酬所得

稿酬所得,是指个人因其作品以图书、报刊形式出版、发表而取得的所得。此处所指的作品包括:文学作品、书画作品、摄影作品以及其他作品。

任职、受雇于报纸、杂志等单位的记者、编辑等专业人员,因在本单位的报纸、杂志上发表作品取得的所得,属于因任职、受雇而取得的所得,应与其当月工资收入合并,按“工资、薪金所得”项目征税。

出版社的专业作者撰写、编写或翻译的作品,由该社以图书形式出版而取得的稿费收入,按“稿酬所得”项目征收个人所得税。

作者去世后,对取得其遗作稿酬的个人,按稿酬所得征税。

6)特许权使用费所得

特许权使用费所得,是指个人提供专利权、商标权、著作权、非专利技术以及其他特许权的使用权取得的所得。上述4种权利及其他权利由个人提供或者转让给他人使用时,会取得相应的收入。这类收入不同于一般所得,所以单独列为一类征税项目。

根据规定,对于作者将自己的文字作品手稿原件或复印件公开拍卖取得的所得,属于提供著作权的使用所得,应按“特许权使用费所得”项目征收个人所得税。

7)利息、股息、红利所得

利息、股息、红利所得,是指个人拥有债权、股权而取得的利息、股息、红利所得。

其中,利息一般是指存款、贷款和债券的利息。股息也称股利,是指股票持有人根据股份制公司章程的规定,凭股票定期从股份公司取得的投资利益。红利也称企业分红,是指股份公司或企业根据应分配的利润按股份分配超过股息部分的利润。

8)财产租赁所得

财产租赁所得,是指个人出租建筑物、土地使用权、机器设备、车船以及其他财产取得的所得。个人取得财产转租收入也属于该税目的征税范围，由财产转租人缴纳个人所得税。在确定纳税义务人时，应以产权凭证为依据。

★知识链接

对于开发商以售后返租方式经营，提前支付租金用以充抵购房款的，对购房者个人少支出的购房款，应视同个人“财产租赁所得”征收个人所得税。每次财产租赁所得的收入额，按照少支出的购房价款和协议规定的租赁月份数平均计算确定。

9）财产转让所得

财产转让所得是指个人转让有价证券、股权、建筑物、土地使用权、机器设备、车船以及其他财产取得的所得。

10）偶然所得

偶然所得是指个人得奖、中奖、中彩以及其他偶然性质的所得。其中，得奖是指参加各种有奖竞赛活动，取得名次获得的奖金。中奖、中彩是指参加各种有奖活动，如有奖销售、有奖储蓄或购买彩票，经过规定程序，抽中、摇中号码而取得的奖金。偶然所得应缴纳的个人所得税税款，一律由发奖单位或者机构代缴。

11）其他所得

除上述列举的各项个人应税所得外，其他确有必要征税的个人所得，由国务院财政部门确定。

6.1.4　所得来源的确定

下列所得，无论支付地点是否在中国境内，均为来源于中国境内的所得：

①因任职、受雇、履约等而在中国境内提供劳务取得的所得。

②将财产出租给承租人在中国境内使用而取得的所得。

③转让中国境内的建筑物、土地使用权等财产或者在中国境内转让其他财产取得的所得。

④许可各种特许权在中国境内使用而取得的所得。

⑤从中国境内的公司、企业以及其他经济组织或者个人取得的利息、股息、红利所得。

在中国境内无住所，但居住1年以上5年以下的个人，其来源于中国境外的所得，经主管税务机关批准，只就由中国境内公司、企业以及其他经济组织或者个人支付的部分缴纳个人所得税。在中国境内无住所，但在一个纳税年度中在中国境内连续或者累计居住不超过90日的个人，其来源于中国境内的所得，由境外雇主支付并且不由该雇主在中国雇主在中国境内的机构、场所负担的部分，免征个人所得税。

6.1.5 税率

1)超额累进税率

(1)工资薪金所得适用的税率

工资、薪金所得适用7级超额累进税率。根据工资、薪金应纳税所得额不同,分别适用3% ~45%的超额累进税率。

表6.1 工资、薪金所得税税率

级数	全月应纳税所得额	税率	速算扣除数(元)
1	不超过1 500元的部分	3%	0
2	超过1 500至4 500元的部分	10%	105
3	超过4 500至9 000元的部分	20%	555
4	超过9 000至35 000元的部分	25%	1 005
5	超过35 000至55 000元的部分	30%	2 755
6	超过55 000至80 000元的部分	35%	5 505
7	超过80 000的部分	45%	13 505

注:本表所列的全月应纳税所得额是指依照税法的规定,减除有关费用后的所得额。

(2)个体工商户的生产、经营所得,对企事业单位的承包经营、承租经营所得,个人独资企业和合伙企业的生产经营所得适用5% ~35%的超额累进税率

表6.2 个体工商户的生产、经营所得和对企事业单位的承包经营、承租经营所得等适用的税率表

级数	全年应纳税所得额	税率	速算扣除数(元)
1	不超过15 000元的部分	5%	0
2	超过15 000至30 000元的部分	10%	750
3	超过30 000至60 000元的部分	20%	3 750
4	超过60 000至100 000元的部分	30%	9 750
5	超过100 000的部分	35%	14 750

注:本表所称全年应纳税所得额是指依照税法的规定,以每年的收入额减除规定费用后的余额。

2)比例税率

劳务所得,稿酬所得,特许权使用费所得,财产租赁所得,财产转让所得,利息、股息、红利所得,偶然所得和其他所得,都按“次”计征,都适用20%的比例税率。但根据所得项目不同又有具体的规定:

(1)劳务报酬所得

劳务报酬所得按“次”计算缴纳个人所得税,适用20%的比例税率。对劳动报酬所得一次性收入畸高的,规定在适用20%的比例税率的基础上,实行加成征收。所谓“劳务报酬所得一次收入畸高”,是指个人一次取得劳务报酬,其应纳税所得额超过20 000元。对应纳税所得额20 000元至50 000元的部分,依照税法规定计算应纳税额之后,再按照应纳税额加征五成,即按30%税率征税。应纳税所得额在50 000元以上的部分加征十成,即按40%税率征税,如表6.3所示。

表6.3　劳务报酬所得税率

级数	每次应纳税所得额	税率	速算扣除数(元)
1	不超过20 000元的部分	20%	0
2	超过20 000至50 000元的部分	30%	2 000
3	超过50 000	40%	7 000

(2)稿酬所得

为了体现国家政策,有效调节收入分配,个人所得税法规定,对稿酬所得适用20%的比例税率征税时,按照应纳税税额减征30%,即只征收70%的税额,故实际税率为14%。

任务2　个人所得税的计算

我国的个人所得税采取分项计算的办法。依据个人取得所得项目的不同,分别适用不同的费用减除标准、不同的税率和不同的计税方法,分别征收,各个清缴。

6.2.1　工资、薪金所得应纳税额的计算

1)应纳税所得额的确定

工资、薪金所得以每月扣除基本养老保险费、基本医疗保险费、失业保险费、住房公积金(简称“三险一金”)后的收入额减除费用后的余额为应纳税所得额。自2011年9月1日起,我国《个人所得税法》对工资、薪金所得规定的普遍适用的减除费用标准为每月3 500元,按月计征。其计算公式为:

应纳税所得额=扣除“三险一金”后的月收入额-费用扣除标准3 500元

2)应纳税额的计算

应纳税额=应纳税所得额×适用税率-速算扣除数

由于工资、薪金所得应纳税额的计算是按照七级超额累进税率计算,比较繁琐。运用速算扣除数是根据超额累进税率表中划分的应纳税所得额级距和税率,先用全额累进方法计算出税额,再减去用超额累进方法计算的应征税额以后的差额,即减去

速算扣除数。

【例 6.1】 纳税人李某是中国公民,2016 年 1 月缴纳“三险一金”后的工资为 4 500元,该纳税人不适用附加扣除费用的规定,计算应纳个人所得税。

应纳税额=(4 500-3 500)×3% -0=30(元)

对于在中国境内无住所而在中国境内取得工资、薪金所得的纳税义务人,以及在中国境内有住所而在中国境外取得工资、薪金所得的纳税义务人,除减除上述费用外,还可以附加再扣除 1 300 元,即总的扣除费用为 4 800 元。所以,

应纳税额=[扣除“三险一金”后月收入额-3 500(或 4 800)]×适用税率-速算扣除数

【例 6.2】 A 公司为促进企业发展,引进高级管理人才,聘任非居民纳税人 Mike 为营销部经理,2015 年 12 月,Mike 的工资收入为 35 000 元人民币,计算 Mike 该月应缴纳的个人所得税。

应纳税额=[35 000-(3 500+1 300)]×25% -1 005=6 545(元)

★知识链接

对于在中国境内的企业、事业、行政事业单位工作,或在中国境内有住所但在中国境外任职或者受雇取得工资、薪金所得的外籍人员、华侨、港澳台同胞每月附加减除费用 4 800 元。

6.2.2 个体工商户生产、经营所得应纳税额的计算

1)应纳税所得额的确定

对于实行查账征收的个体工商户,其生产、经营所得,实行按年征收,以每一纳税年度的收入总额减除成本、费用、损失及准予扣除的税金后的余额为应纳税所得额。其计算公式为:

应纳税所得额=收入总额-(成本+费用+损失+准予扣除的税金)

(1)收入总额

收入总额是指个体工商户从事生产经营以及与生产经营有关的活动所取得的各项收入,包括商品(产品)销售收入、营运收入、劳动服务收入、工程价款收入、财产出租或转让收入、利息收入、其他业务收入和营业外收入。以上各项收入应当按照权责发生制原则确定。

(2)准予扣除的项目

①成本、费用。成本、费用是指个体工商户从事生产经营过程中所发生的各项直接支出、分别计入成本的间接费用以及销售费用、管理费用、财务费用。

个体工商户在所得税前的扣除项目,如“三项经费”、广告费、业务宣传费等,其允许扣除的标准与企业所得税法的规定基本相同。除此之外,还有一些不同的规定:

A. 自 2011 年 9 月 1 日起,对个体工商户业主、个人独资企业和合伙企业自然人投资者的生产经营所得依法计征个人所得税时,个体工商户业主、个人独资企业和合伙

企业自然人投资者本人的费用扣除标准统一确定为42 000元/年，即3 500元/月。

B. 个体工商户向其从业人员实际支付的合理的工资、薪金支出，允许在税前据实扣除。

C. 个体工商户在生产经营过程中发生的与家庭生活混用的费用，由主管税务机关核定分摊比例，据此计算确定的属于生产、经营过程中发生的费用，准予扣除。企业生产经营和投资者及其家庭生活共享的固定资产，难以划分的，由主管税务机关根据企业的生产经营类型、规模等具体情况，核定准予在税前扣除的折旧费用的数额或比例。

②损失。损失是指个体工商户在生产经营过程中发生的各项营业外支出，包括固定资产盘亏、报废和毁损的净损失、自然灾害或意外事故损失、公益和救济性捐赠、赔偿金和违约金等。

③税金。税金是指个体工商户按规定缴纳的各种应由企业负担的税金，包括消费税、营业税、城市建设维护税、资源税、城镇土地使用税、房产税、车船税、印花税，以及教育费附加等。但会计上已经记入"管理费用"等账户的税金除外。

纳税人不能提供有关的收入、成本、费用、税收等完整、准确的纳税资料，不能正确计算应纳税所得额的，应由主管税务机关核定其应纳税所得额。

（3）不得在所得税前列支的项目

①资本性支出。

②被没收的财务、支付的罚款。

③缴纳的个人所得税、税收滞纳金、罚金和罚款。

④各种赞助支出。

⑤自然灾害或者意外事故损失有赔偿的部分。

⑥分配给投资者的股利。

⑦用于个人和家庭的支出。

⑧个体工商户业主的工资支出。

⑨与生产经营不管的其他支出。

2）应纳税额的计算

应纳税额＝应纳税所得额×适用税率－速算扣除数

＝（全年收入总额－成本－费用－损失－准予扣除的税金）×适用税率－速算扣除数

【例6.3】　个体工商户李某2015年的有关经营数据如下：全年营业收入600 000元，本年已经预缴所得税15 500元，本年度耗用直接材料250 000元，车辆保修费20 000元，支付职工工资及福利费40 000元，缴纳营业税金及附加16 800元。计算该个体户需要补交的个人所得税。

全年收入总额＝600 000元

准予扣除的费用＝250 000+20 000+40 000+16 800＝326 800（元）

应纳税所得额＝600 000－326 800＝273 200（元）

应缴纳所得税＝273 200×35%－14 750＝80 870（元）

本年应补交所得税＝80 870－15 500＝65 370（元）

★知识链接

核定征收方式，包括定额征收、核定应税所得率征收以及其他合理的征收方式。

实行核定应税所得率征收方式的，应纳所得税额的计算公式为：

应纳税所得额＝收入总额×应税所得率

应纳所得税额＝应纳税所得额×适用税率

6.2.3 对企业事业单位的成本经营、承租经营所得应纳税额的计算

1）应纳税所得额的确定

对企事业单位的承包经营、承租经营所得，是以每一纳税年度的收入总额减除必要费用后的余额为应纳税所得额。每一纳税年度的收入总额是指纳税义务人按照承包经营、承租经营合同规定分得的经营利润和工资、薪金性质的所得。在一个纳税年度中，承包经营或承租经营期限不足 1 年的，以其实际经营期限为纳税年度。其计算公式为：

应纳税所得额＝每一纳税年度收入总额－必要扣除费用

2）应纳税额的计算

（1）适用五级超额累计税率

企业实行个人承包经营、承租经营后，承包、承租人按合同的规定只向发包、出租房交纳一定费用，企业经营成果归其所有的，承包、承租人取得的所得，按对企业事业单位的承包经营、承租经营所得计算缴纳个人所得税。

应纳税额＝（个人承包、承租经营收入总额－必要扣除费用）×适用税率－速算扣除数

＝个人承包、承租经营收入总额－（成本＋费用＋损失＋准予扣除的税金）

（2）适应七级超额累计税率

承包、承租人对企业经营成果不拥有所有权，仅按合同（协议）规定取得一定所得的，其所得按工资、薪金所得计算缴纳个人所得税，适用“工资、薪金”项目的所得税率。

应纳税额＝（个人承包、承租经营收入总额－必要扣除费用）×适用税率－速算扣除数

＝（个人承包、承租经营收入总额－每月 3 500 元）×适用税率－速算扣除数

【例 6.4】 2015 年 1 月 1 日小张与某食堂签订承包经营合同，承包期为 1 年，小张每年上交承包金 25 000 元，其余经营所得归小张所有。2015 年该超市实现经营利润 75 000 元。计算小张应缴纳的个人所得税额。

应纳税所得额＝75 000－25 000－3 500×12＝8 000（元）

应纳个人所得税额＝8 000×5%－0＝400（元）

【例6.5】　沿用前例，假设合同约定，小张对该食堂的经营成果不拥有所有权，仅以每月取得固定工资收入6 000元。计算小张应缴纳的个人所得税额。

每月应纳税所得额=6 000-3 500=2 500(元)

每月应纳个人所得税额=2 500×10%-105=145(元)

全年应纳个人所得税额=145×12=1 740(元)

6.2.4　劳务报酬所得应纳税额的计算

劳务报酬所得是以个人每次取得的收入，定额或者定率减除规定费用后的余额为应纳税所得额。

1）应纳税所得额的确定

(1)每次收入不超过4 000元的，定额减除费用为800元，其计算公式为：

应纳税所得额=每次收入额-800

(2)每次收入在4 000元以上的，减除20%的费用，其计算公式为：

应纳税所得额=每次收入额×(1-20%)

劳务报酬所得一般具有非固定性、不经常性的特点，不便于按月计算，所以，规定凡属于一次性收入的，以取得该项收入为一次，按次确定应纳税所得额。凡属于同一项目连续性收入的，以一个月内取得收入为一次，以此确定应纳税所得额。如果个人兼有不同的劳务报酬所得的，应当分别按不同的项目所得定额或定率减除费用。

2）应纳税额的计算

对劳务报酬所得，由于纳税人每次的劳务报酬的收入金额存在差异，因此，针对其个人所得税应纳税额的计算公式可以分为以下3种：

(1)每次收入不足4 000元的：

应纳税额=应纳税所得额×适用税率=(每次收入额-800)×20%

(2)每次收入在4 000元~20 000元的：

应纳税额=应纳税所得额×适用税率=每次收入额×(1-20%)×20%

(3)每次收入超过20 000元的：

应纳税额=应纳税所得额×适用税率-速算扣除数=每次收入额×(1-20%)×适用税率-速算扣除数

【例6.6】　某歌星于2016年1月外出参加商业性演出，一次性取得劳务报酬100 000元，计算应缴纳的个人所得税额。

应纳税额=100 000×(1-20%)×40%-7 000=25 000(元)

【例6.7】　2016年1月，肖教授受邀到企业给管理层进行为期3天的培训，每天获得培训费1 000元，一共3 000元，计算应缴纳的个人所得税额。

应纳税额=(1 000×3-800)×20%=440(元)

根据我国税法规定，劳务报酬凡属于同一项目连续性收入的，以1个月内取得收入为1次，该教授3天的讲学为同一项目连续性收入，所以其该月该项目的收入合并计算缴纳所得税。

6.2.5 稿酬所得应纳税额的计算

1)应纳税所得额的确定

稿酬所得以个人每次取得的收入,定额或定率扣除费用后的余额为应纳税所得额。

(1)每次收入不足4 000元的,其应纳税额的定额减除费用为800元,其计算公式为:

$$应纳税所得额=每次收入额-800$$

(2)每次收入在4 000元以上的,减除20%的费用,其计算公式为:

$$应纳税所得额=每次收入额\times(1-20\%)$$

每次取得的收入是指每次出版、发表作品取得的收入为一次,确定应纳税所得额。规定如下:

①个人以出版图书、报刊方式出版同一作品,不论出版单位是预付还是分笔支付稿酬,或者加印该作品后再付稿酬,均合并为一次征税。

②在两处以上出版、发表或者再版同一作品而取得的稿酬,则可以分别各处取得的所得或者再版所得分次征税。

③个人的同一作品在报刊连载,应合并其因连载而取得的所得为一次。连载后又出书取得稿酬的,或者先出书后连载取得稿酬的,应视同再版稿酬分次征税。

2)应纳税额的计算

(1)每次收入不足4 000元的:

$$\begin{aligned}应纳税额&=应纳税所得额\times适用税率\\&=(每次收入额-800)\times20\%\times(1-30\%)\end{aligned}$$

(2)每次收入在4000元以上的:

$$\begin{aligned}应纳税额&=应纳税所得额\times适用税率\\&=每次收入额\times(1-20\%)\times20\%\times(1-30\%)\end{aligned}$$

【例6.8】 作家张某取得一次性书稿收入15 000元,计算其应缴纳的个人所得税额。

应纳税额=15 000×(1-20%)×20%×(1-30%)=1 680(元)

6.2.6 特许权使用费所得应纳税额的计算

1)应纳税所得额的确定

特许权使用费所得以个人每次取得的收入,定额或定率扣除费用后的余额为应纳税所得额。其费用减除标准与劳务报酬所得相同。

(1)每次收入不足4 000元的,其应纳税额的定额减除费用为800元,其计算公式为:

应纳税所得额=每次收入额-800

(2)每次收入在4 000元以上的,减除20%的费用,其计算公式为:

应纳税所得额=每次收入额×(1-20%)

特许权使用费所得,以一项特许权的一次许可使用所取得的收入为一次。如果该次转让取得的收入是分笔支付的,则应将各笔收入相加为一次的收入征税。

2)应纳税额的计算

(1)每次收入不足4 000元的:

应纳税额=应纳税所得额×适用税率=(每次收入额-800)×20%

(2)每次收入在4 000元以上的:

应纳税额=应纳税所得额×适用税率=每次收入额×(1-20%)×20%

【例6.9】　2015年11月,周某将自己的一项发明专利提供给大华公司使用,获得专利使用费10 000元,又将自家一块老字号招牌授权李某使用,获得使用费3 000元。计算其应缴纳的个人所得税额。

应纳税额=[10 000×(1-20%)+(3 000-800)]×20%=2 040(元)

6.2.7　利息、股息、红利所得应纳税额的计算

1)应纳税所得额的确定

利息、股息、红利所得以个人每次取得的收入额为应纳税所得额,不得从收入额中扣除任何费用。

对于股份制企业在分配股息、红利时,以股票形式向股东个人支付应得的股息、红利,应以派发红股的股票票面金额为收入额,计征个人所得税。

个人投资者从其投资企业(个人独资企业、合伙企业除外)借款,在该纳税年度终了后既不归还又未用于企业生产经营的,其未归还的借款可视为企业对个人投资者的红利分配,依照“利息、股息、红利所得”计征个人所得税。

2)应纳税额的计算

(1)除特殊规定外,自2008年10月9日起,对储蓄存款利息所得暂免征收个人所得税。

(2)自2013年1月1日起,我国对个人从公开发行和转让市场取得的上市公司股息、红利,实行差别化个人所得税政策,2015年,财税[2015]101号又对持股差别化个人所得税政策有了新的规定:

①持股期限在1个月以内(含1个月)的,其股息红利所得全额计入应纳税所得额。

②持股期限在1个月以上至1年(含1年)的,暂减按50%计入应纳税所得额。

③持股期限超过1年的,股息红利所得暂免征收个人所得税。

【例6.10】　黄某2015年1月购入某上市公司的股票5 000股,该上市公司2014年度的利润分配方案为每10股送2股,并于2015年5月分红派息,该股票的面值为

每股 1 元。2015 年 8 月黄某出售该股票，计算黄某应缴纳的个人所得税额。

$$应纳税额=\frac{5\ 000}{10}\times2\times1\times50\%\times20\%=100(元)$$

【例 6.11】 仍用上例，若黄某于 2016 年 2 月出售该股票计算黄某应缴纳的个人所得税额。

$$应纳税额=\frac{5\ 000}{10}\times2\times1\times0\%\times20\%=0(元)$$

提示：由于到 2016 年 2 月，黄某持有该公司股票超过 1 年，因此，按照 2015 年的新规定，黄某的股息所得暂免征收个人所得税。

★知识链接

上市公司派发股息红利时，对个人持股 1 年以内（含 1 年）的，上市公司暂不扣缴个人所得税。待个人转让股票时，证券登记结算公司根据其持股期限计算应纳税额，由证券公司等股份托管机构从个人资金账户中扣收并划付证券登记结算公司，证券登记结算公司应于次月 5 个工作日内划付上市公司，上市公司在收到税款当月的法定申报期内向主管税务机关申报缴纳。

股份制企业用股票溢价发行收入形成的资本公积金转赠个人股本，不属于股息、红利性质的分配，不作为应纳税所得征收个人所得税。

6.2.8 财产租赁所得应纳税额的计算

1）应纳税所得额的确定

财产租赁所得以一个月内取得的收入为一次，定额或定率减除规定费用后的余额为应纳税所得额。

（1）费用扣除

在确定应纳税所得额时，允许依次扣除以下费用：

①纳税人在出租财产过程中缴纳的税金和教育费附加。

②能够提供有效凭证，证明纳税人负担的该出租财产实际开支的修缮费用；扣除规定为：以每次 800 元为限，一次扣除不完的，准予在下一次继续扣除，直到扣完为止。

③税法规定的扣除标准：每次收入不超过 4 000 元，定额减除费用为 800 元；每次收入在 4 000 元以上的，定率减除 20% 的费用。

（2）计算公式

①每次收入不足 4 000 元的：

应纳税所得额=每次收入额-财产租赁有关税费-修缮费用-800

②每次收入在 4 000 元以上的：

应纳税所得额=（每次收入额-财产租赁有关税费-修缮费用）×（1-20%）

2）应纳税额的计算

财产租赁所得适用 20% 的比例税率，但个人出租居住用房暂减按 10% 计算征收个人所得税。

应纳税额=应纳税所得额×适用税率

【例6.12】 2015年5月，市民杨某将自有的一套70平方米的普通住房出租，租期1年，每月租金1 800元，6月该房屋由于漏水发生维修费用500元，有维修部门的正式收据。计算杨某5月和6月应缴纳的个人所得税额。

5月应纳税额=(1 800-800)×10%=100(元)

6月份应纳税额=(1 800-500-800)×10%=50(元)

提示：在本例中，如果对租金收入计征了营业税、城市建设维护税、教育费附加和房产税等，在计算应纳税额时，应一并扣除。

6.2.9　财产转让所得应纳税额的计算

1)应纳税所得额的确定

财产转让所得按照转让财产的收入额减除财产原值和合理费用后的余额为应纳税所得额。其中，"每次"是指以一件财产的所有权一次转让取得的收入为一次。

应纳税所得额=每次收入额-财产原值-合理税费

财产转让中允许扣除的合理费用，是指卖出财产时按照规定支付的有关费用。

财产原值是指：

①有价证券的原值为买入价以及买入时按规定缴纳的有关费用。

②建筑物的原值为建造费或购进价格以及其他有关费用。

③土地使用权，其原值为取得土地使用权所支付的金额、开发土地的费用以及其他有关费用。

④机器设备、车船，其原值为购进价格、运输费、安装费以及其他有关费用。

2)应纳税额的计算

财产转让所得适用20%的比例税率，其计算公式为：

应纳税额=应纳税所得额×适用税率=(每次收入额-财产原值-合理税费)×20%

【例6.13】 赵某建造房屋一套，造价200 000元，支付费用6 000元。赵某转让房屋，售价300 000万元，在卖房过程中按规定支付交易费等有关费用9 000元，计算赵某应缴纳的个人所得税额。

应纳税额=[300 000-(200 000+6 000)-9 000]×20%=17 000(元)

6.2.10　偶然所得应纳税额的计算

1)应纳税所得额的确定

偶然所得以每次取得的收入额为应纳税额，不得做任何扣除。

★知识链接

对于个人购买社会福利有奖募捐奖券一次中奖收入不超过1万元的,暂免征收个人所得税,超过1万元的,全额征税。

2)应纳税额的计算

应纳税额=应纳税所得额×适用税率=每次收入额 ×20%

【例6.14】 王某于2015年9月购买福利彩票,取得中奖收入为60 000元,计算王某应缴纳的个人所得税额。

应纳税额=60 000×20% =12 000(元)

提示:该笔税款应由彩票管理中心按照规定代扣代缴。

6.2.11 其他所得应纳税额的计算

应纳税额=应纳税所得额×适用税率=每次收入额×20%

6.2.12 特殊情况应纳税额的计算

1)全年一次性奖金应纳税额的计算

纳税人取得全年一次性奖金,单独作为一个月工资、薪金所得计算纳税,由扣缴义务人发放时代扣代缴。由于对每个月的工资、薪金所得计税时已经按月扣除了费用,对上述奖金原则上不再减除费用。具体计算办法如下:

首先,将纳税人取得的全年一次性奖金,除以12个月,按商数确定适用税率和速算扣除数。如果纳税人取得奖金当月的工资、薪金所得不足税法规定的费用扣除额,可将奖金收入减除当月工资与税法规定的费用扣除额的差额后的余额作为应纳税所得额,并据以计算应纳所得税。

其次,按确定的适用税率和速算扣除数计算纳税。计算公式为:

(1)纳税人当月工资薪金所得高于或等于税法规定的费用扣除额的:

应纳税额=当月取得全年一次性奖金×适用税率-速算扣除数

(2)纳税人当月工资薪金所得不足税法规定的费用扣除额的:

应纳税额=(当月取得全年一次性奖金-当月工资薪金所得与费用扣除额的差额)×适用税率-速算扣除数

★知识链接

一个纳税人在一个纳税年度内,该计税办法只允许采用一次。

实行年薪制和绩效工资的单位,个人取得年终兑现的年薪和绩效工资按上述规定执行。

取得全年一次性奖金外的其他奖金,如半年奖、季度奖、加班奖、先进奖、考勤奖等,一律与当月工资、薪金合并,计入当月工资薪金所得纳税。

【例6.15】　某公司职工陈某2015年12月份工资收入为4 000元，同月还取得全年一次性奖金12 000元。计算陈某该笔奖金应缴纳的个人所得税额。

(1)确定适用税率

$\frac{12\ 000}{12}=1\ 000$(元)

根据工资、薪金所得超额累进税率的规定，适用税率3%，速算扣除数为0元。

(2)计算应纳税额

应纳税额=12 000×3%－0=360(元)

【例6.16】　A公司职工张某2015年12月工资收入为3 000元，同月还取得全年一次性奖金24 000元。计算张某该笔奖金应缴纳的个人所得税额。

(1)确定适用税率

$\frac{24\ 000}{12}=2\ 000$元

根据工资、薪金所得超额累进税率的规定，适用税率10%，速算扣除数为105元。

(2)计算应纳税额

应纳税额=[24 000－(3 500－3 000)]×10%－105=2 245(元)

2)两个或两个以上纳税人共同取得同一项个人所得税的计算

两个或两个以上纳税人共同取得同一项目收入的，应当对每个人取得的收入分别按照税法规定扣除费用后计算应纳税额。

3)境外所得税额的扣除

纳税义务人从中国境外取得的所得，准予其在应纳税额中扣除已在境外缴纳的个人所得税额，但扣除额不得超过该纳税人境外所得依照我国税法规定计算的应纳税额。

【例6.17】　2015年，居民纳税人吴某在A国一公司任职，每月取得工资收入9 000元，该收入在A国已经缴纳个人所得税3 000元。计算吴某的工资收入在我国还应缴纳的个人所得税额。

全年应纳税额=[(9 000－4 800)×10%－105]×12=3 780(元)

境外已纳税=3000元<扣除限额3 780元，可以全额据实扣除。

所以，吴某还应缴纳的所得税=3 780－3 000=780(元)

分析：我国税法作这样的规定，是为了避免纳税义务人同一笔收入出现重复征税，加重纳税人负担。

任务3　个人所得税的税收优惠

《个人所得税法》及其实施条例以及财政部、国家税务总局的若干规定对一些个人所得项目给予了减税、免税的优惠。

6.3.1　免征个人所得税的优惠

符合下列情形之一的，依法免征个人所得税：

①省级人民政府、国务院部委和中国人民解放军军以上单位，以及外国组织、国际组织颁发的科学、教育、技术、文化、卫生、体育、环境保护等方面的奖金。

②国债和国家发行的金融债券利息。

③按照国家统一规定发给的补贴、津贴，是指按照国务院规定发给的政府特殊津贴、院士津贴、资深院士津贴，以及国务院规定免纳个人所得税的其他补贴、津贴。

④福利费、抚恤金、救济金。

⑤保险赔款。

⑥军人的转业费、复员费。

⑦按照国家统一规定发给干部、职工的安家费、退职费、退休工资、离休工资、离休生活补助费。

⑧依照我国有关法律规定应予免税的各国驻华使馆、领事馆的外交代表、领事官员和其他人员的所得。

⑨中国政府参加的国际公约、签订的协议中规定免税的所得。

⑩按照国家有关城镇房屋拆迁管理办法规定的标准，被拆迁人取得的拆迁补偿款。

⑪个人取得的教育储蓄存款利息所得。

⑫对县级以上人民政府主管部门批准成立的有机构、章程的见义勇为基金或者类似性质组织，奖励见义勇为者的奖金或奖品，经主管税务机关核准，免征个人所得税。

⑬经国务院财政部门批准免税的所得。

★知识链接

离退休人员按规定领取离退休工资或养老金外，另从原任单位取得的各类补贴、奖金、实物，不属于免税的退休工资、离休工资、离休生活补助费，应按“工资、薪金所得”应税项目的规定缴纳个人所得税。

6.3.2 减征个人所得税的优惠

有下列情形之一的，经批准可减征个人所得税：

①残疾、孤老人员和烈属的所得。

②因严重自然灾害造成重大损失的。

③其他经国务院财政部门批准减免的。

6.3.3 暂免征收个人所得税的优惠

以下所得，暂免征收个人所得税：

①外籍个人以非现金形式或实报实销形式取得的住房补贴、伙食补贴、搬迁费、洗衣费。

②外籍个人按合理标准取得的境内、境外出差补贴。

③外籍个人取得的探亲费、语言训练费、子女教育费等，经当地税务机关审核批准为合理的部分。

④外籍个人从外商投资企业取得的股息、红利所得。

⑤股票转让所得。

⑥个人举报、协查各种违法、犯罪行为而获得的奖金。

⑦个人办理代扣代缴手续，按规定取得的扣缴手续费。

⑧个人转让自用达5年以上，并且是唯一的家庭生活用房取得的所得。

⑨对个人购买福利彩票、赈灾彩票、体育彩票，一次中奖收入在1万元以下的（含1万元）暂免征收个人所得税；超过1万元的，全额征收个人所得税。

⑩按照国家规定，单位为个人缴付和个人缴付的住房公积金、基本医疗保险费、基本养老保险费、失业保险费从纳税人的应纳税所得额中扣除。

⑪达到离休、退休年龄，但确因工作需要，适当延长离休、退休年龄的高级专家，其在延长离休、退休期间的工资、薪金所得，视同离、退休工资免征个人所得税。

⑫自2009年5月25日起，对以下情形的房屋产权无偿赠与，对当事双方不征收个人所得税：

A. 房屋产权所有人将房屋产权无偿赠与配偶、父母、子女、祖父母、外祖父母、孙子女、兄弟姐妹。

B. 房屋产权所有人将房屋产权无偿赠与对其承担直接抚养或者赡养义务的抚养人或赡养人。

C. 房屋产权所有人死亡，依法取得房屋产权的法定继承人、遗嘱继承人或受遗赠人。

6.3.4　个人所得税应纳税额的其他规定

①个人将其所得通过我国境内的非营利性社会团体、国家机关向教育和其他社会公益事业以及遭受严重自然灾害地区、贫困地区的捐赠，捐赠额未超过纳税人申报的应纳税所得额30%的部分，可以从其应纳税所得额中扣除。

个人通过非营利的社会团体和国家机关向农村义务教育的捐赠，准予在缴纳个人所得税前的所得额中全额扣除。

②个人的所得（不含偶然所得和经国务院财政部门确定征税的其他所得）用于资助非关联的科研机构和高等学校研究开发新产品、新技术、新工艺所发生的研究开发经费，经主管税务机关确定，可以在下月或下次或当年全额计征个人所得税时，从应纳税所得额中扣除；不足抵扣的，不得结转抵扣。

③个人取得的应纳税所得，包括现金、实物和有价证券。所得为实物的，应按照取得的凭证上所注明的价格计算应纳税所得额；无凭证的实物或者凭证上所注明的价格明显偏低的，由主管税务机关参照市场价格核定应纳税所得额。所得为有价证券的，由主管税务机关根据票面价格和市场价格核定应纳税所得额。所得为其他形式的经济利益的，参照市场价格核定应纳税所得额。

任务4 个人所得税的征收管理

根据我国《个人所得税法》及其实施条例和财政部、国家税务总局的规定，对纳税人的应纳税额实行由支付单位源泉扣缴和纳税人自行申报两种方法。对凡是可以在应税所得的支付环节扣缴个人所得税的，均由扣缴义务人履行代扣代缴义务，称为源泉扣缴。对于个人所得超过国务院规定数额的，或者没有扣缴义务人的，以及个人在两处以上取得工资、薪金所得的，由纳税人自行申报纳税。对其他不便于扣缴税款的，也规定由纳税人自行申报纳税。

6.4.1 代扣代缴纳税

1)扣缴义务人

税法规定，个人所得税以取得应税所得的个人为纳税义务人，以支付所得的单位或者个人为扣缴义务人。

扣缴义务人包括支付个人应纳税所得的企业（公司）、事业单位、财政部门、机关事务管理部门、人事管理部门、社会团体、军队、驻华机构、个体工商户等单位或者个人。

代扣代缴是指按照税法规定负有扣缴税款义务的单位或个人，在向个人支付应纳税所得时，应计算应纳税额，从其所得中扣除并缴入国库，同时向税务机关报送扣缴个人所得税报告表。扣缴义务人应当按照国家规定办理全员全额扣缴申报。

2)代扣代缴范围

扣缴义务人在向个人支付应税所得时，不论纳税人是否属于本单位人员，也不论所得是现金、有价证券或者实物，均应代扣代缴其应缴的个人所得税。具体包括：工资、薪金所得；对企业事业单位的承包经营、承租经营所得；劳务报酬所得；稿酬所得；特许权使用费所得；利息、股息、红利所得；财产租赁所得；财产转让所得；偶然所得；国务院财政部门确定征税的其他所得。

3)扣缴义务人的法定义务及责任

根据国家税务总局关于《个人所得税代扣代缴暂行办法》的规定，个人所得税的扣缴义务人负有如下义务：

①扣缴义务人应指定支付应纳税所得的财务会计部门或其他有关部门的人员为办税人员，由办税人员具体办理个人所得税的代扣代缴工作。

②同一扣缴义务人的不同部门支付应纳税所得时应报办税人员汇总。

③扣缴义务人的法人代表（或单位主要负责人）、财务会计部门的负责人及有关人员，共同对依法履行代扣代缴义务负法律责任。

④扣缴义务人在扣缴税款时，必须向纳税人开具税务机关统一印制的代扣代收

税款凭证，并详细注明纳税人姓名、工作单位、家庭住址、身份证或护照号码等个人情况。

⑤扣缴义务人应设立代扣代缴税款账簿，正确反映个人所得税的扣缴情况。

⑥扣缴义务人对纳税人应扣未扣的税款，其应纳税款仍然由纳税人缴纳，扣缴义务人应承担应扣未扣税款50%以上3倍以下的罚款。纳税人、扣缴义务人逃避、拒绝或者以其他方式阻挠税务机关检查的，由税务机关责令改正，可处1万元以下的罚款，情节严重的，处1万元以上5万元以下的罚款。

4）代扣代缴期限

扣缴义务人每月所扣的税款，应当在次月7日内缴入国库，并向主管税务机关报送《扣缴个人所得税报告表》、代扣代缴凭证和包括每一纳税人姓名、单位、职务、收入、税款等内容的支付个人收入明细以及税务机关要求报送的有关资料。

6.4.2　自行申报纳税

自行申报纳税时，纳税人在税法规定的期限内，向税务机关申报取得的应税所得项目和数额，填写个人所得税纳税申报表，并按照税法规定计算应纳税额，据此缴纳个人所得税。

1）自行申报的纳税的范围

纳税人有下列情形之一的，应当按照规定到主管税务机关办理纳税申报：

①年所得12万元以上的。

②从中国境内两处或者两处以上取得工资、薪金所得的。

③从中国境外取得所得的。

④取得应税所得，没有扣缴义务人的。

⑤国务院规定的其他情形。

其中，年所得12万元以上的纳税人，无论取得的各项所得是否已足额缴纳个人所得税，均应当按照规定，于纳税年度终了后向主管税务机关办理纳税申报。其他情形的纳税人，应当按照规定，于取得所得后向主管税务机关办理纳税申报。

自行申报的纳税义务人在申报纳税时，其在中国境内已扣缴的税款，准予按照规定从应纳税额中扣除。

2）自行申报纳税的地点

①纳税人在境内任职、受雇的，申报地点一般为收入来源地税务机关。

②纳税人在两处或两处以上取得工资、薪金的，可以选择并固定在一地税务机关申报。

③纳税人从境外取得所得的，应向境内户口所在地或经常居住地税务机关申报纳税。

④个体工商户、个人独资企业，应向企业实际经营管理所在地主管税务机关申报缴纳个人所得税。

⑤投资者从合伙企业取得的生产经营所得,由合伙企业向企业实际经营管理地主管税务机关申报缴纳个人所得税,并将个人所得税申报表抄送给投资者。

纳税人不得随意变更申报纳税地点,因特殊情况要求变更申报纳税地点的,须经原主管税务机关批准。

3)自行申报纳税的期限

①除特殊情况外,纳税人应在取得应纳税所得的次月 15 日内向主管税务机关申报所得并缴纳税款。

②年所得 12 万元以上的纳税人,在纳税年度终了后 3 个月内向主管税务机关办理纳税申报。

③个体工商户和个人独资、合伙企业投资者取得的生产、经营所得应纳的税款,分月预缴的,纳税人在每月次月 15 日内办理纳税申报;分季预缴的,纳税人在每季度终了后 15 日内办理纳税申报。纳税年度终了后,纳税人在 3 个月内进行汇算清缴。

④纳税人年终一次性取得对企事业单位的承包经营、承租经营所得的,自取得所得之日起 30 日内办理纳税申报;在一个纳税年度内分次取得承包经营、承租经营所得的,在每次取得所得后的次月 15 日内申报预缴,纳税年度终了后 3 个月内汇算清缴。

⑤从中国境外取得所得的纳税人,在纳税年度终了后 30 日内向中国境内税务机关办理纳税申报。

⑥纳税人取得其他各项所得须申报纳税的,在取得所得的次月 15 日内向主管税务机关办理纳税申报。

纳税人、扣缴义务人不能按期办理纳税申报或者报送代扣代缴、代收代缴税款报告表的,经税务机关核准,可以延期申报。

4)自行申报纳税的方式

个人所得税的申报纳税方式主要有 3 种:由本人直接申报纳税;委托他人代为申报纳税;采用邮寄或数据电文等方式在规定的申报期内申报纳税。

"个人所得税报告表"见国家税务总局官网。

[本章小结]

本章主要介绍了我国的个人所得税制度的相关政策。第一,从个人所得税的纳税人,以住所和居住时间为标准,划分为居民纳税人和非居民纳税人,居民纳税人负有无限纳税义务,非居民纳税人负有有限纳税义务。第二,我国对个人所得采取分类征收的办法,目前征税的项目一共 11 项,分别是:工资、薪金所得;个体工商户的生产、经营所得;对企业事业单位的承包经营、承租经营所得;劳务报酬所得;稿酬所得;特许权使用费所得;利息、股息、红利所得;财产租赁所得;财产转让所得;偶然所得;国务院财政部门确定征税的其他所得。第三,个人所得税的税率形式有累计税率和比例税率。应纳税所得额是个人取得的收入减除税法规定的扣除项目后的余额。根据所得项目不同,分别实行定额扣除、比例扣除,据实扣除等方式。第四,对应纳税额的计算,根据收入的性质分别实行按月计算和按次计算。第五,个人所得税的纳税申报实行代扣代缴和自行申报相结合。

［案例回顾］

1. 根据我国《个人所得税法》的规定，个人所得采取分项计算的办法。依据个人取得所得项目的不同，分别适用不同的费用减除标准、不同的税率和不同的计税方法，分别征收，各个清缴。所以，王某12月份的收入应该根据所得项目分类计算。

(1) 王某从企业取得的收入属于"工资、薪金"所得项目，按照七级超额累计税率，适用税率10%，速算扣除数为105元，所以，

应纳税额＝(6 000－3 500)×10%－105＝145(元)

(2) 纳税人取得全年一次性奖金，单独作为一个月工资、薪金所得计算纳税，但在计算时不能再扣除3 500元。

①根据公式计算月均奖金，找出适用税率。

月均奖金＝$\frac{30\ 000}{12}$＝2 500(元)，适用税率10%。

②计算应纳税额。

应纳税额＝30 000×10%－105＝2 895(元)

(3) 到高校做讲座属于"劳务报酬所得"。根据规定，劳务报酬所得，凡属于同一项目连续性收入的，以一个月内取得收入为一次，以此确定应纳税所得额，王某在高校连续进行两场讲座属于同一项目连续性收入，合并为一次计算应纳税额。

应纳税额＝(1 000×2－800)×20%＝240(元)

(4) 王某出书所得按照"稿酬所得"纳税，根据规定，个人以出版图书方式出版同一作品，加印该作品后再付稿酬，合并为一次征税。所以，王某就该书获得的两笔稿酬合并为一次纳税。

应纳税额＝(6 000+4 000)×(1－20%)×20%×(1－30%)＝1 120(元)

(5) 王某出租房屋所得按照"财产租赁所得"计算纳税，根据规定，出租房屋的维修费用在不超过800元的限额内，可以一次全额扣除，王某的房屋维修费500元小于限额，所以可以一次全额扣除。另外，王某出租的是家庭住房，适用税率10%。

应纳税额＝(2 000－500－800)×10%＝70(元)

(6) 王某出售房屋按"财产转让所得"纳税，根据规定，房屋原值和交易费用可以扣除。

应纳税额＝(400 000－250 000－6 000)×20%＝28 800(元)

(7) 王某取得的专利使用费按"特许权使用费所得"纳税，根据规定，一次所得超过4 000元的，可以减除20%的费用计算纳税。

应纳税额＝8 000×(1－20%)×20%＝1 280(元)

(8) 王某取得的国债利息应按"利息、股息、红利所得"纳税，但是根据规定，国债利息收入免征个人所得税，所以王某的国债利息收入不用交个人所得税。

(9) 王某买彩票中奖所得应按"偶尔所得"纳税。另外，根据税法规定，个人将其所得通过我国境内的非营利性社会团体向教育、贫困地区等发生捐赠，捐赠额未超过申报的应纳税所得额30%的部分，可以从其应纳税所得额中扣除。王某捐赠的金额占所得额的比例为15%，因此，可以全额扣除。

应纳税额＝(20 000－3 000)×20%＝3 400(元)

(10)王某该月应纳所得税总额为:

145+2 895+240+1 120+70+28 800+1 280+3 400=37 950(元)

2.根据规定,年所得12万元以上的纳税人,无论取得的各项所得是否已足额缴纳个人所得税,均应当按照规定,于纳税年度终了后向主管税务机关办理纳税申报。

12月收入总额=6 000+30 000+1 000×2+6 000+4 000+ 2 000+400 000+8 000+2 000+20 000=480 000(元)

王某仅12月一个月收入已经超过12万元,可以判断王某全年收入超过12万元,符合自行申报的条件。

[思考与练习]

一、单项选择

1.根据个人所得税法律的规定,在中国境内无住所但取得所得的外籍个人中,属于居民纳税人的是(　　)。

A.A国甲,在华工作6个月

B.B国乙,2015年1月10日入境,2015年10月10日离境

C.C国丙,2014年10月1日入境,2015年12月31日离境,其间临时离境28天

D.D国丁,2015年3月1日入境,2016年3月1日离境,其间临时离境100天

2.根据个人所得税法律制度的规定,关于所得来源地确定的下列表述中,不正确的是(　　)。

A.生产、经营所得,以生产、经营活动实现地作为所得来源地

B.劳务报酬所得,以纳税人实际提供劳务地作为所得来源地

C.特许权使用费所得,以特许权的使用地作为所得来源地

D.财产租赁所得,以财产所有人居住地作为所得来源地

3.根据个人所得税法律制度的规定,下列所得中,应缴纳个人所得税的是(　　)。

A.加班工资　　B.独生子女补贴　　C.差旅费津贴　　D.国债利息收入

4.小张2015年10月取得工资3 500元、奖金1 800元、加班费500元、交通补贴100元、电话补贴100元、差旅费津贴1 000元,则小张本月应缴纳的个人所得税为(　　)元。

A.0　　B.125　　C.145　　D.245

5.小施2015年取得全年一次性奖金18 500元(假设小王12月工资为5 000元),则下列关于年终奖应纳税额计算正确的是(　　)元。

A.0　　B.555　　C.1 395　　D.1 745

6.中国公民张某任职国内甲企业,2015年为乙公司设计营销方案,取得一次性设计费20 000元,该收入适用的个人所得税税目为(　　)。

A.工资薪金所得　　B.劳务报酬所得

C.偶然所得　　D.特许权使用费所得

7.根据个人所得税法律制度的规定,下列收入中,应按“劳务报酬所得”税目缴纳

个人所得税的是(　　)。

A. 退休人员再任职取得的收入

B. 从非任职公司取得的董事费收入

C. 从任职公司取得的监事费收入

D. 从任职公司关联企业取得的监事费收入

8. 根据个人所得税法律制度的规定,下列从事非雇佣劳动取得的收入中,应按“稿酬所得”税目缴纳个人所得税的是(　　)。

A. 审稿收入　　B. 翻译收入

C. 题字收入　　D. 出版作品收入

9. 张某以120万元的价格出售普通住宅一套,该住宅系3年前以40万元的价格购买,交易过程中支付相关税费等共计8万元(发票为证),则张某应缴纳的个人所得税为(　　)万元。

A. 0　　B. 14.4　　C. 16　　D. 24

10. 赵某2015年3月在某公司举行的有奖销售活动中获得奖金12 000元,领奖时发生交通费600元,食宿费400元(均由赵某承担)。在颁奖现场赵某直接向某大学图书馆捐款3 000元。郑某中奖收入应缴纳的个人所得税税额为(　　)元。

A. 0　　B. 1 600　　C. 1 800　　D. 2 400

二、多项选择

1. 根据个人所得税法律制度的规定,下列所得中,属于工资薪金的有(　　)。

A. 年终奖金　　B. 劳动分红　　C. 季度奖金　　D. 加班工资

2. 根据个人所得税法律制度的规定,下列支出中,在计算个体工商户个人所得税应纳税所得额时,不得扣除的有(　　)。

A. 从业人员合理工资　　B. 计提的各项准备金

C. 业主本人工资　　D. 业主家庭生活费用

3. 根据个人所得税法律制度的规定,下列个人所得中,应按“劳务报酬所得”项目征收个人所得税的有(　　)。

A. 某大学教授从甲企业取得的咨询费

B. 某设计院设计师从乙家装公司取得的设计费

C. 某公司高管从丙大学取得的讲课费

D. 某编剧从丁电视剧制作单位取得的剧本使用费

4. 根据个人所得税法律制度的规定,下列收入中,按照“特许权使用费所得”税目缴纳个人所得税的有(　　)。

A. 提供商标权收入　　B. 转让土地使用权收入

C. 转让著作权收入　　D. 转让专利权收入

5. 作家周某2015年12月从某电视剧制作中心取得剧本使用费80 000元。关于周某该项收入计缴个人所得税的下列表述中,正确的是(　　)。

A. 应按“工资、薪金所得”计缴个人所得税

B. 应按“稿酬所得”计缴个人所得税

C. 应按“劳务报酬所得”计缴个人所得税

D. 应按“特许权使用费所得”计缴个人所得税

6. 根据个人所得税法律制度的规定，下列情形中，以1个月内取得的收入为一次计算缴纳个人所得税的有(　　)。

A. 李某将小说在某报刊上连载6个月，每月取得稿酬收入1 500元

B. 张某在某培训机构连续授课2个月，每月取得课酬收入8 800元

C. 赵某将一项专利转让给甲企业使用1年，专利使用费分3个月收取，每月10 000元

D. 王某出租住房1套，租期1年，每月收取租金3 000元

7. 根据个人所得税法律制度的规定，个人通过境内非营利社会团体进行的下列捐赠中，在计算缴纳个人所得税时，准予税前全额扣除的有(　　)。

A. 向贫困地区的捐赠　　B. 向农村义务教育的捐赠

C. 向红十字事业的捐赠　　D. 向公益性青少年活动场所的捐赠

8. 根据个人所得税法律制度的规定，下列所得中，免予缴纳个人所得税的有(　　)。

A. 保险赔款　　B. 劳动分红　　C. 退休工资　　D. 军人转业费

9. 个人所得税的纳税办法，应当按照规定到主管税务机关办理纳税申报的情形有(　　)。

A. 年所得12万元以上的

B. 从中国境内两处或者两处以上取得劳务报酬所得的

C. 从中国境外取得所得的

D. 取得应税所得、没有扣缴义务人的

10. 下列关于个人所得税征收管理的表述错误的有(　　)。

A. 纳税人取得应纳税所得，应在次月7日内向主管税务机关申报纳税

B. 年所得额在12万元以上的纳税人，在年度终了后15日内到主管税务机关办理纳税申报

C. 纳税人从两处或两处以上取得工资、薪金的，应向其户籍所在地或经常居住地税务机关申报纳税

D. 从境外取得所得的，应向其境内户籍所在地或经常居住地税务机关申报纳税

三、判断题

1. 对个人独资企业投资者取得的生产经营所得应征收企业所得税，不征收个人所得税。(　　)

2. 在中国境内有住所，或者无住所但在境内居住满1年的个人，属于我国个人所得税居民纳税人。(　　)

3. 个人对企事业单位承包、承租经营后，工商登记改变为个体工商户的，取得的承包、承租经营所得，按个体工商户的生产、经营所得项目缴纳个人所得税。(　　)

4. 个人取得的工资所得按月征收个人所得税，个人取得的劳务报酬所得按年征收个人所得税。(　　)

5. 个人所得税税率有比例税率和累进税率两种，根据具体项目不同，适用不同税率。(　　)

[案例分析]

1. 钱某为香港人,2015 年 7 月到北京居住、工作,2015 年 10 月取得如下收入:

(1)出租住房,取得租金收入 3 000 元,发生相关税费 168 元,修缮费 2 000 元。

(2)出版书稿,分 3 次取得收入,每次 3 000 元。

(3)转让境内 A 股股票,取得转让收入 100 000 元;取得 A 股股息收入 1 000 元。

(4)汽车被盗,获得保险赔偿 200 000 元。

(5)取得国家发行金融债券利息收入 1 000 元。

请帮助钱某计算 2015 年应纳个人所得税金额,并说明应纳税额的缴纳方法。

2. 我国公民张某是高校教授,同时又担任 A 公司独立董事,2015 年取得以下收入:

(1)每月从学校领取工资 5 500 元,每月从 A 公司领取 3 000 元。

(2)12 月份取得全年奖金 24 000 元。

(3)按国务院规定发放的政府性特殊津贴 200 元/月。

(4)客串某电视台节目主持人,每月取得劳务收入 4 000 元。

(5)3 月,将自有住房出租 1 年,每月租金收入 2 500 元,3 月份发生房屋维修费 1 000元。

(6)6 月,发表论文 3 篇,每篇稿酬 2 000 元,将其中 2 000 元通过某社会福利机构捐赠给贫困山区某小学。

(7)7 月,出访欧洲举办讲座获得收入 1 000 美元,主办方扣缴个人所得税 50 美元(汇率 1 : 7.1)。

(8)12 月 25 日,取得 2014 年 9 月投资的股息收入,每股 0.2 元,一共持股10 000股。

请帮助张教授计算 2015 年应纳个人所得税金额,并说明应纳税额的缴纳方法。

项目 7
资源税收

学习目标

一、知识目标

1. 了解资源税、土地增值税、土地使用税的概念和特点。
2. 掌握资源税、土地增值税、土地使用税的纳税人、征税范围和税率。
3. 掌握资源税、土地增值税、土地使用税应纳税税额的计算。
4. 熟悉资源税、土地增值税、土地使用税的税收优惠政策。
5. 掌握资源税、土地增值税、土地使用税的征税管理。

二、能力目标

1. 能准确判断资源税、土地增值税、土地使用税的纳税人。
2. 能根据业务资料计算应纳资源税、土地增值税、土地使用税。
3. 能独立办理资源税、土地增值税、土地使用税的纳税申报和税款缴纳。

知识点:资源税　土地增值税　土地使用税　纳税人　应纳税所得额　优惠政策　征收管理

[案例导入]

某市外资房地产开发企业,2015 年有关经营情况如下:

1.2 月有偿受让一块土地使用权,占地面积 30 000 平方米,支付价款 3 000 万元,支付相关费用 100 万元。

2.全部土地的"三通一平"费用 600 万元,开发间接费用 600 万元。

3.第一期工程开发写字楼于 11 月 30 日竣工,写字楼占地面积 10 000 平方米,建筑面积 60 000 平方米,按合同约定支付给建筑承包商的开发成本 7 200 万元。

4.11 月竣工后当年对外销售写字楼 90%,共计收入 16 200 万元(包括代政府收取的费用 200 万元,此费用计入房价向购买方一并收取)。

5.在售房过程中发生销售费用 1 500 万元,发生管理费用 900 万元。

6.企业分项目核算利息支出,第一期工程开发中支付的给某银行的贷款利息为 700 万元,并能提供金融机构证明,该笔利息支出计入开发间接费用的金额有 500 万元,200 万元计入财务费用中核算。说明:计算土地增值税开发费用的扣除比例为 5%。

问:(1)计算征收土地增值税时应扣除的取得土地使用权支付的金额。

(2)计算征收土地增值税时应扣除的开发成本金额。

(3)计算征收土地增值税时应扣除的开发费用和加计扣除项目金额。

(4)计算 2015 年应缴纳的土地增值税。

任务1　资源税

7.1.1　资源税概述

1)资源税的概念

资源税是以各种应税自然资源为课税对象,为了调节资源级差收入并体现国有资源有偿使用而征收的一种流转税。

资源税可分为级差资源税和一般资源税。级差资源税是国家对开发和利用自然资源的单位和个人,由于资源条件的差别所取得的级差收入课征的一种税。一般资源税是国家对使用国有资源,如我国宪法规定的城市土地、矿藏、水流、森林、山岭、草原、荒地、滩涂等的单位和个人,为取得应税资源的使用权而征收的 种税。

2)资源税的特点

我国现行的资源税主要有以下 3 个特点:

(1)对特定资源产品征税

自然资源是生产资料或生活资料的天然来源,它包括的范围很广,如矿产资源、土地资源、水资源、动植物资源等。目前我国的资源税征税范围较窄,仅选择了部分级差收入差异较大,资源较为普遍,易于征收管理的矿产品和盐列为征税范围。随着我国经济的快速发展,对自然资源的合理利用和有效保护将越来越重要,因此,资源税的征税范围应逐步扩大。

(2)实行从价定率和从量定额的征收办法

我国现行资源税实行从价定率和从量定额征收。资源税按照"资源条件好,收入多的多征;资源条件差,收入少的少征"的"级差调节"原则,根据矿产资源等级分别确定不同的税率和税额,以有效地调节资源级差收入。

3)资源税的作用

①调节资源级差收入,有利于企业在同一水平上竞争。

②加强资源管理,有利于促进企业合理开发、利用。

③与其他税种配合,有利于发挥税收杠杆的整体功能。

④开征资源税,旨在使自然资源条件优越的级差收入归国家所有,排除因资源优劣造成企业利润分配上的不合理状况。

7.1.2 资源税的纳税义务人

1)资源税纳税义务人

资源税纳税义务人是在中华人民共和国领域及管辖海域从事应税矿产品开采和生产盐的单位和个人。

单位是指国有企业、集体企业、私营企业、股份制企业、外商投资企业、外国企业和行政事业单位、军事单位、社会团体以及其他单位。

2)资源税扣缴义务人

收购资源税未税矿产品的独立矿山、联合企业以及其他单位为资源税扣缴义务人。

独立矿山是指只有采矿或只有采矿和选矿,独立核算、自负盈亏的单位,其生产的原矿和精矿主要用于对外销售。联合企业是指采矿、选矿、冶炼(或加工)连续生产的企业或采矿、冶炼(或加工)连续生产的企业,其采矿单位,一般是该企业的二级或二级以下核算单位。

7.1.3 资源税税率

表 7.1 资源税税率表

税 目	税 率	计税单位
一、原油	销售额的 6% ~10%	
二、天然气	销售额的 6% ~10%	
三、煤炭	销售额的 2% ~10%	
四、其他非金属矿原矿		

续表

税　目	税　率	计税单位
(一)普通非金属原矿	0.5~20元	吨、立方米
(二)贵重非金属原矿	0.5~20元	千克、克拉
五、黑色金属矿原矿	2~30元	吨
六、有色金属矿原矿		
(一)稀土矿	0.4~60元	吨
(二)其他有色金属矿原矿	0.4~30元	吨
七、盐		吨
(一)固体盐	10~60元	吨
(二)液体盐	2~10元	吨

7.1.4　资源税的计税依据

1)从价定率征收的计税依据

实行从价定率征收的以销售额作为计税依据。销售额是指为纳税人销售应税产品向购买方收取的全部价款和价外费用,但不包括收取的增值税销项税额。

纳税人开采应税产品由其关联单位对外销售的,按其关联单位的销售额征收资源税。纳税人既有对外销售应税产品,又有将应税产品用于除连续生产应税产品以外的其他方面的,则自用的这部分应税产品按纳税人对外销售应税产品的平均价格计算销售额征收资源税。纳税人将其开采的应税产品直接出口的,按其离岸价格计算销售额征收资源税。

2)从量定额征收的计税依据

从量定额征收的计税依据是指纳税人应税产品的销售数量和自用数量。

纳税人开采或者生产应税产品销售的,以销售数量为课税数量。纳税人开采或者生产应税产品自用的(包括用于加工别类产品),以自用数量(或加工时移送使用数量)为课税数量。

另外,对一些情况还作了以下具体规定:

①纳税人不能准确提供应税产品销售数量或移送使用数量的,以应税产品的产量或主管税务机关确定的折算比换算成的数量为课税数量。

②原油中的稠油、高凝油与稀油划分不清或不易划分的,一律按原油的数量课税。

③原煤,对于连续加工前无法正确计算原煤移送使用量的,可按加工产品的综合回收率,将加工产品实行销售量和自用量折算成原煤数量作为课税数量。以原煤入洗为例,洗煤这一加工产品的综合回收率计算的计算公式为:

$$综合回收率=\frac{洗选煤数量}{入洗前原煤数量}\times100\%$$

$$洗煤的课税数量=\frac{洗煤的销售量+自用量}{综合回收率}$$

原煤入洗后的等级品包括洗精煤、洗混煤、中煤、煤泥、洗块煤、洗末煤等。

④金属和非金属矿产品原矿,因无法准确掌握纳税人移送使用原矿数量的,可将其精矿按选矿比折算成原矿数量作为课税数量。

选矿比的计算公式如下:

$$选矿比=\frac{耗用的精矿数量}{耗用的原矿数量}$$

$$精矿课税数量=精矿数量\times选矿比$$

⑤盐,由于对盐征税的品目既有固体盐,又有液体盐,而且液体盐与固体盐之间可以相互转化。为确保对盐征收资源税的不重不漏,根据现行税法有关规定,应按如下不同情况分别确定盐的课税数量:

A. 纳税人以自产自用的液体盐加工固体盐,以加工的固体盐的数量为课税数量。纳税人以外购的液体盐加工固体盐,其加工固体盐所耗用液体盐的已纳税额准予抵扣。

B. 纳税人生产并销售液体盐的,以液体盐的销量为课税数量。

C. 纳税人以其生产的液体盐连续加工碱等产品(固体盐除外)销售或自用的,以液体盐的移送使用数量为课税数量。如果没有液体盐移送使用量记录或记录不清、不准的,应将加工的碱等产品按单位耗盐系数折算为液体盐的数量作为课税数量。单位耗盐系数的计算公式为:

$$耗盐系数=\frac{生产的烧碱数量}{耗用的液体盐数量}$$

D. 纳税人利用盐资源直接生产海盐原盐、湖盐原盐、井矿盐等固体盐销售或自用,以固体盐的销售或自产自用量为课税数量。以上述固体盐连续加工粉洗盐、粉精盐、精制盐等再制盐或者用于连续加工酸碱、制革等产品,应按单位加工产品(再制盐、碱等)耗盐系数折算为固体盐的数量为课税数量。

7.1.5 资源税应纳税额的核算

1)实行从价定率征收

实行从价定率征收的,其计算公式为:

$$应纳税额=销售额\times适用税率$$

【例7.1】 某油田2016年1月销售原油10 000吨,开具增值税专用发票取得销售收入5 000万元,增值税额850万元,其适用的税率为8%,计算该油田1月应缴纳的资源税。

$$应纳税额=5\ 000\times8\%=400(万元)$$

2)实行从量定额征收

实行从量定额征收的,其计算公式为:

应纳税额=课税数量×单位税额

扣缴义务人代扣代缴资源税的计算公式：

代扣代缴资源税税额=收购未税矿产品数量×单位税额(税率)

【例7.2】 某铜矿山2016年5月销售铜矿石原矿10 000吨,移送入选精矿3 000吨,选矿比为20%,该矿山适用单位税额为12元每吨,计算该矿山5月应缴纳的资源税。

(1)销售铜矿原矿的应纳税额=10 000×12=120 000(元)

(2)因无法准确掌握入选精矿的原矿数量,按选矿比计算应纳税额。

$$应纳税额=\frac{3\ 000}{20\%}\times 12=180\ 000(元)$$

(3)该矿山5月应缴纳资源税=120 000+180 000=300 000(元)

7.1.6　资源税税收优惠

1)减免税项目

(1)有下列情形之一的,减征或免征资源税:

①开采原油过程中用于加热、修井的原油,免税。

②纳税人开采或者生产应税产品过程中,因意外事故或者自然灾害等原因遭受重大损失的,由省、自治区、直辖市人民政府酌情决定减税或者免税。

③铁矿石资源税减按80%征税。

④尾矿再利用的不再征收资源税。

⑤从2007年1月1日起,对地面抽采煤层气暂不征收资源税(煤层气也称煤矿瓦斯)。

⑥自2010年6月1日起,纳税人在新疆开采的原油、天然气,自用于连续生产原油、天然气的,不缴纳资源税。自用于其他方面的,视同销售,依照本规定计算缴纳资源税。

(2)有下列情形之一的,免征或者减征资源税:

①油田范围内运输稠油过程中用于加热的原油、天然气,免征资源税。

②稠油、高凝油和高含硫天然气资源税减征40%。

③三次采油资源税减征30%。

④对低丰度油气田资源税暂减征20%。

⑤对深水油气田资源税减征30%。

⑥对衰竭期煤矿开采的煤炭减征30%。

⑦对充填开采置换出来的煤炭减征50%。

7.1.7　资源税的征收管理

1)纳税义务发生时间

根据《中华人民共和国资源税暂行条例》及《实施细则》的规定:

(1)纳税人销售应税产品,其纳税义务发生时间分3种情况

①纳税人采取分期收款结算方式的,其纳税义务发生时间为销售合同规定的收款日期的当天。

②纳税人采取预收货款结算方式的,其纳税义务发生时间为发出应税产品的当天。

③纳税人采取其他结算方式的,其纳税义务发生时间,为收讫销售款或者取得索取销售款凭据的当天。

(2)纳税人自产自用应税产品

纳税人自产自用应税产品视同销售,其纳税义务发生时间,为移送使用应税产品的当天。

(3)人代扣代缴

扣缴义务人代扣代缴税款的纳税义务发生时间,为收购未税矿产品、支付货款的当天。

2)纳税期限

①资源税纳税人的纳税期限为1日、3日、5日、10日、15日或者1个月,由主管税务机关根据实际情况具体核定。不能按固定期限计算纳税的,可以按次计算纳税。

②纳税人以1个月为一期纳税的,自期满之日起10日内申报纳税。以1日、3日、5日、10日或者15日为一期纳税的,自期满之日起5日内预缴税款,于次月1日起10日内申报纳税并结清上月税款。

③扣缴义务人的解缴税款期限,比照前两款的规定执行。

3)纳税地点

①纳税人应纳的资源税,应当向应税产品的开采或者生产所在地的主管税务机关缴纳。

②纳税人在本省、自治区、直辖市范围内开采或者生产应税产品,其纳税地点需要调整的,由省、自治区、直辖市税务机关决定。

③纳税人跨省开采资源税应税产品,其下属生产单位与核算单位不在同一省、自治区、直辖市的,对其开采的矿产品,一律在开采地纳税,其应纳税款由独立核算、自负盈亏的单位,按照开采地的实际销售量(或者自用量)及适用的单位税额计算划拨。

④扣缴义务人代扣代缴的资源税,应当向收购地主管税务机关缴纳。

4)纳税申报

煤炭资源税自2014年12月1日起实行从价计征,并采用了折算率方法来计征洗选煤的应纳资源税额。为适应税制改革,国家税务总局统一修订了《资源税纳税申报表》,形成了《资源税纳税申报表》(一)、(二),现予以发布,自2014年12月1日起施行。

表7.2 资源税纳税申报表(一)

(按从价定率办法计算应纳税额的纳税人适用)

税款所属期限:自 年 月 日至 年 月 日

填表日期: 年 月 日 金额单位:元至角分

纳税人识别号 | | | | | | | | | | | | | | | | | | | | |

栏次	征收品目	征收子目	销售量	销售额	折算率	适用税率或实际征收率	本期应纳税额	减征比例	本期减免税额	减免性质代码	本期已缴税额	本期应补(退)税额
	1	2	3	4	5	6	7	8	9=7×8	10	11	12=7-9-11
合计												

以下由纳税人填写:

纳税人声明	此纳税申报表是根据《中华人民共和国资源税暂行条例》及其《实施细则》的规定填报的,是真实的、可靠的、完整的。				
纳税人签章		代理人签章		代理人身份证号	

以下由税务机关填写:

受理人		受理日期	年 月 日	受理税务机关签章	

本表一式两份,一份纳税人留存,一份税务机关留存。

★知识链接

2016年5月10日,财政部、国家税务总局联合对外发文《关于全面推进资源税改革的通知》(以下简称《通知》),通知宣布,自2016年7月1日起,我国全面推进资源税改革,根据通知要求,我国将开展水资源税改革试点工作,并率先在河北试点,采取水资源费改税方式,将地表水和地下水纳入征税范围,实行从量定额计征,对高耗水行业、超计划用水以及在地下水超采地区取用地下水,适当提高税额标准,正常生产生活用水维持原有负担水平不变。在总结试点经验的基础上,财政部、国家税务总局将选择其他地区逐步扩大试点范围,条件成熟后在全国推开。其他自然资源将逐步纳入征收范围。考虑森林、草场、滩涂等资源在各地区的市场开发利用情况不尽相同,对其全面开征资源税条件尚不成熟,此次改革不在全国范围统一规定对森林、草场、滩涂等资源征税,但对具备征收条件的,授权省级政府可结合本地实际,根据森林、草场、滩涂等资源开发利用情况提出征收资源税具体方案建议,报国务院批准后实施。

任务2 土地增值税

7.2.1 土地增值税的概念及特点

1)土地增值税的概念

土地增值税是指有偿转让国有土地使用权、地上建筑物及其附着物产权(以下简称转让房地产),并取得增值收入的单位和个人征收的一种税。我国把土地、地上建筑物及其附着物产权统称为不动产,所以土地增值税又叫不动产增值税。

★知识链接

单位包括各类企业、国家机关、事业单位、社会团体及其他组织;个人包括个体经营者等。

转让所取得的收入包括货币收入、实物收入和其他收入减除法定扣除项目金额后的增值额为计税依据向国家缴纳的一种税赋,不包括以继承、赠与方式无偿转让房地产的行为。

纳税人为转让国有土地使用权、地上建筑物及其附着物产权,并取得收入的单位和个人。征税对象是指有偿转让国有土地使用权及地上建筑物和其他附着物产权所取得的增值额。土地价格增值额是指转让房地产取得的收入减除规定的房地产开发成本、费用等支出后的余额。土地增值税实行四级超率累进税率,对土地增值率高的多征,增值率低的少征,无增值的不征。土地增值税实际上就是反房地产暴利税,是指房地产经营企业等单位和个人,有偿转让国有土地使用权以及在房屋销售过程中获得的收入,扣除开发成本等支出后的增值部分,要按一定比例向国家缴纳的一种税费。

2)土地增值税的特点

与其他税种相比,土地增值税具有以下4个特点:

(1)以转让房地产的增值额为计税依据

土地增值税的增值额是以征税对象的全部销售收入额扣除与其相关的成本、费用、税金及其他项目金额后的余额,与增值税的增值额有所不同。

(2)征税面比较广

凡在我国境内转让不动产并取得收入的单位和个人,除税法规定免税的以外,均应依照土地增值税条例规定缴纳土地增值税。

(3)实行超率累进税率

土地增值税的税率是以转让房地产增值率的高低为依据来确认,按照累进原则设计,实行分级计税。增值率高的,税率高,多纳税;增值率低的,税率低,少纳税。

(4)实行按次征收

土地增值税在不动产发生转让的环节,实行按次征收,每发生一次转让行为,就应根据每次取得的增值额征一次税。

3)土地增值税的作用

土地增值税的开征,具有极其重要的作用:

①有利于增强国家对房地产开发商和房地产交易市场的调控。

②有利于国家抑制炒买炒卖土地获取暴利的行为。

③有利于增加国家财政收入为经济建设积累资金。

7.2.2　土地增值税的四要素

1)土地增值税的纳税人

土地增值税的纳税义务人,是转让国有土地使用权、地上建筑物及其附着物产权(以下简称转让房地产)并取得收入的单位和个人。

★知识链接

单位和个人,包括各类企业、国家机关、事业单位、社会团体、部队、个体工商户及国内其他单位组织和个人;还包括外商投资企业、外国企业及外国机构、华侨、港澳台同胞及外国公民等。

2)土地增值税的征税范围

土地增值税的征税对象是纳税人转让房地产所取得的增值额。增值额是指纳税人转让房地产取得的收入减除税法规定的扣除项目(开发成本、费用等支出)后的余额。

(1)征税范围的一般规定

①转让国有土地使用权。国有土地是指按国家法律规定属于国家所有的土地。

②转让地上建筑物及其他附着物连同国有土地使用权一并转让。地上建筑物是指建筑于地上的一切建筑物,包括地上和地下的各种附属设施。附着物是指附着于土地上的不能移动或移动即遭损坏的物品,例如花草树木。

③存量房地产的买卖。存量房地产是指已经建成并投入使用的房地产,其房屋所有人将房屋产权和土地使用权一并转让给其他单位和个人。

(2)征税范围的特殊规定

①对"出让"国有土地和转让"非国有土地"使用权的行为不征税。

②对以"继承、赠与"等方式无偿转让的房地产,不予征税。不予征收土地增值税的行为主要包括以下几种:

A.房产所有人、土地使用人将房产、土地使用权赠与"直系亲属或者承担直接赡养义务人"。

B. 房产所有人、土地使用人通过中国境内非营利的社会团体、国家机关将房屋产权、土地使用权赠与教育、民政和其他社会福利、公益事业。

C. 以房地产进行投资联营，以房地产进行投资联营一方以土地作价入股进行投资或者作为联营条件，免征收土地增值税。其中，如果投资联营的企业从事房地产开发，或者房地产开发企业以其建造的商品房进行投资联营的，就不能暂免征税。

D. 房地产开发企业将开发的房产转为自用或者用于出租等商业用途，如果产权没有发生转移，不征收土地增值税。

E. 房地产的互换，由于发生了房产转移，因此属于土地增值税的征税范围。但是对于个人之间互换自有居住用房的行为，经过当地税务机关审核，可以免征土地增值税。

F. 合作建房，对于一方出地，另一方出资金，双方合作建房，建成后按比例分房自用的，暂免征收土地增值税。但建成后转让的，应征收土地增值税。

G. 房地产的出租，是指房产所有者或土地使用者，将房产或土地使用权租赁给承租人使用由承租人向出租人支付租金的行为。房地产企业虽然取得了收入，但没有发生房产产权、土地使用权的转让，因此，不属于土地增值税的征税范围。

H. 房地产的抵押，指房产所有者或土地使用者作为债务人或第三人向债权人提供不动产作为清偿债务的担保而不转移权属的法律行为。这种情况下，房产的产权、土地使用权在抵押期间并没有发生权属的变更，因此对房地产的抵押，在抵押期间不征收土地增值税。抵押期满，不能偿还债务，而以房地产抵债产权转让的，征收土地增值税。

I. 企业兼并转让房地产，在企业兼并中，对被兼并企业将房地产转让到兼并企业中的，免征收土地增值税。

J. 房地产的代建行为，是指房地产开发公司代客户进行房地产的开发，开发完成后向客户收取代建收入的行为。对于房地产开发公司而言，虽然取得了收入，但没有发生房地产权属的转移，其收入属于劳务收费性质，故不在土地增值税征税范围。

K. 房地产的重新评估，按照财政部门的规定，国有企业在清产核资时对房地产进行重新评估而产生的评估增值，因其既没有发生房地产权属的转移，房产产权、土地使用权人也未取得收入，所以不属于土地增值税征税范围。

L. 土地使用者处置土地使用权，土地使用者转让、抵押或置换土地，无论其是否取得了该土地的使用权属证书，无论其在转让、抵押或置换土地过程中是否与对方当事人办理了土地使用权属证书变更登记手续，只要土地使用者享有占用、使用收益或处分该土地的权利，具有合同等证据表明其实质转让、抵押或置换了土地并取得了相应的经济利益，土地使用者及其对方当事人就应当依照税法规定缴纳土地增值税。

M. 国家收回国有土地使用权、征用地上建筑物及其附着物，免征土地增值税。

3）土地增值税税率

土地增值税是以转让房地产取得的收入，减除法定扣除项目金额后的增值额作为计税依据，并按照四级超率累进税率进行征收。

表7.3　土地增值税税率表

档次	级　距	税率	速算扣除系数	说　明
1	增值额未超过扣除项目金额50%的部分	30%	0%	扣除项目指取得土地使用权所支付的金额;开发土地的成本、费用;新建房及配套设施的成本、费用或旧房及建筑物的评估价格;与转让房地产有关的税金;财政部规定的其他扣除项目。
2	增值额超过扣除项目金额50%,未超过100%的部分	40%	5%	
3	增值额超过扣除项目金额100%,未超过200%的部分	50%	15%	
4	增值额超过扣除项目金额200%的部分	60%	35%	

7.2.3　土地增值税计税依据

土地增值税是以转让房地产取得的收入,减除法定扣除项目金额后的增值额作为计税依据。

1)土地增值税的计算公式

(1)基本公式

$$增值额=收入额-准予扣除项目金额$$

$$增值率=\frac{增值额}{扣除项目金额}\times100\%$$

$$应纳税额=增值额\times适用税率-扣除项目金额\times速算扣除系数$$

(2)出售旧房应纳税额的计算方法

$$评估价格=重置成本价\times成新度折扣率$$

2)增值额的确定

(1)收入额的确定

①纳税人转让房地产所取得的收入,包括货币收入、实物收入和其他收入在内的全部价款及有关经济利益。

②对取得的实物收入,要按照取得收入时的市场价格折算成货币收入。

③对取得的无形资产收入,要进行专门的评估,在确定其价值后折算成货币收入。

④取得收入为外国货币的,应当以取得收入的当天或当月1日国家公布的市场汇价折合成人民币,据以计算土地增值税税额。

⑤当月以分期收款方式取得的外币收入,也应按实际收款日或收款当月1日国家公布的市场汇价折合成人民币。

3)土地增值税的扣除项目

(1)取得土地使用权所支付的金额

包括纳税人为取得土地使用权所支付的地价款和按国家统一规定交纳的有关费用。具体为:以出让方式取得土地使用权的,为支付的土地出让金;以行政划拨方式取得土地使用权的,为转让土地使用权时按规定补交的出让金;以转让方式得到土地使用权的,为支付的地价款。

(2)开发土地和新建房及配套设施的成本

包括土地征用及拆迁补偿费、前期工程费、建筑安装工程费、基础设施费、公共设施配套费、开发间接费用。这些成本允许按实际发生额扣除。

(3)开发土地和新建房及配套设施的费用

开发土地和新建房及配套设施的费用是指销售费用、管理费用、财务费用。根据新会计制度规定,与房地产开发有关的费用直接计入当年损益,不按房地产项目进行归集或分摊。为了便于计算操作,《细则》规定,财务费用中的利息支出,凡能够按转让房地产项目计算分摊,并提供金融机构证明的,允许据实扣除,但最高不能超过按商业银行同类同期贷款利率计算的金额,其他房地产开发费用按取得土地使用权所支付的金额及房地产开发成本之和的5%以内予以扣除。凡不能提供金融机构证明的,利息不单独扣除,三项费用的扣除按取得土地使用权所支付的金额及房地产开发成本的10%以内计算扣除。

(4)旧房及建筑物的评估价格

旧房及建筑物的评估价格是指在转让已使用的房屋及建筑物时,由政府批准设立的房地产评估机构评定的重置成本价乘以成新度折扣率后的价值,并由当地税务机关参考评估机构的评估而确认的价格。

(5)与转让房地产有关的税金

与转让房地产有关的税金是指在转让房地产时缴纳的营业税、城市维护建设税、印花税。因转让房地产交纳的教育费附加,也可视同税金予以扣除。

(6)加计扣除

对从事房地产开发的纳税人,可按取得土地使用权所支付的金额与房地产开发成本之和加计20%的扣除。

4)土地增值税的税收优惠

(1)一般免税规定

(2)法定免税

有下列情形之一的,免征土地增值税:

①纳税人建造普通标准住宅出售,增值额未超过扣除项目金额20%。

②因国家建设需要依法征用、收回的房地产。

③转让房地产免税。因城市规划、国家建设的需要而搬迁,由纳税人自行转让原房地产的,经税务机关审核,免征土地增值税。

④转让自用住房免税。个人因工作调动或改善居住条件而转让原自用住房,凡居住满5年及以上的,免征土地增值税;居住满3年未满5年的,减半征收土地增

值税。

⑤房地产入股免税。以房地产作价入股进行投资或联营的，转让到所投资、联营的企业中的房地产，免征土地增值税。

⑥合作建自用房免税。对于一方出地，一方出资金，双方合作建房，建成后按比例分房自用的，暂免征土地增值税。

⑦互换房地产免税。个人之间互换自有居住用房地产的，经当地税务机关核实，免征土地增值税。

⑧个人转让普通住宅免税。

⑨赠与房地产不征税。房产所有人、土地使用权所有人将房屋产权、土地使用权赠与直系亲属或承担直接赡养义务人的，不征收土地增值税。

⑩房产捐赠不征税。房产所有人、土地使用权所有人通过中国境内非营利社会团体、国家机关将房屋产权、土地使用权赠与教育、民政和其他社会福利、公益事业的，不征收土地增值税。

⑪资产管理公司转让房地产免税。对中国信达、华融、长城和东方4家资产管理公司及其分支机构，自成立之日起，公司处置不良资产，转让房地产取得的收入，免征土地增值税。

⑫产权未转移不征收土地增值税。房地产开发企业将开发的部分房地产转为企业自用或用于出租等商业用途时，如果产权未发生转移，不征收土地增值税，在税款清算时不列收入，不扣除相应的成本和费用。

⑬转让旧主房及建筑物扣除项目规定。对单位转让旧主房及建筑物，既没有评估价格，又不能提供购房发票的，按转让收入的80%～95%作为扣除项目金额计征土地增值税，具体比例由各省辖市确定，并报省财政厅、省地税局备案。

⑭个人转让非普通住宅5年以上免征。对个人转让非普通住宅，既没有评估价格，又不能提供购房发票的，按转让收入的1%至1.5%计征土地增值税，具体比例由各省辖市确定，并报省财政厅、省地税局备案。

对个人转让非普通住宅的，经向主管税务机关申报核准，凡居住5年或5年以上，免予征收土地增值税；居住满3年未满5年的，减半征收土地增值税。

7.2.4　土地增值税的征收管理

1)纳税地点

土地增值税由房地产所在地的税务机关负责征收。所谓“房地产所在地”，是指房地产的坐落地。无论纳税人的机构所在地、经营所在地、居住所在地设在何处，均应在房地产的所在地(坐落地)申报纳税。具体有以下两种不同情况：

(1)纳税人是法人的

当纳税人转让的房地产的坐落地与其机构所在地或经营所在地同在一地时，可在办理税务登记的原管辖税务机关申报纳税。如果转让的房地产坐落地与其机构所在地或经营所在地不在一地时，则应在房地产坐落地的主管税务机关申报纳税。纳税人转让的房地产坐落在两个或两个以上地区的，应按房地产所在地(坐落地)分别申报纳税。

(2)纳税人是自然人的

当纳税人转让的房地产坐落地与其居住所在地同在一地时,应在其住所所在地(坐落地)税务机关申报纳税。如果转让的房地产的坐落地与居住所在地不在一地时,则在转让的房地产所在地(坐落地)的税务机关申报纳税。

2)纳税期限及纳税程序

土地增值税的纳税人应按照下列程序办理纳税手续:纳税人应于转让房地产合同签订之日起,7 日内到房地产所在地税务机关办理纳税申报,同时向税务机关提交证件和资料:

①房屋及建筑物产权、土地使用权证书。

②土地转让、房产买卖合同。

③根据税务机关的要求提供房地产评估报告。

④与转让房地产有关的税金的完税凭证。

⑤与转让房地产有关的其他资料。

纳税人应按税务机关核定的税额,在规定的缴纳期限内,到指定银行缴纳土地增值税。纳税人按规定办理纳税手续后,持纳税凭证到房产、土地管理部门办理产权变更手续。纳税人未按照规定缴纳土地增值税的,土地管理部门、房产管理部门不得为其办理有关的权属变更手续。具体纳税申报和纳税期限如下:

①房地产开发企业。房地产开发企业取得房地产开发项目后 30 日内应到主管地方税务机关进行项目登记。房地产开发企业出售其开发的商品房,从项目(指作为基本计税单位的房地产开发项目,下同)竣工结算开始,应于季度后 10 日内,对已出售部分按成本实际发生数计算申报缴纳土地增值税。项目全部出售完毕时,房地产开发企业应于季度后 10 日内作项目纳税申报,进行土地增值税结算。

②非房产开发企业和个人。房产开发企业以外的单位和个人转让房地产,应在转让房地产合同、契约签订后的 7 日内办理纳税申报,在房地产权属转移前缴纳土地增值税。

3)纳税申报

表7.4 土地增值税纳税申报表(一)

(从事房地产开发的纳税人预征适用)

税款所属时间： 年 月 日至 年 月 日 填表日期： 年 月 日

项目名称： 项目编号： 金额单位:元至角分； 面积单位:平方米

纳税人识别号 | | | | | | | | | | | | | | | | | |

房产类型	房产类型子目	收入			预征率/%	应纳税额	税款缴纳	
		应税收入	货币收入	实物收入及其他收入			本期已缴税额	本期应缴税额计算
	1	2=3+4	3	4	5	6=2*5	7	8=6-7
普通住宅								
非普通住宅								
其他类型房地产								
合　计	—				—			

授权代理人	(如果你已委托代理申报人,请填写下列资料) 为代理一切税务事宜,现授权________(地址)________为本纳税人的代理申报人,任何与本报表有关的来往文件都可寄与此人。 授权人签字:__________	纳税人声明	此纳税申报表是根据《中华人民共和国土地增值税暂行条例》和国家有关税收规定填报的,是真实的、可靠的、完整的。 声明人签章:__________

纳税人公章		法人代表签章		经办人员(代理申报人)签字		备注	

（以下部分由主管税务机关负责填写）

主管税务机关收到日期		接收人		审核日期		税务审核人员签章	
审核记录						主管税务机关盖章	

表 7.5　土地增值税纳税申报表(二)

（从事房地产开发的纳税人清算适用）

税款所属时间：　年　月　日至　年　月　日　　填表日期：　年　月　日　　金额单位:元至角分；　面积单位:平方米

纳税人识别号 | | | | | | | | | | | | | | | | | | | |

纳税人名称		项目名称		项目编号		项目地址	
所属行业		登记注册类型		纳税人地址		邮政编码	
开户银行		银行账号		主管部门		电　话	

总可售面积				自用和出租面积			
已售面积		其中:普通住宅已售面积		其中:非普通住宅已售面积		其中:其他类型房地产已售面积	

项　目		行次	金　额			
			普通住宅	非普通住宅	其他类型房地产	合计
一、转让房地产收入总额　1 = 2 + 3 + 4		1				
其中	货币收入	2				
	实物收入	3				
	其他收入	4				

二、扣除项目金额合计　5 =6 +7 +14 +17 +21		5				
1. 取得土地使用权所支付的金额		6				
2. 房地产开发成本　7 =8 +9 +10 +11 +12 +13		7				
其中	土地征用及拆迁补偿费	8				
	前期工程费	9				
	建筑安装工程费	10				
	基础设施费	11				
	公共配套设施费	12				
	开发间接费用	13				
3. 房地产开发费用　14 =15 +16		14				
其中	利息支出	15				
	其他房地产开发费用	16				
4. 与转让房地产有关的税金等　17 =18 +19 +20		17				
其中	营业税	18				
	城市维护建设税	19				
	教育费附加	20				
5. 财政部规定的其他扣除项目		21				
三、增值额　22 =1 -5		22				
四、增值额与扣除项目金额之比(%)23 =22 ÷5		23				
五、适用税率(%)		24				
六、速算扣除系数(%)		25				

续表

<table>
<tr><th colspan="3" rowspan="2">项　目</th><th rowspan="2">行次</th><th colspan="4">金　额</th></tr>
<tr><th>普通住宅</th><th>非普通住宅</th><th>其他类型房地产</th><th>合计</th></tr>
<tr><td colspan="3">七、应缴土地增值税税额　26 = 22 × 24 − 5 × 25</td><td>26</td><td></td><td></td><td></td><td></td></tr>
<tr><td colspan="3">八、减免税额　27 = 29 + 31 + 33</td><td>27</td><td></td><td></td><td></td><td></td></tr>
<tr><td rowspan="6">其中</td><td rowspan="2">减免税(1)</td><td>减免性质代码</td><td>28</td><td></td><td></td><td></td><td></td></tr>
<tr><td>减免税额</td><td>29</td><td></td><td></td><td></td><td></td></tr>
<tr><td rowspan="2">减免税(2)</td><td>减免性质代码</td><td>30</td><td></td><td></td><td></td><td></td></tr>
<tr><td>减免税额</td><td>31</td><td></td><td></td><td></td><td></td></tr>
<tr><td rowspan="2">减免税(3)</td><td>减免性质代码</td><td>32</td><td></td><td></td><td></td><td></td></tr>
<tr><td>减免税额</td><td>33</td><td></td><td></td><td></td><td></td></tr>
<tr><td colspan="3">九、已缴土地增值税税额</td><td>34</td><td></td><td></td><td></td><td></td></tr>
<tr><td colspan="3">十、应补(退)土地增值税税额　35 = 26 − 27 − 34</td><td>35</td><td></td><td></td><td></td><td></td></tr>
</table>

<table>
<tr><td>授权代理人</td><td colspan="3">(如果你已委托代理申报人,请填写下列资料)
为代理一切税务事宜,现授权________(地址)________为本纳税人的代理申报人,任何与本报表有关的来往文件都可寄与此人。
授权人签字:__________</td><td>纳税人声明</td><td colspan="3">此纳税申报表是根据《中华人民共和国土地增值税暂行条例》及其《实施细则》的规定填报的,是真实的、可靠的、完整的。
声明人签字:__________</td></tr>
<tr><td>纳税人公　章</td><td></td><td>法人代表签　章</td><td></td><td>经办人员(代理申报人)签章</td><td></td><td>备注</td><td></td></tr>
</table>

(以下部分由主管税务机关负责填写)

<table>
<tr><td>主管税务机关收到日期</td><td></td><td>接收人</td><td></td><td>审核日期</td><td></td><td>税务审核人员签章</td><td></td></tr>
<tr><td>审核记录</td><td colspan="5"></td><td>主管税务机关盖章</td><td></td></tr>
</table>

任务3　城镇土地使用税

7.3.1　城镇土地使用税的概念及特点

1)城镇土地使用税的概念

城镇土地使用税是以开征范围的土地为征税对象,以实际占用的土地面积为计税依据,按规定税额对拥有土地使用权的单位和个人征收的一种行为税。

2)城镇土地使用税的特点

①对占用土地的行为征税。
②征税对象是土地。
③征税范围有所限定。
④实行差别幅度税额。

7.3.2　城镇土地使用税的三要素

1)城镇土地使用税的纳税义务人

现行《中华人民共和国城镇土地使用税暂行条例》规定:在城市、县城、建制镇、工矿区范围内使用土地的单位和个人,为城镇土地使用税(以下简称土地使用税)的纳税义务人,应当依照本条例的规定缴纳土地使用税。

★知识链接

单位,包括国有企业、集体企业、私营企业、股份制企业、外商投资企业、外国企业以及其他企业和国家机关、事业单位、社会团体、军队以及其他单位组织。个人,包括个体工商户以及其他个人。

纳税义务人包括:
①拥有土地使用权的单位和个人是纳税人。
②拥有土地使用权的单位和个人不在土地所在地的,其土地的实际使用人和代管人为纳税人。
③土地使用权未确定的或权属纠纷未解决的,其实际使用人为纳税人。
④土地使用权共有的,共有各方都是纳税人,由共有各方分别纳税。
⑤外商投资企业和外国企业适用城镇土地使用税。

2)城镇土地使用税的征收范围

城镇土地使用税的征收范围为城市、县城、建制镇和工矿区的国家所有、集体所有的土地,包括农村集体所有的土地。

根据《城镇土地使用税暂行条例》第二条规定:"在城市、县城、建制镇、工矿区范围内使用土地的单位和个人,为城镇土地使用税的纳税义务人,应当依照本条例的规定缴纳土地使用税。"根据上述规定,城镇土地使用税纳税人不包括集体土地的使用者。

从 2007 年 7 月 1 日起,外商投资企业、外国企业和在华机构的用地也要征收城镇土地使用税。

3)城镇土地使用税的适用税额

城镇土地使用税适用地区幅度差别定额税率。按大、中、小城市和县城、建制镇、工矿区分别规定每平方米城镇土地使用税年应纳税额。城镇土地使用税每平方米年税额标准具体规定如下:

①大城市 1.5 至 30 元。

②中等城市 1.2 至 24 元。

③小城市 0.9 至 18 元。

④县城、建制镇、工矿区 0.6 元至 12 元。

对于经济落后地区,城镇土地使用税的适用税额标准可适当降低,但降低额不得超过规定最低税额的 30%。

对于经济发达地区的适用税额标准可以适当提高,但须报经财政部批准。

7.3.3 城镇土地使用税应纳税额计算

1)计税依据

城镇土地使用税以纳税人实际占用的土地面积(平方米)为计税依据。

①凡有由省、自治区、直辖市人民政府确定的单位组织测定土地面积的,以测定的面积为准。

②尚未组织测量,但纳税人持有政府部门核发的土地使用证书的,以证书确认的土地面积为准。

③尚未核发出土地使用证书的,应由纳税人申报土地面积,据以纳税,待核发土地使用证以后再作调整。

④财税[2009]128 号规定,对在城镇土地使用税征税范围内单独建造的地下建筑用地,按规定征收城镇土地使用税。其中,已取得地下土地使用权证的,按土地使用权证确认的土地面积计算应征税款;未取得地下土地使用权证或地下土地使用权证上未标明土地面积的,按地下建筑垂直投影面积计算应征税款。

2)应纳税额的计算

$$全年应纳税额=实际占用的土地面积\times适用税额$$

【例 7.3】 某企业占用土地 8 000 平方米,当地政府规定的城镇土地使用税适用税额标准为每平方米 5 元,该企业全年应纳城镇土地使用税税额的计算方法为:

$$应纳税额=8\ 000\ 平方米\times5\ 元/平方米=40\ 000\ 元$$

7.3.4　城镇土地使用税的税收优惠

1)国家预算收支单位的自用地免税

①国家机关、人民团体、军队自用的土地,但如果是对外出租、经营用则还是要交土地使用税。

②由国家财政部门拨付事业经费的单位自用的土地。

③宗教寺庙、公园、名胜古迹自用的土地,经营用地则不免。

④市政街闭道、广场、绿化地带等公共用地。

⑤直接用于农、林、牧、渔业的生产用地。

⑥经批准开山填海整治的土地和改造的废弃土地,从使用的月份起免缴城镇土地使用税5年至10年。

⑦对非营利性医疗机构、疾病控制机构和妇幼保健机构等卫生机构自用的土地,免征城镇土地使用税。对营利性医疗机构自用的土地自2000年起免征城镇土地使用税3年。

⑧企业办的学校、医院、托儿所、幼儿园,其用地能与企业其他用地明确区分的,免征城镇土地使用税。

⑨免税单位无偿使用纳税单位的土地(如公安、海关等单位使用铁路、民航等单位的土地),免征城镇土地使用税。纳税单位无偿使用免税单位的土地,纳税单位应照章缴纳城镇土地使用税。纳税单位与免税单位共同使用、共有使用权的土地上的多层建筑,对纳税单位可按其占用的建筑面积占建筑总面积的比例计征城镇土地使用税。

⑩对行使国家行政管理职能的中国人民银行总行(含国家外汇管理局)所属分支机构自用的土地,免征城镇土地使用税。

2)扶植项目

①对企业的铁路专用线,公路等用地,在厂区以外,与社会公用地段未加隔离的,暂免征收土地使用税。

②对企业厂区以外的公共绿化用地和向社会开放的公园用地,暂免征收城镇土地使用税。

③对水利设施及其管护用地(如水库库区、大坝、堤防、灌渠、泵站等用地),免征土地使用税;其他用地,如生产、办公、生活用地,应照章征收土地使用税。

④对林区的林地、运材道、防火道、防火设施用地,免征土地使用税。林业系统的森林公园、自然保护区,可比照公园免征土地使用税。

⑤对高校后勤实体免征城镇土地使用税。

3)减免政策

下列土地由省、自治区、直辖市地方税务局确定减免土地使用税:

①个人所有的居住房屋及院落用地。

②免税单位职工家属的宿舍用地。

③民政部门举办的安置残疾人占一定比例的福利工厂用地。

④集体和个人办的各类学校、医院、托儿所、幼儿园用地。

⑤房地产开发公司建造商品房的用地,原则上应按规定计征城镇土地使用税。

7.3.5 城镇土地使用税的征收管理

1)纳税地点

城镇土地使用税的纳税地点为土地所在地,由土地所在的税务机关负责征收。土地管理机关应当向土地所在地的税务机关提供土地使用权属资料。

①纳税人使用的土地不属于同一省(自治区、直辖市)管辖范围的,应由纳税人分别向土地所在地的税务机关缴纳土地使用税。

②纳税人使用的土地在同一省(自治区、直辖市)管辖范围内,纳税人跨地区使用的土地,其纳税地点由省、自治区、直辖市税务机关确定。

2)纳税期限及纳税义务发生时间

城镇土地使用税按年计算,分期缴纳。缴纳期限由各省、自治区、直辖市结合当地情况,分别确定按月、季或半年等不同的期限缴纳。

①纳税人购置新建商品房,自房屋交付使用之次月起,缴纳城镇土地使用税。

②纳税人购置存量房,自办理房屋权属转移、变更登记手续,房地产权属登记机关签发房屋权属证书之次月起,缴纳城镇土地使用税。

③纳税人出租、出借房产,自交付出租、出借房产之次月起,缴纳城镇土地使用税(房产税)。

④以出让或者转让方式有偿取得土地使用权的,应由受让方从合同约定交付土地时间的次月起缴纳城镇土地使用税;合同未约定交付土地时间的,由受让方从合同签订的次月起缴纳城镇土地使用税。

⑤纳税人新征用的耕地,自批准征用之日起满1年时,开始缴纳城镇土地使用税。

⑥纳税人新征用的非耕地,自批准征用次月起,缴纳城镇土地使用税。

城镇土地使用税纳税申报表

（从事房地产开发的纳税人预征适用）

税款所属期：自　　年　月　日至　　年　月　日　　　　填表日期：　年　月　日　　　　金额单位：元至角分；面积单位：平方米

纳税人识别号 | | | | | | | | | | | | | | | | | | | |

纳税人信息	名　称						纳税人分类		单位□　个人□		
	登记注册类型			*			所属行业				
	身份证件类型			身份证□　护照□　其他□			身份证件号码				
	联系人						联系方式				
申报纳税信息	土地编号	宗地的地号	土地等级	税额标准	土地总面积	所属期起	所属期止	本期应纳税额	本期减免税额	本期已缴税额	本期应补（退）税额
	*										
	*										
	*										
	*										
	*										
	*										
	*										
	*										
	*										
	*										
	合　计			*		*	*				
以下由纳税人填写：											
纳税人声明	此纳税申报表是根据《中华人民共和国城镇土地使用税暂行条例》和国家有关税收规定填报的，是真实的、可靠的、完整的。										
纳税人签章				代理人签章				代理人身份证号			
以下由税务机关填写：											
受理人				受理日期		年　月　日		受理税务机关签章			

本表一式两份，一份纳税人留存，一份税务机关留存。

[本章小结]

本章主要介绍我国的资源税收制度的相关政策。首先，介绍资源税收制度的相关政策；其次，介绍土地增值税税收制度的相关政策；第三，介绍城镇土地使用税税收制度的相关政策。

[案例回顾]

1. 征收土地增值税时应扣除的取得土地使用权支付的金额 $=\frac{(3\ 000+100)\times 10\ 000}{30\ 000}\times 90\%=930$（万元）

2. 征收土地增值税时应扣除的开发成本金额 $=7\ 200\times 90\%+\frac{(600+600-500)\times 10\ 000}{30\ 000}\times 90\%=6\ 690$（万元）

3. 征收土地增值税时应扣除的开发费用和加计扣除项目金额 $=700\times 90\%+(930+6\ 690)\times(5\%+20\%)=2\ 535$（万元）

4. 2015 年应缴纳的土地增值税：

增值额 $=16\ 200-[930+6\ 690+2\ 535+16\ 200\times 5\%\times(1+7\%+3\%)]-200=16\ 200-11\ 246=4\ 954$（万元）

增值率 $=\frac{4\ 954}{11\ 246}\times 100\%=44.05\%$

应缴纳的土地增值税 $=4\ 954\times 30\%=1\ 486.2$（万元）

[思考与练习]

一、单项选择

1. 下列各项中，征收资源税的是（　　）。
   A. 人造石油　　B. 洗煤
   C. 与原油同时开采的天然气　　D. 地面抽采煤层气
2. 某矿山 2012 年 9 月开采锰矿石 1 000 吨，销售锰矿石 1 500 吨，又用 300 吨锰矿石换取了生产设备。该矿山当月应缴纳资源税的计税数量为（　　）吨。
   A. 1 300　　B. 1 500　　C. 1 800　　D. 2 800
3. 纳税人以自产的液体盐加工固体盐，则（　　）。
   A. 所耗用液体盐的已纳资源税额准予抵扣
   B. 按照液体盐、固体盐征两道资源税
   C. 按照液体盐的课税数量计算缴纳资源税
   D. 按照固体盐的课税数量计算缴纳资源税
4. 转让旧房的，计征土地增值税时不可以作为扣除项目的是（　　）。
   A. 房屋及建筑物的评估价格　　B. 取得土地使用权所支付的地价款

C. 房屋的重置成本价　　　　　　　　D. 转让环节缴纳的税金

5. 土地增值税的纳税人是法人的，如果转让的房地产坐落地与其机构所在地或经营所在地不一致时，则应在(　　)的税务机关申报纳税。

A. 房地产坐落地所管辖　　　　　　　B. 机构所在地所管辖

C. 经营所在地所管辖　　　　　　　　D. 房地产转让实现地

6. 土地增值税的纳税人应在转让房地产合同签订后的(　　)日内，到房地产所在地主管税务机关办理纳税申报。

A. 5　　　　B. 7　　　　C. 10　　　　D. 15

7. 下列行为中，应当征收土地增值税的有(　　)。

A. 将房屋产权赠与直系亲属的

B. 由双方合作建房后分配自用的

C. 以房地产抵债而发生房地产产权转让的

D. 被兼并企业将房地产转让到兼并企业的

8. 假定城镇土地使用税每平方米税额为5元，下列中处理正确的是(　　)。

A. 村民李某在本村开的旅社占地2 000平方米，应纳税额10 000元

B. 北京市法院占用的土地面积为40 000平方米，应纳税额200 000元

C. 化工厂厂区内绿化用地800平方米，应纳税额4 000元

D. 某非营利性医疗机构占地1 000平方米，应纳税额5 000元

9. 下列各项中，免缴纳城镇土地使用税的是(　　)。

A. 个人所有的居住房屋用地　　　　　B. 用于渔场的办公楼用地

C. 利用林场土地兴建度假村用地　　　D. 纳税单位无偿使用免税单位的土地

10. 2015年某民用机场占地100万平方米，其中飞行区用地90万平方米，场外道路用地7万平方米，场内道路用地0.5万平方米，工作区用地2.5万平方米，城镇土地使用税税率为5元/平方米。2015年该机场应缴纳城镇土地使用税(　　)元。

A. 125 000　　　B. 150 000　　　C. 475 000　　　D. 500 000

二、多项选择

1. 下列有关资源税的表述，正确的有(　　)。

A. 自2011年11月1日起，纳税人开采原油、天然气从价计征资源税

B. 外商投资企业、外国企业及外籍人员不是我国资源税纳税义务人

C. 对于纳税人开采或者生产不同税目应税产品的，一律从高适用税额

D. 除独立矿山、联合企业外的其他收购单位收购的未税矿产品，按税务机关核定的应税产品税额标准，依据收购的数量代扣代缴资源税

2. 下列表述符合资源税纳税义务发生时间规定的有(　　)。

A. 扣缴义务人代扣代缴税款的，其纳税义务发生时间为支付贷款的当天

B. 纳税人自产自用应税产品的，其纳税义务发生时间为移送使用应税产品的当天

C. 纳税人采用预收货款方式销售应税产品的，其纳税义务发生时间为收到预收款当天

D. 纳税人采用分期收款方式销售应税产品的，其纳税义务发生时间为发出应

税产品当天

3. 下列自产应税产品中，应当视同销售征收资源税的有（　　）。

A. 用于非生产项目　　B. 用于生产应税产品

C. 用于生产非应税产品　　D. 用于出口销售

4. 关于房地产开发企业进行土地增值税清算的说法，正确的有（　　）。

A. 房地产开发企业的预提费用，除另有规定外，不得扣除

B. 分期开发的房地产项目，各期清算的方式应保持一致

C. 建成后有偿转让的公共设施，应计算收入，但成本、费用不得扣除

D. 房地产开发企业销售已装修房屋，装修费用可以计入房地产开发成本

5. 根据土地增值税的扣除项目的规定，下列说法正确的有（　　）。

A. 房地产开发企业预期开发缴纳的土地闲置费可以作为扣除项目扣除

B. 房地产开发企业销售已装修的房屋，其装修费用可以计入房地产开发成本

C. 房地产企业用开发房产安置回迁户的，安置房要做视同销售处理，同时确认房地产开发项目的拆迁补偿费

D. 房地产开发企业的预提费用，除另有规定外，一般是不得扣除的

6. 房地产开发公司支付的下列相关税费，可列入加计20%扣除范围的有（　　）。

A. 取得土地使用权支付的土地征用费　　B. 占用耕地缴纳的耕地占用税

C. 销售过程中发生的销售费用　　D. 开发小区内的道路建设费用

7. 房地产开发企业销售开发产品在确定土地增值税的扣除项目时，不允许单独扣除的税金有（　　）。

A. 印花税　　B. 房产税

C. 营业税　　D. 城市维护建设税

8. 下列各项中，可以免征城镇土地使用税的有（　　）。

A. 财政拨付事业经费单位的食堂用地　　B. 名胜古迹场所设立的照相馆用地

C. 中国银行的营业用地　　D. 宗教寺庙人员在寺庙内的生活用地

9. 下列各项中，符合城镇土地使用税有关规定的有（　　）。

A. 拥有土地使用权的单位和个人是纳税人，但不包括外商投资企业、外国企业

B. 在农村经营用的土地应缴纳土地使用税

C. 土地使用权未确定的或权属纠纷未解决的，其实际使用人为土地使用税的纳税人

D. 对企业厂区外的公共绿化用地暂免征收城镇土地使用税

10. 下列土地应征收城镇土地使用税的有（　　）。

A. 校办企业的经营用地　　B. 企业创办幼儿园的用地

C. 基建项目在建期间的用地　　D. 企业范围内尚未利用的荒山

[案例分析]

1. 某井矿盐场2015年5月外购液体盐2 000吨用于固体盐的加工，支付含税款项105.3万元，取得增值税专用发票，当期自行开采液体盐5 000吨，上述外购和自产的液体盐全部投入固体盐生产，当月该盐场销售固体盐3 000吨，取得不含税销售额

200 万元，则当月应纳的资源税和增值税的合计数多少万元。

2. 某房地产开发企业 2015 年 1 月将其开发的写字楼一幢出售，共取得收入 3 800 万元。企业为开发该项目支付土地出让金 600 万元，房地产开发本为 1 400 万元，专门为开发该项目支付的贷款利息 120 万元。为转让该项目应当缴纳营业税、城市维护建设税及教育费附加共计 210.9 万元。当地政府规定，企业可以按土地使用权出让费、房地产开发成本之和的 5% 计算扣除其他房地产开发费用。另外，税法规定，从事房地产开发的企业可以按土地出让费和房地产开发成本之和的 20% 加计扣除。则其应纳土地增值税税额为多少？

3. 武泰钢材进出口公司拥有自用房产原值 600 000 元，允许减除 20% 计税，房产税年税率为 1.2%；小汽车 2 辆，每年每辆税额 300 元；载重汽车 3 辆，计净吨位 15 吨，每吨年税额 60 元；占用土地面积为 1 500 平方米，每平方米年税额为 6 元；税务部门规定对房产税、车船使用税和城镇土地使用税在季末后 10 日内交纳，1 月 31 日计算本月份应交纳各项税金。

项目 8
财产税

学习目标

一、知识目标

1. 了解财产税的特点。
2. 熟悉相关的税收优惠政策。
3. 掌握房产税的计算和申报。
4. 掌握契税的计算和申报。
5. 掌握车船税的计算和申报。

二、能力目标

1. 能辨别房产税、契税、车船税的征税范围并准确计算应纳税额。
2. 能办理相关纳税申报和税款缴纳。

知识点:房产税　契税　车船税

任务1 房产税

[案例导入]

甲企业一办公楼的房屋原值为500万元,建筑面积为3 000平方米。2015年1月1日,甲企业将办公楼的一部分出租给乙企业,出租面积为600平方米,租金为20万元,租赁期限为1年,该企业于6月1日一次性取得全部租金,则甲企业2015年全年应纳的房产税为多少万元?

8.1.1 房产税概述

房产税法是指国家制定的调整房产税征收与缴纳之间权利及义务关系的法律规范。现行房产税的基本规范,是1986年9月15日国务院颁布的《中华人民共和国房产税暂行条例》(以下简称《房产税暂行条例》)。

房产税是以房产为征税对象,依据房产价格或房产租金收入向房产所有人或经营人征收的一种税。

对房产征税的目的是运用税收杠杆,加强对房产的管理,提高房产使用效率,控制固定资产投资规模和配合国家房产政策的调整,合理调节房产所有人和经营人的收入。此外,房产税税源稳定,易于控制管理,是地方财政收入的重要来源之一。

8.1.2 纳税义务人与征税对象

1)纳税义务人

房产税以在征税范围内的房屋产权所有人为纳税人。其中:

①产权属国家所有的、由经营管理单位纳税;产权属集体和个人所有的,由集体单位和个人纳税。

②产权出典的,由承典人纳税。所谓产权出典,是指产权所有人将房屋、生产资料等的产权,在一定期限内典当给他人使用,而取得资金的一种融资业务。

③产权所有人、承典人不在房屋所在地的,由房产代管人或者使用人纳税。

④产权未确定及租典纠纷未解决的,也由房产代管人或者使用人纳税。所谓租典纠纷,是指产权所有人在房产出典和租赁关系上与承典人、租赁人发生各种争议,特别是权利和义务的争议悬而未决的。

⑤无租使用其他房产的问题。纳税单位和个人无租使用房产管理部门、免税单位及纳税单位的房产,应由使用人代为缴纳房产税。

⑥自2009年1月1日起,外商投资企业和外国企业和组织以及外籍个人,依照《中华人民共和国房产税暂行条例》缴纳房产税。

2)征税对象

房产税的征税对象是房产。所谓房产,是指有屋面和围护结构(有墙或两边有柱),能够遮风避雨,可供人们在其中生产、学习、工作、娱乐、居住或贮藏物资的场所。房地产开发企业建造的商品房,在出售前,不征收房产税。但对出售前房地产开发企业已使用或出租、出借的商品房应按规定征收房产税。

8.1.3 征税范围

房产税的征税范围为:城市、县城、建制镇和工矿区。

①城市是指国务院批准设立的市。

②县城是指县人民政府所在地的地区。

③建制镇是指经省、自治区、直辖市人民政府批准设立的建制镇。

④工矿区是指工商业比较发达、人口比较集中、符合国务院规定的建制镇标准,但尚未设立建制镇的大中型工矿企业所在地。

★知识链接

房产税的征税范围不包括农村,这主要是为了减轻农民的负担。

8.1.4 计税依据与税率

1)税率

我国现行房产税采用的是比例税率。由于房产税的计税依据分为从价计征和从租计征两种形式。因此,房产税的税率也有两种:一种是按房产原值一次减除10%~30%后的余值计征的,税率为1.2%。另一种是按房产出租的租金收入计征的,税率为12%。从2008年3月1日起,对个人出租住房,不区分用途,按4%的税率征收房产税。

2)计税依据

房产税的计税依据是房产的计税价值或房产的租金收入。按照房产计税价值征税的,称为从价计征;按照房产租金收入计征的,称为从租计征。

(1)从价计征

《房产税暂行条例》规定,房产税依照房产原值一次减除10%~30%后的余值计算缴纳。各地扣除比例由当地省、自治区、直辖市人民政府确定。

①房产原值是指纳税人按照会计制度规定,在账簿"固定资产"科目中记载的房屋原价。

②房产原值应包括与房屋不可分割的各种附属设备或一般不单独计算价值的配套设施。

③纳税人对原有房屋进行改建、扩建的，要相应增加房屋的原值。

★知识链接

房产余值是房产的原值减除规定比例后的剩余价值。

(2)从租计征

《房产税暂行条例》规定，房产出租的，以房产租金收入为房产税的计税依据。所谓房产的租金收入，是房屋产权所有人出租房产使用权所得的报酬，包括货币收入和实物收入。

8.1.5　应纳税额的计算

房产税的计税依据有两种，与之相适应的应纳税额计算也分为两种：一是从价计征的计算；二是从租计征的计算。

1)从价计征的计算

从价计征是按房产的原值减除一定的比例后的余值计征，其计算公式为：

应纳税额=应税房产原值×(1-扣除比例)×1.2%

【例8.1】　某企业的经营用房原值为5 000万元，按照当地规定允许减除30%后余值计税，适用税率为1.2%。请计算其应纳房产税税额。

应纳税额=5 000×(1-30%)×1.2%=42(万元)

2)从租计征的计算

从租计征是按房产的租金收入计征，其计算公式为：

应纳税额=租金收入×12%(或4%)

【例8.2】　某公司出租房屋3间，年租金收入为30 000元，适用税率为12%。请计算其应纳房产税税额。

应纳税额=30 000×12%=3 600(元)

8.1.6　税收优惠

目前，房产税的税收优惠政策主要有：

①国家机关、人民团体、军队自用的房产免征房产税。但上述免税单位的出租房产以及非自身业务使用的生产、营业用房，不属于免税范围。

②由国家财政部门拨付事业经费的单位，如学校、医疗卫生单位、托儿所、幼儿园、敬老院、文化、体育、艺术这些实行全额或差额预算管理的事业单位所有的，本身业务范围内使用的房产免征房产税。

③宗教寺庙、公园、名胜古迹自用的房产免征房产税。

④个人所有非营业用的房产免征房产税。

⑤对行使国家行政管理职能的中国人民银行总行(含国家外汇管理局)所属分支

机构自用的房产,免征房产税。

⑥经财政部批准免税的其他房产。

这类免税房产,情况特殊,范围较小,是根据实际情况确定的。主要有:

A. 损坏不堪使用的房屋和危险房屋,经有关部门鉴定,在停止使用后,可免征房产税。

B. 纳税人因房屋大修导致连续停用半年以上的,在房屋大修期间免征房产税,免征税额由纳税人在申报缴纳房产税时自行计算扣除,并在申报表附表或备注栏中作相应说明。

纳税人房屋大修停用半年以上需要免征房产税的,应在房屋大修前向主管税务机关报送相关的证明材料,包括大修房屋的名称、坐落地点、产权证编号、房产原值、用途、房屋大修的原因、大修合同及大修的起止时间等信息和资料,以备税务机关查验。具体报送材料由各省、自治区、直辖市和计划单列市地方税务局确定。

C. 在基建工地为基建工地服务的各种工棚、材料棚、休息棚和办公室、食堂、茶炉房、汽车房等临时性房屋,在施工期间,一律免征房产税,但工程结束后,施工企业将这种临时性房屋交还或估价转让给基建单位的,应从基建单位接收的次月起,照章纳税。

D. 为鼓励利用地下人防设施,暂不征收房产税。

E. 从 1988 年 1 月 1 日起,对房管部门经租的居民住房,在房租调整改革之前收取租金偏低的,可暂缓征收房产税。对房管部门经租的其他非营业用房,是否给予照顾,由各省、自治区、直辖市根据当地具体情况按税收管理体制的规定办理。

F. 对高校后勤实体免征房产税。

G. 对非营利性医疗机构、疾病控制机构和妇幼保健机构等卫生机构自用的房产,免征房产税。

H. 老年服务机构自用的房产。老年服务机构是指专门为老年人提供生活照料、文化、护理、健身等多方面服务的福利性、非营利性的机构,主要包括:老年社会福利院、敬老院(养老院)、老年服务中心、老年公寓(含老年护理院、康复中心、托老所)等。

I. 从 2001 年 1 月 1 日起,对按政府规定价格出租的公有住房和廉租住房,包括企业和自收自支事业单位向职工出租的单位自有住房,房管部门向居民出租的公有住房,落实私房政策中带户发还产权并以政府规定租金标准向居民出租的私有住房等,暂免征收房产税。

J. 对邮政部门坐落在城市、县城、建制镇、工矿区范围内的房产,应当依法征收房产税。对坐落在城市、县城、建制镇、工矿区范围以外的尚在县邮政局内核算的房产,在单位财务账中划分清楚的,从 2001 年 1 月 1 日起不再征收房产税。

除上面提到的可以免征房产税的情况以外,如纳税人确有困难的,可由省、自治区、直辖市人民政府确定,定期减征或者免征房产税。

K. 向居民供热并向居民收取采暖费的供热企业暂免征收房产税。“供热企业”包括专业供热企业、兼营供热企业、单位自供热及为小区居民供热的物业公司等,不包括从事热力生产但不直接向居民供热的企业。

对于免征房产税的“生产用房”,是指上述企业为居民供热所使用的厂房。对既向居民供热,又向非居民供热的企业,可按向居民供热收取的收入占其总供热收入的比例划分征免税界限。对于兼营供热的企业,可按向居民供热收取的收入占其生产经营总收入的比例划分征免税界限。

L. 自2006年1月1日起至2008年12月31日,对为高校学生提供住宿服务并按高校系统收费标准收取租金的学生公寓,免征房产税。

对从原高校后勤管理部门剥离出来而成立的进行独立核算并有法人资格的高校后勤经济实体自用的房产,免征房产税。

8.1.7 征收管理

1)纳税义务发生时间

①纳税人将原有房产用于生产经营,从生产经营之月起缴纳房产税。

②纳税人自行新建房屋用于生产经营,从建成之次月起缴纳房产税。

③纳税人委托施工企业建设的房屋,从办理验收手续之次月起缴纳房产税。

④纳税人购置新建商品房,自房屋交付使用之次月起缴纳房产税。

⑤纳税人购置存量房,自办理房屋权属转移、变更登记手续,房地产权属登记机关签发房屋权属证书之次月起,缴纳房产税。

⑥纳税人出租、出借房产,自交付出租、出借房产之次月起,缴纳房产税。

⑦房地产开发企业自用、出租、出借本企业建造的商品房,自房屋使用或交付之次月起,缴纳房产税。

2)纳税期限

房产税实行按年计算、分期缴纳的征收方法,具体纳税期限由省、自治区、直辖市人民政府确定。

3)纳税地点

房产税在房产所在地缴纳。房产不在同一地方的纳税人,应按房产的坐落地点分别向房产所在地的税务机关纳税。

[案例回顾]

出租部分房产税 $=20$ 万元 $\times 12\% = 2.4$ 万元

自用部分房产税 $=500$ 万元 $\times(1-30\%)\times 1.2\% \times \frac{3\,000-600}{3\,000} = 3.36$ 万元

任务2 契 税

[案例导入]

某国有企业A将名下一划拨用地经补缴土地出让金和其他出让费用后转为出让

用地，补缴的土地出让金和其他出让费用共500万元。之后A又将此出让用地以1 000万元的价格转让给某公司B。请问如何缴纳契税？

8.2.1 契税概述

契税法是指国家制定的用以调整契税征收与缴纳之间权利及义务关系的法律规范。现行契税的基本规范，是1997年7月7日国务院发布并于同年10月1日开始施行的《中华人民共和国契税暂行条例》(以下简称《契税暂行条例》)。

契税是以所有权发生转移变动的不动产为征税对象，向产权承受人征收的一种财产税。1997年7月7日，国务院重新颁布了《中华人民共和国契税暂行条例》，并于1997年10月1日起施行。

8.2.2 征税对象

契税的征税对象是境内转移的土地、房屋权属。具体包括以下5项内容：

1)国有土地使用权出让

国有土地使用权出让是指土地使用者向国家交付土地使用权出让费用，国家将国有土地使用权在一定年限内让与土地使用者的行为。

2)土地使用权的转让

土地使用权的转让是指土地使用者以出售、赠与、交换或者其他方式将土地使用权转移给其他单位和个人的行为。土地使用权的转让不包括农村集体土地承包经营权的转移。

3)房屋买卖

房屋买卖，以货币为媒介，出卖者向购买者让渡房产所有权的交易行为。以下几种特殊情况，视同买卖房屋：

①以房产抵债或实物交换房屋。经当地政府和有关部门批准，以房抵债和实物交换房屋，均视同房屋买卖，应由产权承受人，按房屋现值缴纳契税。

②以房产作投资或作股权转让。这种交易业务属房屋产权转移，应根据国家房地产管理的有关规定，办理房屋产权交易和产权变更登记手续，视同房屋买卖，由产权承受方按契税税率计算缴纳契税。

③买房拆料或翻建新房，应照章征收契税。

④房屋赠与：房屋的赠与是指房屋产权所有人将房屋无偿转让给他人所有。

⑤房屋交换：房屋交换是指房屋所有者之间互相交换房屋的行为。

⑥承受国有土地使用权支付的土地出让金。

8.2.3　纳税义务人与税率

1)纳税义务人

契税的纳税义务人是境内转移土地、房屋权属,承受的单位和个人。境内是指中华人民共和国实际税收行政管辖范围内。土地、房屋权属是指土地使用权和房屋所有权。单位是指企业单位、事业单位、国家机关、军事单位和社会团体以及其他组织。个人是指个体经营者及其他个人,包括中国公民和外籍人员。

2)税率

契税实行3% ~5%的幅度税率。实行幅度税率是考虑到我国经济发展的不平衡,各地经济差别较大的实际情况。因此,各省、自治区、直辖市人民政府可以在3% ~5%的幅度税率规定范围内,按照本地区的实际情况决定。

8.2.4　应纳税额的计算

1)计税依据

契税的计税依据为不动产的价格。由于土地、房屋权属转移方式不同,定价方法不同,因此具体计税依据视不同情况而决定。

①国有土地使用权出让、土地使用权出售、房屋买卖,以成交价格为计税依据。成交价格是指土地、房屋权属转移合同确定的价格,包括承受者应交付的货币、实物、无形资产或者其他经济利益。

②土地使用权赠与、房屋赠与,由征收机关参照土地使用权出售、房屋买卖的市场价格核定。

③土地使用权交换、房屋交换,为所交换的土地使用权、房屋的价格差额。也就是说,交换价格相等时,免征契税。交换价格不等时,由多交付的货币、实物、无形资产或者其他经济利益的一方缴纳契税。

④以划拨方式取得土地使用权,经批准转让房地产时,由房地产转让者补交契税。计税依据为补交的土地使用权出让费用或者土地收益。

⑤房屋附属设施征收契税的依据。

A.采取分期付款方式购买房屋附属设施土地使用权、房屋所有权的,应按合同规定的总价款计征契税。

B.承受的房屋附属设施权属如为单独计价的,按照当地确定的适用税率征收契税。如与房屋统一计价的,适用与房屋相同的契税税率。

⑥个人无偿赠与不动产行为(法定继承人除外),应对受赠人全额征收契税。

2)应纳税额的计算方法

契税采用比例税率。当计税依据确定以后,应纳税额的计算比较简单。应纳税额的计算公式为:应纳税额=计税依据×税率。

【例8.3】 居民甲有两套住房,将一套出售给居民乙,成交价格为200 000元。将另一套两室住房与居民丙交换成两处一室住房,并支付给丙换房差价款60 000元。试计算甲、乙、丙相关行为应缴纳的契税(假定税率为4%)。

(1)甲应缴纳契税=60 000×4%=2 400(元)

(2)乙应缴纳契税=200 000×4%=8 000(元)

(3)丙不缴纳契税。

8.2.5 税收优惠

契税优惠的一般规定:

①国家机关、事业单位、社会团体、军事单位承受土地、房屋用于办公、教学、医疗、科研和军事设施的,免征契税。

②城镇职工按规定第一次购买公有住房,免征契税。

③因不可抗力灭失住房而重新购买住房的,酌情减免。不可抗力是指自然灾害、战争等不能预见、不可避免,并不能克服的客观情况。

④土地、房屋被县级以上人民政府征用、占用后,重新承受土地、房屋权属的,由省级人民政府确定是否减免。

⑤承受荒山、荒沟、荒丘、荒滩土地使用权,并用于农、林、牧、渔业生产的,免征契税。

⑥经外交部确认,依照我国有关法律规定以及我国缔结或参加的双边和多边条约或协定,应当予以免税的外国驻华使馆、领事馆、联合国驻华机构及其外交代表、领事官员和其他外交人员承受土地、房屋权属。

8.2.6 征收管理

1)纳税义务发生时间

契税的纳税义务发生时间是纳税人签订土地、房屋权属转移合同的当天,或者纳税人取得其他具有土地、房屋权属转移合同性质凭证的当天。

2)纳税期限

纳税人应当自纳税义务发生之日起10日内,向土地、房屋所在地的契税征收机关办理纳税申报,并在契税征收机关核定的期限内缴纳税款。

3)纳税地点

契税在土地、房屋所在地的征收机关缴纳。

4)征收管理

纳税人办理纳税事宜后,征收机关应向纳税人开具契税完税凭证。纳税人持契税完税凭证和其他规定的文件材料，依法向土地管理部门、房产管理部门办理有关土地、房屋的权属变更登记手续。土地管理部门和房产管理部门应向契税征收机关提供有关资料，并协助契税征收机关依法征收契税。

[案例回顾]

契税一般由受让方缴纳。上述案例比较特殊，转让方和受让方均须缴纳契税。因此涉及两个环节的契税。

①B缴纳的契税：1 000×3%＝30（万元）

②A缴纳的契税：500×3%＝15（万元）

先以划拨方式取得土地使用权，后经批准改为出让方式取得该土地使用权的，应依法缴纳契税，其计税依据为应补缴的土地出让金和其他出让费用。

任务3　车船税

[案例导入]

某船运公司2015年初登记注册的船舶如下：(1)净吨位为400吨的机动船15艘；(2)净吨位为28.5吨的小型机动船15艘；(3)净吨位为10吨的非机动驳船10艘；(4)100马力的拖船10艘。当地省政府规定，船舶的单位税额为净吨位每吨4元，则2015年该船运公司应纳的车船税为多少？

8.3.1　车船税概述

车船税法是指国家制定的用以调整车船税征收与缴纳之间权利及义务关系的法律规范。现行车船税的基本规范，是2006年12月29日国务院颁布并于2007年1月1日实施的《中华人民共和国车船税暂行条例》（以下简称《车船税暂行条例》）。

8.3.2　纳税义务人

所谓车船税，是指在中华人民共和国境内的车辆、船舶的所有人或者管理人按照中华人民共和国车船税暂行条例应缴纳的一种税。

车船税的纳税义务人，是指在中华人民共和国境内，车辆、船舶（以下简称车船）的所有人或者管理人，应当依照《中华人民共和国车船税暂行条例》的规定缴纳车船税。

8.3.3　征税范围

车船税的征收范围，是指依法应当在我国车船管理部门登记的车船（除规定减免的车船外)。

1)**车辆**

车辆,包括机动车辆和非机动车辆。机动车辆,是指依靠燃油、电力等能源作为动力运行的车辆,如汽车、拖拉机、无轨电车等。非机动车辆,是指依靠人力、畜力运行的车辆,如三轮车、自行车、畜力驾驶车等。

2)**船舶**

船舶,包括机动船舶和非机动船舶。机动船舶,是指依靠燃料等能源作为动力运行的船舶,如客轮、货船、气垫船等。非机动船舶,是指依靠人力或者其他力量运行的船舶,如木船、帆船、舢板等。

8.3.4 税目与税率

车船税实行定额税率。定额税率,也称固定税额,是税率的一种特殊形式。定额税率计算简便,适宜于从量计征的税种。车船税的适用税额,依照条例所附的《车船税税目税额表》执行。

★知识链接

国务院财政部门、税务主管部门可以根据实际情况,在《车船税税目税额表》规定的税目范围和税额幅度内,划分子税目,并明确车辆的子税目税额幅度和船舶的具体适用税额。车辆的具体适用税额由省、自治区、直辖市人民政府在规定的子税目税额幅度内确定。

车船税采用定额税率,即对征税的车船规定单位固定税额。车船税确定税额总的原则是:非机动车船的税负轻于机动车船;人力车的税负轻于畜力车;小吨位船舶的税负轻于大船舶。由于车辆与船舶的行使情况不同,车船税的税额也有所不同。

车船税税目税额表

税 目	计税单位	每年税额/元	备 注
载客汽车	每辆	60 ~ 660	包括电车
载货汽车专项作业车	按自重每吨	16 ~ 120	包括半挂牵引车、挂车
三轮汽车低速货车	按自重每吨	24 ~ 120	
摩托车	每辆	36 ~ 180	
船舶	按净吨位每吨	3 ~ 6	拖船和非机动驳船分别按船舶税额的50%计算

1)**载客汽车**

《车船税税目税额表》中的载额汽车,分为大型客车、中型客车、小型客车和微型客车 4 个子税目。其中,大型客车是指核定载客人数大于或者等于 20 人的载客汽车;中型客车是指核定载客人数大于 9 人且小于 20 人的载客汽车;小型客车是指核定载客人数小于或者等于 9 人的载客汽车;微型客车是指发动机汽缸总排气量小于或者等于 1 升的载客汽车。载客汽车各子税目的每年税额幅度为:

①大型客车,480 ~ 660 元。

②中型客车,420 ~ 660 元。

③小型客车,360 ~ 660 元。

④微型客车,60 ~ 480 元。

客货两用汽车按照载货汽车的计税单位和税额标准计征车船税。

2)三轮汽车

《车船税税目税额表》中的三轮汽车,是指在车辆管理部门登记为三轮汽车或者三轮农用运输车的机动车。

3)低速货车

《车船税税目税额表》中的低速货车,是指在车辆管理部门登记为低速货车或者四轮农用运输车的机动车。

4)专项作业车

《车船税税目税额表》中的专项作业车,是指装置有专用设备或者器具,用于专项作业的机动车;轮式专用机械车是指具有装卸、挖掘、平整等设备的轮式自行机械。

专项作业车和轮式专用机械车计税单位为自重每吨,每年税额为 16 ~ 120 元。具体适用税额由省、自治区、直辖市人民政府参照载货汽车的税额标准在规定的幅度内确定。

5)船舶

《车船税税目税额表》中的船舶,具体适用税额为:

①净吨位小于或者等于 200 吨的,每吨 3 元。

②净吨位 201 ~ 2 000 吨的,每吨 4 元。

③净吨位 2 001 ~ 10 000 吨的,每吨 5 元。

④净吨位 10 001 吨及其以上的,每吨 6 元。

8.3.5　应纳税额的计算

1)计税依据

①拖船按照发动机功率每 2 马力折合净吨位 1 吨计算征收车船税。

②车辆自重尾数在 0.5 吨以下(含 0.5 吨)的,按照 0.5 吨计算;超过 0.5 吨的,按照 1 吨计算。船舶净吨位尾数在 0.5 吨以下(含 0.5 吨)的不予计算;超过 0.5 吨的,按照 1 吨计算。1 吨以下的小型车船,一律按照 1 吨计算。

③条例和本细则所称的自重,是指机动车的整备质量。

★知识链接

条例及本细则所涉及的核定载客人数、自重、净吨位、马力等计税标准,以车船管理部门核发的车船登记证书或者行驶证书相应项目所载数额为准。纳税人未按照规定到车船管理部门办理登记手续的,上述计税标准以车船出厂合格证明或者进口凭证相应项目所载数额为准。不能提供车船出厂合格证明或者进口凭证的,由主管地方税务机关根据车船自身状况并参照同类车船核定。

2)应纳税额的计算方法

购置的新车船,购置当年的应纳税额自纳税义务发生的当月起按月计算。计算公式为:

$$应纳税额=\frac{年应纳税额}{2}\times应纳税月份数$$

【例8.4】 某运输公司拥有载货汽车15辆(货车载重净吨位全部为10吨),乘人大客车20辆,小客车10辆。计算该公司应纳车船税。

(注:载货汽车每吨年税额80元,乘人大客车每辆年税额500元,小客车每辆年税额400元。)

(1)载货汽车应纳税额=15×10×80=12 000(元)

(2)乘人汽车应纳税额=20×500+10×400=14 000(元)

(3)全年应纳车船税额=12 000+14 000=16 000(元)

【例8.5】 某航运公司拥有机动船30艘(其中净吨位为600吨的12艘,2 000吨的8艘,5 000吨的10艘),600吨的单位税额3元,2 000吨的单位税额4元,5 000吨的单位税额5元。请计算该航运公司年应纳车船税税额。

该公司年应纳车船税税额为:

$$\begin{aligned}&12\times600\times3+8\times2\,000\times4+10\times5\,000\times5\\&=21\,600+64\,000+250\,000\\&=335\,600(元)\end{aligned}$$

8.3.6 税收优惠

法定减免:

①非机动车船(不包括非机动驳船)。非机动车是指以人力或者畜力驱动的车辆,以及符合国家有关标准的残疾人机动轮椅车、电动自行车等车辆。非机动船是指自身没有动力装置,依靠外力驱动的船舶。非机动驳船是指在船舶管理部门登记为驳船的非机动船。

②拖拉机。拖拉机是指在农业(农业机械)部门登记为拖拉机的车辆。

③捕捞、养殖渔船。捕捞、养殖渔船是指在渔业船舶管理部门登记为捕捞船或者养殖船的渔业船舶,不包括在渔业船舶管理部门登记为捕捞船或者养殖船以外类型的渔业船舶。

④军队、武警专用的车船。军队、武警专用的车船是指按照规定在军队、武警车船管理部门登记,并领取军用牌照、武警牌照的车船。

⑤按照有关规定已经缴纳船舶吨税的船舶。

⑥依照我国有关法律和我国缔结或者参加的国际条约的规定应当予以免税的外国驻华使馆、领事馆和国际组织驻华机构及其有关人员的车船。我国有关法律是指《中华人民共和国外交特权与豁免条例》《中华人民共和国领事特权与豁免条例》。

★知识链接

1. 外国驻华使馆、领事馆和国际组织驻华机构及其有关人员在办理免税事项时,应当向主管地方税务机关出具本机构或个人身份的证明文件和车船所有权证明文件,并申明免税的依据和理由。

2. 省、自治区、直辖市人民政府可以根据当地实际情况,对城市、农村公共交通车船给予定期减税、免税。

8.3.7　征收管理

1)纳税期限

车船税的纳税义务发生时间,为车船管理部门核发的车船登记证书或者行驶证书所记载日期的当月。纳税人未按照规定到车船管理部门办理应税车船登记手续的,以车船购置发票所载开具时间的当月作为车船税的纳税义务发生时间。对未办理车船登记手续且无法提供车船购置发票的,由主管地方税务机关核定纳税义务发生时间。

★知识链接

车船税按年申报缴纳。纳税年度,自公历1月1日起至12月31日止。具体申报纳税期限由省、自治区、直辖市人民政府确定。

2)纳税地点

车船税由地方税务机关负责征收。纳税地点,由省、自治区、直辖市人民政府根据当地实际情况确定。跨省、自治区、直辖市使用的车船,纳税地点为车船的登记地。

3)纳税申报

①车船的所有人或者管理人未缴纳车船税的,使用人应当代为缴纳车船税。

②从事机动车交通事故责任强制保险业务的保险机构为机动车车船税的扣缴义务人,应当依法代收代缴车船税。

③机动车车船税的扣缴义务人依法代收代缴车船税时,纳税人不得拒绝。由扣缴义务人代收代缴机动车车船税的,纳税人应当在购买机动车交通事故责任强制保

险的同时缴纳车船税。

④纳税人对扣缴义务人代收代缴税款有异议的,可以向纳税所在地的主管地方税务机关提出。

⑤纳税人在购买机动车交通事故责任强制保险时缴纳车船税的,不再向地方税务机关申报纳税。

⑥扣缴义务人在代收车船税时,应当在机动车交通事故责任强制保险的保险单上注明已收税款的信息,作为纳税人完税的证明。除另有规定外,扣缴义务人不再给纳税人开具代扣代收税款凭证。纳税人如有需要,可以持注明已收税款信息的保险单,到主管地方税务机关开具完税凭证。

⑦扣缴义务人应当及时解缴代收代缴的税款,并向地方税务机关申报。扣缴义务人解缴税款的具体期限,由各省、自治区、直辖市地方税务机关依照法律、行政法规的规定确定。

⑧地方税务机关应当按照规定支付扣缴义务人代收代缴车船税的手续费。税务机关付给扣缴义务人代收代缴手续费的标准由国务院财政部门、税务主管部门制定。

[案例回顾]

(1)净吨位为400吨的机动船应纳车船税$=400\times15\times4=24\ 000$(元)

(2)净吨位为28.5吨的小型机动船应纳车船税$=28\times15\times4=1\ 680$(元)

(3)净吨位为10吨的非机动驳船应纳车船税$=10\times10\times4\times50\%=200$(元)

(4)100马力的拖船应纳车船税$=\frac{100}{2}\times10\times4\times50\%=1\ 000$(元)

(5)应纳车船税$=24\ 000+1\ 680+200+1\ 000=26\ 880$(元)

[本章小结]

本章主要介绍了我国的财产税的相关政策。财产税类是指以各种财产为征税对象的税收体系。财产税类税种的课税对象是财产的收益或财产所有人的收入,主要包括房产税、财产税、遗产和赠与税等税种。对财产课税,对于促进纳税人加强财产管理、提高财产使用效果具有特殊的作用。目前中国财产课税有房产税、契税、车船税等。

[思考与练习]

一、单项选择

1. 下列各项中,符合房产税纳税人规定的是(　　)。

A. 房屋出典的由出典人纳税

B. 房屋出租的由承租人纳税

C. 房屋产权未确定的由代管人或使用人纳税

D. 个人无租使用纳税单位的房产,由纳税单位缴纳房产税

2. 以下属于房产税征税范围,应纳房产税的是(　　)。

A. 某市的露天游泳池

B. 工矿区内的砖瓦石灰窑

C. 建制镇内的房屋

D. 房地产开发企业开发的待售商品房

3. 下列关于房产税纳税人的说法中,错误的是(　　)。

A. 产权属于国家所有的,由经营管理单位纳税

B. 产权所有人不在房屋所在地的,由房产代管人或者使用人纳税

C. 外商投资企业是房产税的纳税人

D. 纳税单位无租使用免税单位房产,不需要缴纳房产税

4. 纳税人出租的房屋,如承租人以劳务或者其他形式为报酬抵付房租收入的,应(　　)计征房产税。

A. 根据出租房屋的原值减去10% ~30%后的余值,实行从价计征

B. 根据当地同类房产的租金水平确定一个租金标准,实行从租计征

C. 根据税务机关的审核,实行从租计征

D. 根据纳税人的申报,实行从租计征

5. 以下应该缴纳契税的有(　　)。

A. 甲用房产抵偿债务

B. 乙买四合院,拆料,用于在他处建房

C. 甲用房产作为投资

D. 乙继承父亲的房产

6. 以下不属于契税征税范围的有(　　)。

A. 接受房屋赠予　　B. 获奖方式取得房屋

C. 房屋交换补交差价　　D. 政府出让土地使用权

7. 某公司取得国家划拨的土地一块,在此地开发办公楼一栋用于出售,售价1 000万元,补交土地出让金300万元,以上项目共应缴纳契税(　　)元(契税税率3%)。

A. 30万　　B. 40.5万　　C. 10.5万　　D. 39万

8. 跨省市使用的车船,纳税地点为(　　)。

A. 车船的登记地　　B. 车船的购买地

C. 车船的使用地　　D. 车船的生产地

9. 根据车船税的相关规定,挂车的计税单位是(　　)。

A. 每辆　　B. 净吨位每吨　　C. 整备质量每吨　　D. 载货重量每吨

10. 车辆适用的车船税税率形式是(　　)。

A. 比例税率　　B. 超额累进税率　　C. 超率累进税率　　D. 定额税率

二、多项选择

1. 以下属于房产税税率的有(　　)。

A. 1.2%　　B. 3%　　C. 4%　　D. 12%

2. 下列项目中,属于应征收房产税的有(　　)。

A. 个人自住的别墅　　B. 注册税务师协会的办公大楼

C. 个人出租的营业用房　　　　　　　D. 军队空余房产出租

3. 根据房产税纳税义务发生时间的规定，下列说法正确的有(　　)。

A. 购置新建商品房，自房屋交付使用之次月起计征房产税

B. 纳税人自行新建房屋用于生产经营，从建成之当月起，缴纳房产税

C. 纳税人将原有房产用于生产经营，从生产经营之次月起，缴纳房产税

D. 房地产开发企业自用、出租、出借本企业建造的商品房，自房屋使用或交付之次月起计征房产税

4. 以下说法不正确的是(　　)。

A. 契税纳税义务发生的时间是纳税人签订土地、房屋权属转移合同的当天

B. 纳税人必须持契税完税凭证和其他规定材料向相关部门办理权属变更手续

C. 纳税人的纳税期限是纳税义务发生之日起的 15 日内

D. 纳税义务发生的时间是纳税人实际收到土地、房屋的当天

5. 下列情况不需要征收契税的有(　　)。

A. 农民承包土地进行耕种

B. 个人互换等价住房

C. 与我国缔结双边协定，应当予以免税的外国驻华使领馆承受的房屋权属

D. 军烈属获赠的住房

6. 下列各项中可以享受契税优惠的有(　　)。

A. 城镇职工第一次购买公有住房

B. 汶川地震后灾民重新购买住房

C. 减免土地出让金获得的土地使用权

D. 承受荒山发展经济林业

7. 按照《黑龙江省车船税实施办法》规定，下列车船可以免征车船税的有(　　)。

A. 公安机关、国家安全机关、监狱、劳动教养管理机关和人民法院、人民检察院领取警用牌照的车辆和执行警务的专用船舶

B. 按照规定在军队、武装警察部队车船登记管理部门登记，并领取军队、武警牌照的车船

C. 在农业部门登记为拖拉机的车船

D. 在渔业船舶管理部门登记为捕捞船或养殖船渔业船舶

8. 下列符合车船税有关规定的有(　　)。

A. 拖船按船舶税额的 50% 计算车船税

B. 机动船以“艘”为计税依据

C. 载货汽车以“整备质量”为计税依据

D. 游艇以“艇身长度每米”为计税依据

三、判断题

1. 对个人按市场价格出租的居民住房，可暂按其租金收入的 4% 征收房产税。(　　)

2. 张某将个人拥有产权的房屋出典给李某，则李某为该房屋房产税的纳税人。(　　)

3. 从事机动车交通事故责任强制保险业务的保险机构，在向纳税人依法代收代缴车船税时，纳税人可以选择向保险机构缴纳，也可以选择向当地地方税务局缴纳。 ( )

4. 车船税按年申报缴纳，纳税义务时间为车船管理部门核发的车船登记证书或行驶证书所记载日期的当月。 ( )

5. 对专用作业车在计算征收车船税时，一律按自重每吨作为计税依据。 ( )

6. 车辆自重尾数在半吨以下的，按半吨计算；超过半吨的，按1吨计算。 ( )

7. 车船税中应税船舶采用的是全国统一的分类级的固定税额。 ( )

[案例分析]

1. 2015年某企业拥有房产原值共计8 000万元，其中生产经营用房原值6 500万元，内部职工医院用房原值500万元，托儿所用房原值300万元，超市用房原值700万元。当地政府规定计算房产余值的扣除比例为20%。2015年该企业应缴纳多少房产税？

2. 某企业2015年自建两栋完全一样的办公楼，6月30日建成投入生产经营，入账金额共为800万元。7月31日将一栋办公楼用于出租，从8月1日起收取租金，根据合同，收取3年租金7.2万元。已知当地政府规定的计算房产余值的扣除比例为30%。计算该企业2015年度应纳房产税多少元。

3. 甲某是一家个人独资企业的业主，2015年3月以300万元的价格购入A公司一处房产作为办公场所，并将其价值60万元的自有房屋投入企业作为经营场所。为节省运输费用，甲某将自有价值200万元的仓库与另一企业价值160万元的仓库互换，由甲某向该企业收取差价。计算甲某上述经济事项应缴纳的契税（适用税率为4%）。

4. 某企业2015年拥有排量1.0升的乘用车3辆，货车4辆，每辆整备质量4.3吨。当地乘用车车船税年税额100元/辆，货车车船税年税额20元/吨。计算该企业当年应缴纳的车船税。

5. 某船舶公司2015年拥有非机动驳船4艘，每艘净吨位3 000吨。拖船2艘，每艘净吨位2 100吨。当地机动船舶的车船税计税标准为：净吨位2 001~10 000吨的，每吨5元。计算该船舶公司2015年应缴纳的车船税。

项目 9
行为税

学习目标

一、知识目标

1. 了解行为税的特点。
2. 熟悉相关的税收优惠政策。
3. 掌握印花税的计算和申报。
4. 掌握车辆购置税的计算和申报。
5. 掌握城镇维护建设税的计算和申报。

二、能力目标

1. 能辨别印花税、车辆购置税、城镇维护建设税的征税范围,并准确计算应纳税额。
2. 能办理相关纳税申报和税款缴纳。

知识点:印花税　车辆购置税　城镇维护建设税

任务1　印花税

[案例导入]

某企业2015年3月开业,领受房产证、工商营业执照、土地使用证各一件,企业的营业账簿中,开业初,“实收资本”账户载有资金500万元,其他营业账簿10本。2015年12月该企业“资本公积”账户载有资金80万元。2015年还发生与账簿凭证有关的其他业务:3月签订产品购销合同3份,所载金额200万元,其中,一份为以货易货合同,所载金额70万元。3月与市工商银行签订借款合同一份,所载金额100万元,分两次填开借据每次资金额50万元。12月与某科研单位签订技术开发合同一份,合同总金额50万元。其中,研究开发费用40万元,报酬10万元。该企业3月、12月分别应纳多少印花税?

9.1.1　印花税概述

印花税法是指国家制定的用以调整印花税征收与缴纳之间权利及义务关系的法律规范。现行印花税的基本规范,是1988年8月6日国务院发布并于同年10月1日实施的《中华人民共和国印花税暂行条例》(以下简称《印花税暂行条例》)。

印花税,是对经济活动和经济交往中书立、使用、领受具有法律效力凭证的单位和个人征收的一种税。印花税是一种具有行为税性质的凭证税。凡发生书立、使用、领受应税凭证的行为,就必须依照印花税法的有关规定履行纳税义务。

9.1.2　印花税的特点

1)覆盖面广

印花税规定的征税范围广泛,凡税法列举的合同或具有合同性质的凭证、产权转移书据、营业账簿及权利、许可证照等,都必须依法纳税。印花税的应税凭证共有5大类13个税目,涉及经济活动的各个方面。

2)税率低,税负轻

印花税最高税率为1‰,最低税率为0.5‱。按定额税率征税的,每件5元。

3)纳税人自行完税

★知识链接

印花税与其他税种不同,实行"三自"的纳税办法,即纳税人在书立、使用、领受应税凭证、发生纳税义务的同时,先根据凭证所载计税金额和应适用的税目税率,自行计算其应纳税额;再由纳税人自行购买印花税票,并一次足额粘贴在凭证上;最后由纳税人按《印花税暂行条例》的规定对已粘贴的印花税票自行注销或者划销。至此,纳税人的纳税义务才算履行完毕。对于其他税种,则一般先由纳税人申报纳税,再由税务机关审核确定其应纳税额,然后由纳税人办理缴纳税款手续。

9.1.3 纳税义务人

印花税的纳税义务人,是在中国境内书立、使用、领受印花税法所列举的凭证并应依法履行纳税义务的单位和个人。所称单位和个人,是指国内各类企业、事业、机关、团体、部队以及中外合资企业、合作企业、外资企业、外国公司和其他经济组织及其在华机构等单位和个人。

上述单位和个人,按照书立、使用、领受应税凭证的不同,可以分别确定为立合同人、立据人、立账簿人、领受人和使用人5种。

1)立合同人

立合同人,是指合同的当事人。所谓当事人,是指对凭证有直接权利义务关系的单位和个人,但不包括合同的担保人、证人、鉴定人。各类合同的纳税人是立合同人。各类合同,包括购销、加工承揽、建设工程承包、财产租赁、货物运输、仓储保管、借款、财产保险、技术合同或者具有合同性质的凭证。

2)立据人

产权转移书据的纳税人是立据人。

3)立账簿人

营业账簿的纳税人是立账簿人。所谓立账簿人,是指设立并使用营业账簿的单位和个人。例如,企业单位因生产、经营需要,设立了营业账簿,该企业即为纳税人。

4)领受人

权利、许可证照的纳税人是领受人。领受人,是指领取或接受并持有该项凭证的单位和个人。例如,某人因其发明创造,经申请依法取得国家专利机关颁发的专利证书,该人即为纳税人。

5)使用人

在国外书立、领受,但在国内使用的应税凭证,其纳税人是使用人。

6)各类电子应税凭证的签订人

各类电子应税凭证的签订人,即以电子形式签订的各类应税凭证的当事人。

★知识链接

值得注意的是,对应税凭证,凡由两方或两方以上当事人共同书立的,其当事人各方都是印花税的纳税人,应各就其所持凭证的计税金额履行纳税义务。

9.1.4　税目与税率

1)税目

印花税的税目,是指印花税法明确规定的应当纳税的项目,它具体划定了印花税的征税范围。一般地说,列入税目的就要征税,未列入税目的就不征税。印花税共有13个税目,即:

(1)购销合同

包括供应、预购、采购、购销结合及协作、调剂、补偿、贸易等合同。此外,还包括出版单位与发行单位之间订立的图书、报纸、期刊和音像制品的应税凭证,如订购单、订数单等。也包括发电厂与电网之间、电网与电网之间(国家电网公司系统、南方电网公司系统内部各级电网互供电量除外)签订的购售电合同。但是,电网与用户之间签订的供用电合同不属于印花税列举征税的凭证,不征收印花税。

(2)加工承揽合同

包括加工、定做、修缮、修理、印刷、广告、测绘、测试等合同。

(3)建设工程勘察设计合同

包括勘察、设计合同。

(4)建筑安装工程承包合同

包括建筑、安装工程承包合同。承包合同,包括总承包合同、分包合同和转包合同。

(5)财产租赁合同

包括租赁房屋、船舶、飞机、机动车辆、机械、器具、设备等合同,还包括企业、个人出租门店、柜台等签订的合同。

(6)货物运输合同

包括民用航空、铁路运输、海上运输、公路运输和联运合同,以及作为合同使用的单据。

(7)仓储保管合同

包括仓储、保管合同,以及作为合同使用的仓单、栈单等。

(8)借款合同

银行及其他金融组织与借款人(不包括银行同业拆借)签订的合同,以及只填开借据并作为合同使用、取得银行借款的借据。银行及其他金融机构经营的融资租赁业务,是一种以融物方式达到融资目的的业务,实际上是分期偿还的固定资金借款。因此,融资租赁合同也属于借款合同。

(9)财产保险合同

包括财产、责任、保证、信用保险合同,以及作为合同使用的单据。财产保险合同,分为企业财产保险、机动车辆保险、货物运输保险、家庭财产保险和农牧业保险5大类。"家庭财产两全保险"属于家庭财产保险性质,其合同在财产保险合同之列,应照章纳税。

(10)技术合同

包括技术开发、转让、咨询、服务等合同,以及作为合同使用的单据。

(11)产权转移书据

包括财产所有权和版权、商标专用权、专利权、专有技术使用权等转移书据和土地使用权出让合同、土地使用权转让合同、商品房销售合同等权力转移合同。

(12)营业账簿

营业账簿,是指单位或者个人记载生产经营活动的财务会计核算账簿。营业账簿按其反映内容的不同,可分为记载资金的账簿和其他账簿。

(13)权利、许可证照

包括政府部门发给的房屋产权证、工商营业执照、商标注册证、专利证、土地使用证。

★知识链接

记载资金的账簿,是指反映生产经营单位资本金数额增减变化的账簿。其他账簿,是指除上述账簿以外的有关其他生产经营活动内容的账簿,包括日记账簿和各明细分类账簿。

2)税率

印花税的税率设计,遵循税负从轻、共同负担的原则,所以,税率比较低。凭证的当事人,即对凭证有直接权利与义务关系的单位和个人均应就其所持凭证依法纳税。

(1)比例税率

在印花税的13个税目中,各类合同以及具有合同性质的凭证(含以电子形式签订的各类应税凭证)、产权转移书据、营业账簿中记载资金的账簿,适用比例税率。印花税的比例税率分为4个档次,分别是0.5‰,3‰,5‰,1‰。

(2)定额税率

在印花税的13个税目中,"权利、许可证照"和"营业账簿"税目中的其他账簿,适用定额税率,均为按件贴花,税额为5元。

表9.1 印花税税目税率表

税 目	范 围	税 率	纳税人	说 明
1. 购销合同	包括供应、预购、采购、购销结合及协作、调剂、补偿、易货等合同	按购销金额3‰贴花	立合同人	
2. 加工承揽合同	包括加工、订做、修缮、修理、印刷、广告、测绘、测试等合同	按加工或承揽收入5‰贴花	立合同人	
3. 建设工程勘察设计合同	包括勘察、设计合同	按收取费用5‰贴花	立合同人	
4. 建筑安装工程承包合同	包括建筑、安装工程承包合同	按承包金额3‰贴花	立合同人	
5. 财产租赁合同	包括租赁房屋、船舶、飞机、机动车辆、机械、器具、设备等合同	按租赁金额1‰贴花,税额不足1元按1元贴花	立合同人	
6. 货物运输合同	包括民用航空运输、铁路运输、海上运输、内河运输、公路运输和联运合同	按运输收取的费用5‰贴花	立合同人	单据作为合同使用的,按合同贴花
7. 仓储保管合同	包括仓储、保管合同	按仓储收取的保管费用1‰贴花	立合同人	仓单或栈单作为合同使用的按合同贴花
8. 借款合同	银行及其他金融组织和借款人(不包括银行同业拆借)所签订的借款合同	按借款金额0.5‰贴花	立合同人	单据作为合同使用的按合同贴花
9. 财产保险合同	包括财产、责任、保证、信用等保险合同	按收取的保险费收入1‰贴花	立合同人	单据作为合同使用的,按合同贴花
10. 技术合同	包括技术开发、转让、咨询、服务等合同	按所记载金额3‰贴花	立合同人	
11. 产权转移书据	包括财产所有权和版权、商标专用权、专利权、专有技术使用权等转移书据、土地使用权出让合同、土地使用权转让合同、商品房销售合同	按所记载金额5‰贴花	立据人	

续表

税 目	范 围	税 率	纳税人	说 明
12. 营业账簿	生产、经营用账册	记载资金的账簿,按实收资本和资本公积的合计金额5‰贴花,其他账簿按件贴花5元	立账簿人	
13. 权利、许可证照	包括政府部门发给的房屋产权证、工商营业执照、商标注册证、专利证、土地使用证	按件贴花5元	领受人	

9.1.5 应纳税额的计算

1)计税依据的一般规定

印花税的计税依据为各种应税凭证上所记载的计税金额,具体规定为:

①购销合同的计税依据为合同记载的购销金额。

②加工承揽合同的计税依据是加工或承揽收入的金额。

③建设工程勘察设计合同的计税依据为收取的费用。

④建筑安装工程承包合同的计税依据为承包金额。

⑤财产租赁合同的计税依据为租赁金额。经计算,税额不足1元的,按1元贴花。

⑥货物运输合同的计税依据为取得的运输费金额(即运费收入),不包括所运货物的金额、装卸费和保险费等。

⑦仓储保管合同的计税依据为收取的仓储保管费用。

⑧借款合同的计税依据为借款金额。

★知识链接

必须明确的是,印花税票为有价证券,其票面金额以人民币为单位,分为1角、2角、5角、1元、2元、5元、10元、50元、100元9种。

2)应纳税额的计算方法

纳税人的应纳税额,根据应纳税凭证的性质,分别按比例税率或者定额税率计算,其计算公式为:

应纳税额=应税凭证计税金额(或应税凭证件数)×适用税率

【例9.1】 某企业某年2月开业,当年发生以下有关业务事项:领受房屋产权证、工商营业执照、土地使用证各1件;与其他企业订立转移专用技术使用权书据1份,所载金额100万元;订立产品购销合同1份,所载金额为200万元;订立借款合同1份,所载金额为400万元;企业记载资金的账簿,“实收资本”“资本公积”为800万元;其他营业账簿10本。试计算该企业当年应缴纳的印花税税额。

①企业领受权利、许可证照应纳税额:应纳税额=3×5=15(元)

②企业订立产权转移书据应纳税额:应纳税额=1 000 000×5‱=500(元)

③企业订立网合同应纳税额:应纳税额=2 000 000×3‱=600(元)

④企业订立借款合同应纳税额:应纳税额=4 000 000×0.5‱=200(元)

⑤企业记载资金的账簿:应纳税额=8 000 000×5‱=4 000(元)

⑥企业其他营业账簿应纳税额:应纳税额=10×5=50(元)

⑦当年企业应纳印花税税额:15+500+600+200+4 000+50=5 365(元)

9.1.6 税收优惠

①对已缴纳印花税凭证的副本或者抄本免税。凭证的正式签署本已按规定缴纳了印花税,其副本或者抄本对外不发生权利义务关系,只是留存备查。但以副本或者抄本视同正本使用的,则应另贴印花。

②对财产所有人将财产赠给政府、社会福利单位、学校所立的书据免税。所谓社会福利单位,是指扶养孤老伤残的社会福利单位。

③对国家指定的收购部门与村民委员会、农民个人书立的农副产品收购合同免税。

④对无息、贴息贷款合同免税。

⑤对外国政府或者国际金融组织向我国政府及国家金融机构提供优惠贷款所书立的合同免税。

⑥对房地产管理部门与个人签订的用于生活居住的租赁合同免税。

⑦对农牧业保险合同免税。对该类合同免税,是为了支持农村保险事业的发展,减轻农牧业生产的负担。

⑧对特殊货运凭证免税:

A.军事物资运输凭证,即附有军事运输命令或使用专用的军事物资运费结算凭证。

B.抢险救灾物资运输凭证,即附有县级以上(含县级)人民政府抢险救灾物资运输证明文件的运费结算凭证。

C.新建铁路的工程临管线运输凭证,即为新建铁路运输施工所需物料,使用工程临管线专用的运费结算凭证。

9.1.7 征收管理

1)纳税方法

印花税的纳税办法,根据税额大小、贴花次数以及税收征收管理的需要,分别采用以下3种纳税办法:

(1)自行贴花办法

这种办法,一般适用于应税凭证较少或者贴花次数较少的纳税人。纳税人书立、领受或者使用印花税法列举的应税凭证的同时,纳税义务即已产生,应当根据应纳税凭证的性质和适用的税目税率,自行计算应纳税额,自行购买印花税票,自行一次贴足印花税票并加以注销或划销,纳税义务才算全部履行完毕。

(2)汇贴或汇缴办法

这种办法一般适用于应纳税额较大或者贴花次数频繁的纳税人。一份凭证应纳税额超过500元的,应向当地税务机关申请填写缴款书或者完税证。将其中一联粘贴在凭证上或者由税务机关在凭证上加注完税标记代替贴花。这就是通常所说的"汇贴"办法。

(3)委托代征办法

这一办法主要是通过税务机关的委托,经由发放或者办理应纳税凭证的单位代为征收印花税税款。税务机关应与代征单位签订代征委托书。

2)纳税环节

印花税应当在书立或领受时贴花。具体是指在合同签订时、账簿启用时和证照领受时贴花。如果合同是在国外签订,并且不便在国外贴花的,应在将合同带入境时办理贴花纳税手续。

3)纳税地点

印花税一般实行就地纳税。对于全国性商品物资订货会(包括展销会、交易会等)上所签订合同应纳的印花税,由纳税人回其所在地后及时办理贴花完税手续。对地方主办、不涉及省际关系的订货会、展销会上所签合同的印花税,其纳税地点由各省、自治区、直辖市人民政府自行确定。

4)纳税申报

印花税的纳税人应按照条例的有关规定及时办理纳税申报,并如实填写《印花税纳税申报表》。

5)管理与处罚

(1)对印花税应税凭证的管理

印花税应税凭证应按照《税收征收管理法实施细则》的规定保存10年。

(2)核定征收印花税

根据《税收征收管理法》第三十五条规定和印花税的税源特征。为加强印花税征收管理,纳税人有下列情形的,地方税务机关可以核定纳税人印花税计税依据:

①未按规定建立印花税应税凭证登记簿,或未如实登记和完整保存应税凭证的。

②拒不提供应税凭证,或不如实提供应税凭证致使计税依据明显偏低的。

③采用按期汇总缴纳办法的,未按地方税务机关规定的期限报送汇总缴纳印花税情况报告,经地方税务机关责令限期报告,逾期仍不报告的或者地方税务机关在检查中发现纳税人有未按规定汇总缴纳印花税情况的。

(3)违章处罚

印花税纳税人有下列行为之一的,由税务机关根据情节轻重予以处罚:

①在应纳税凭证上未贴或者少贴印花税票的或者已粘贴在应税凭证上的印花税票未注销或者未划销的,由税务机关追缴其不缴或者少缴的税款、滞纳金,并处不缴或者少缴的税款50%以上5倍以下的罚款。

②已贴用的印花税票揭下重用造成未缴或少缴印花税的,由税务机关追缴其不缴或者少缴的税款、滞纳金,并处不缴或者少缴的税款50%以上5倍以下的罚款。构成犯罪的,依法追究刑事责任。

③伪造印花税票的,由税务机关责令改正,处2 000元以上1万元以下的罚款。情节严重的,处1万元以上5万元以下的罚款。构成犯罪的,依法追究刑事责任。

④按期汇总缴纳印花税的纳税人,超过税务机关核定的纳税期限,未缴或少缴印花税款的,由税务机关追缴其不缴或者少缴的税款、滞纳金,并处不缴或者少缴的税款50%以上5倍以下的罚款。情节严重的,同时撤销其汇缴许可证。构成犯罪的,依法追究刑事责任。

⑤纳税人违反以下规定的,由税务机关责令限期改正,可处2 000元以下的罚款。情节严重的,处2 000元以上1万元以下的罚款。

A. 凡汇总缴纳印花税的凭证,应加注税务机关指定的汇缴戳记,编号并装订成册后,将已贴印花或者缴款书的一联黏附册后,盖章注销,保存备查。

B. 纳税人对纳税凭证应妥善保存。凭证的保存期限,凡国家已有明确规定的,按规定办。没有明确规定的其余凭证均应在履行完毕后保存1年。

⑥代售户对取得的税款逾期不缴或者挪作他用,或者违反合同将所领印花税票转托他人代售或者转至其他地区销售,或者未按规定详细提供领、售印花税票情况的,税务机关可视其情节轻重,给予警告或者取消其代售资格的处罚。

[案例回顾]

3月份印花税计算如下:500万元×0.05%=2 500元,13本×5元/本=65元,3月合计应纳2 565元。

12月印花税计算如下:80万元×0.05%=400元,70万元×0.03%=210元,100万元×0.005%=50元,50万元×0.03%=150元,10万元×0.03%=3元,合计813元。

任务2　车辆购置税

[案例导入]

某环保局从汽车贸易中心(增值税一般纳税人)购买一辆排量为2 451毫升的小汽车自用。该环保局按江南汽车贸易中心开具的“机动车销售统一发票”金额支付价款371 000元,支付控购部门控购费44 520元,并取得收款收据。江南汽车贸易中心开展"一条龙"销售服务,代环保局办理车辆上牌等事宜,并向环保局开票收取新车登记费、上牌办证费、代办手续费、仓储保管费、送车费等共计 36 000 元。计算应纳车辆购置税税额。

9.2.1 车辆购置税概述

车辆购置税,是对在我国境内购置规定车辆的单位和个人征收的一种税,它由车辆购置附加费演变而来。现行车辆购置税法的基本规范,是从 2001 年 1 月 1 日起实施的《中华人民共和国车辆购置税暂行条例》,而后总局在 2005 年发布了《车辆购置税征收管理办法》(国家税务总局令第 15 号),自 2006 年 1 月 1 日起实施,对车购税的日常管理进行了明确规定。

9.2.2 车辆购置税的特点

①兼有财产税和行为税的性质。
②车辆购置税是价外税。
③车辆购置税是属于费改税。

9.2.3 车辆购置税的纳税人

在我国境内购买、进口、自产、受赠、获奖或者以其他方式取得并自用应税车辆的单位和个人,为车辆购置税的纳税人。

"单位"是指国有企业、集体企业、私营企业、股份制企业、外商投资企业、外国企业以及其他企业,事业单位、社会团体、国家机关、部队以及其他单位。"个人"是指个体工商业户及其他个人,泛指具有民事权利能力,依法享有民事权利,承担民事义务的自然人,包括中华人民共和国公民和外国公民。

9.2.4 车辆购置税的征收范围

车辆购置税的征税范围是:汽车、摩托车、电车、挂车、农用运输车。

①汽车:包括各种汽车。

②摩托车:包括轻便摩托车、二轮摩托车、三轮摩托车。

③电车包括无轨电车:以电能为动力,由专用输电电缆线供电的轮式公共车辆;有轨电车:以电能为动力,在轨道上行驶的公共车辆。

④挂车包括全挂车:无动力设备,独立承载,由牵引车辆牵引行驶的车辆;半挂车:无动力设备,与牵引车共同承载,由牵引车牵引行驶的车辆。

⑤还有农用运输车,包括三轮农用运输车、四轮农用运输车。

9.2.5 车辆购置税的税率和计税依据

①车辆购置税的税率为 10%。

②车辆购置税的计税依据。

车辆购置税的计税价格根据不同情况,按照下列规定确定:

A.纳税人购买自用的应税车辆的计税价格,为纳税人购买应税车辆而支付给销售者的全部价款和价外费用,不包括增值税税款。

★知识链接

"价外费用"是指销售方价外向购买方收取的基金、集资费、返还利润、补贴、违约金(延期付款利息)和手续费、包装费、储存费、优质费、运输装卸费、保管费、代收款项、代垫款项以及其他各种性质的价外收费。

B.纳税人进口自用的应税车辆的计税依据的确定:

纳税人进口自用的应税车辆以组成计税价格为计税依据,组成计税价格的计算公式:

$$计税价格=关税完税价格+关税+消费税$$

C.纳税人自产、受赠、获奖或者以其他方式取得并自用的应税车辆的计税价格,由主管税务机关参照最低计税价格核定。国家税务总局参照应税车辆市场平均交易价格,规定不同类型应税车辆的最低计税价格。

D.纳税人购买自用或者进口自用应税车辆,申报的计税价格低于同类型应税车辆的最低计税价格,又无正当理由的,按照最低计税价格征收车辆购置税。

9.2.6　应纳税额的计算

车辆购置税实行从价定率的办法计算应纳税额。

应纳税额的计算公式为:应纳税额=计税价格×税率

1)购买自用应税车辆应纳税额的计算

【例9.2】　李某购买一台国产私家车150万元,手续费10万元,包装费6万元,计算应缴纳的车辆购置税。计算过程为:

①车辆购置税计价$=\dfrac{150+10+6}{1+17\%}=141.88$(万元)

②车辆购置税应纳税额$=141.88\times10\%=14.188$(万元)

2)进口自用应税车辆应纳税额的计算

应纳税额计算公式:

应纳税额=(关税完税价格+关税+消费税)×车辆购置税税率

或者$=\dfrac{关税完税价格+关税}{消费税税率}\times$车辆购置税税率

【例9.3】　吴某2006年1月8日进口一辆小轿车,到岸价格400 000元,已知关税税率50%,消费税税率8%,吴某应纳车辆购置税65 217.39元。计算过程为:

①应纳关税=关税价格×关税税率$=400\,000\times50\%=200\,000$(元)

②计税价格=关税完税价格+关税+消费税$=\dfrac{关税完税价格+关税}{1-消费税税率}=\dfrac{400\,000+200\,000}{1-8\%}$

=652 173.91(元)

③应纳税额=652 173.91×10%=65 217.39(元)

车辆购置税最低计税价格不等于计税价格。

9.2.7 税收优惠

1)税收优惠

①外国驻华使馆、领事馆和国际组织驻华机构及其外交人员自用的车辆,免税。

②中国人民解放军和中国人民武装警察部队列入军队武器装备订货计划的车辆,免税。

③设有固定装置的非运输车辆,免税。

④有国务院规定予以免税或者减税的其他情形的,按照规定免税或者减税。

A. 防汛部门和森林消防等部门购置的由指定厂家生产的指定型号的用于指挥、检查、调度、报汛(警)、联络的设有固定装置的车辆。

B. 回国服务的留学人员用现汇购买1辆个人自用国产小汽车。

C. 长期来华定居专家进口的1辆自用小汽车。

⑤纳税人购置的农用三轮车免税。主管税务机关可直接办理免税事宜。

⑥对城市公交企业自2012年1月1日至2015年12月31日购置的公共汽电车辆,免征车辆购置税。

2)车辆购置税的退税

已缴纳车辆购置税的车辆,发生下列情形之一的,准予纳税人申请退税:

①车辆退回生产企业或者经销商的。

②符合免税条件的设有固定装置的非运输车辆但已征税的。

③其他依据法律法规规定应予退税的情形。

★知识链接

申请退税时,应如实填写《车辆购置税退税申请表》(以下简称退税申请表),由本人、单位授权人员到主管税务机关办理退税手续。

9.2.8 征收管理

1)车辆购置税的纳税期限

纳税人购买自用的应税车辆,自购买之日起60日内申报纳税。进口自用的应税车辆,应当自进口之日起60日内申报纳税。自产、受赠、获奖和以其他方式取得并自用应税车辆的,应当在投入使用前60日内申报纳税。

2）车辆购置税的缴款方式

税款缴纳方式。纳税人在申报纳税时，向主管税务机关一次性缴纳车辆购置税。税款的缴纳方式主要有：现金支付、支票缴纳、刷卡。

3）完税凭证的使用要求

车购税完税证明分正本和副本，按车核发，每车一证。正本由纳税人保管以备查验，副本用于办理车辆登记注册。纳税人缴纳税款后，主管税务机关应当开具《车辆购置税缴税凭证》，并据以核发《车辆购置税完税证明》。

4）车辆购置税的纳税地点

购置应税车辆，应当向车辆登记注册地的主管国税机关申报纳税。购置不需要办理车辆登记注册手续的应税车辆，应当向纳税人所在地的主管国税机关申报纳税。"车辆登记注册地"，是指车辆的上牌落籍地或落户地。

5）车辆购置税纳税环节

纳税人应当在向公安机关等车辆管理机构办理车辆登记注册前，缴纳车辆购置税。即车辆购置税的纳税环节是在应税车辆上牌登记注册使用前。

车辆购置税实行一次课征制度，购置已征车辆购置税的车辆，不再征收车辆购置税。这就是说，应税车辆在课征车辆购置税后再发生转售、赠送行为的，购买者或受赠者在办理车辆过户、转籍手续时，不再征收车辆购置税。

免税、减税车辆因转让、改变用途等原因不再属于免税、减税范围的，应当在办理车辆过户手续前或者办理变更车辆登记注册手续前缴纳车辆购置税。

[案例回顾]

1. 支付的控购费，是政府部门的行政性收费，不属于销售者的价外费用范围，不应并入计税价格计税。

2. 销售单位开展优质销售活动所开票收取的有关费用，应属经营性收入，企业在代理过程中按规定支付给有关部门的费用，企业已作经营性支出列支核算。因此，按现行税法规定，均应作价外收入计算征税。

车辆购置税税额计算：

$$应纳税额=\frac{371\ 000+36\ 000}{1+17\%}\times 10\% = 347\ 863.25\times 10\% = 34\ 786.33(元)$$

任务3 城市维护建设税法

[案例导入]

坐落在市区的某日化厂为增值税一般纳税人,2015 年 8 月进口一批香水精,出口地离岸价格 85 万元,境外运费及保险费共计 5 万元,海关于 8 月 15 日开具了完税凭证,日化厂缴纳进口环节税金后海关放行。日化厂将进口的香水精的 80% 用于生产高级化妆品。本月从国内购进材料取得增值税专用发票,注明价款 120 万元,增值税 20.4 万元,销售高级化妆品取得不含税销售额 500 万元。该企业本月销售应纳税金及附加多少万元? 本月取得的增值税抵扣凭证在本月认证并抵扣,关税税率为 50%。

9.3.1 城市维护建设税概述

城市维护建设税法,是指国家制定的用以调整城市维护建设税征收与缴纳权利及义务关系的法律规范。现行城市维护建设税的基本规范,是 1985 年 2 月 8 日国务院发布并于同年 1 月 1 日实施的《中华人民共和国城市维护建设税暂行条例》。

城市维护建设税(简称城建税),是国家对缴纳增值税、消费税、营业税(简称"三税")的单位和个人就其实际缴纳的"三税"税额为计税依据而征收的一种税。它属于特定目的税,是国家为加强城市的维护建设,扩大和稳定城市维护建设资金的来源而采取的一项税收措施。

9.3.2 城市维护建设税特点

1)具有附加税性质

它以纳税人实际缴纳的"三税"税额为计税依据,附加于"三税"税额,本身并没有特定的、独立的征税对象。

2)具有特定目的

城建税税款专门用于城市的公用事业和公共设施的维护建设。

★知识链接

城建税为开发建设新兴城市,扩展,改造旧城市,发展城市公用事业,以及维护公共设施等提供了稳定的资金来源,使城市的维护建设随着经济的发展而不断发展,体现了对受益者课税,权利与义务相一致的原则。

9.3.3　纳税义务人

城建税的纳税义务人，是指负有缴纳“三税”义务的单位和个人，包括国有企业、集体企业、私营企业、股份制企业、其他企业和行政单位、事业单位、军事单位、社会团体、其他单位，以及个体工商户及其他个人。对外资企业2010年12月1日(含)之后发生纳税义务的增值税、消费税、营业税(以下简称“三税”)征收城市维护建设税和教育费附加。对外资企业2010年12月1日之前发生纳税义务的“三税”，不征收城市维护建设税和教育费附加。

9.3.4　税率

城建税的税率，是指纳税人应缴纳的城建税税额与纳税人实际缴纳的“三税”税额之间的比率。城建税按纳税人所在地的不同，设置了三档地区差别比例税率：

①纳税人所在地为市区的，税率为7%。

②纳税人所在地为县城、镇的，税率为5%。

③纳税人所在地不在市区、县城或者镇的，税率为1%。

9.3.5　计税依据

城建税的计税依据，是指纳税人实际缴纳的“增值税、消费税、营业税”税额(下面简称三税)。纳税人违反“三税”有关税法而加收的滞纳金和罚款，是税务机关对纳税人违法行为的经济制裁，不作为城建税的计税依据，但纳税人在被查补“三税”和被处以罚款时，应同时对其偷漏的城建税进行补税、征收滞纳金和罚款。

城建税以“三税”税额为计税依据并同时征收，如果要免征或者减征“三税”，也就要同时免征或者减征城建税。

9.3.6　应纳税额的计算

城建税纳税人的应纳税额大小是由纳税人实际缴纳的“三税”税额决定的，其计算公式为：

应纳税额=纳税人实际缴纳的增值税、消费税、营业税税额×适用税率

【例9.4】　某市区一企业2002年8月实际缴纳增值税300 000元，缴纳消费税400 000元，缴纳营业税200 000元。计算该企业应纳的城建税税额。

应纳城建税税额=(实际缴纳的增值税+实际缴纳的消费税+实际缴纳的营业税)×适用税率=(300 000+400 000+200 000)×7%=900 000×7%=63 000(元)

★知识链接

> 由于城建税法实行纳税人所在地差别比例税率，因此，在计算应纳税额时，应十分注意根据纳税人所在地来确定适用税率。

9.3.7 税收优惠

城建税原则上不单独减免,但因城建税又具附加税性质,当主税发生减免时,城建税相应发生税收减免。城建税的税收减免主要有以下几种情况:

①城建税按减免后实际缴纳的"三税"税额计征,即随"三税"的减免而减免。

②对于因减免税而需进行"三税"退库的,城建税也可同时退库。

③海关对进口产品代征的增值税、消费税,不征收城建税。

④对"三税"实行先征后返、先征后退、即征即退办法的,除另有规定外,对随"三税"附征的城市维护建设税和教育费附加,一律不予退(返)还。

9.3.8 征收管理

1)纳税环节

城建税的纳税环节,是指《城市维护建设税暂行条例》规定的纳税人应当缴纳城建税的环节。城建税的纳税环节,实际就是纳税人缴纳"三税"的环节。纳税人只要发生"三税"的纳税义务,就要在同样的环节,分别计算缴纳城建税。

2)纳税地点

城建税以纳税人实际缴纳的增值税、消费税、营业税税额为计税依据,分别与"三税"同时缴纳。所以,纳税人缴纳"三税"的地点,就是该纳税人缴纳城建税的地点。但是,属于下列情况的,纳税地点为:

①代扣代缴、代收代缴"三税"的单位和个人,同时也是城市维护建设税的代扣代缴、代收代缴义务人,其城建税的纳税地点在代扣代收地。

②对流动经营等无固定纳税地点的单位和个人,应随同"三税"在经营地按适用税率缴纳。

3)纳税期限

由于城建税是由纳税人在缴纳"三税"时同时缴纳的,因此,其纳税期限分别与"三税"的纳税期限一致。根据增值税法和消费税法规定,增值税、消费税的纳税期限均分别为1日、3日、5日、10日、15日或者1个月。根据营业税法规定,营业税的纳税期限分别为5日、10日、15日或者1个月。增值税、消费税、营业税的纳税人的具体纳税期限,由主管税务机关根据纳税人应纳税额大小分别核定。不能按照固定期限纳税的,可以按次纳税。

★知识链接

由于《城市维护建设税暂行条例》是在1994年分税制前制定的,1994年后,增值税、消费税由国家税务局征收管理,而城市维护建设税由地方税务局征收管理,因此,在缴税入库的时间上不一定完全一致。

9.3.9　教育费附加的有关规定

1）教育费附加概述

教育费附加是对缴纳增值税、消费税、营业税的单位和个人，就其实际缴纳的税额为计算依据征收的一种附加费。

教育费附加是为加快地方教育事业，扩大地方教育经费的资金而征收的一项专用基金。1984 年，国务院颁布了《关于筹措农村学校办学经费的通知》，开征了农村教育事业经费附加。1985 年，中共中央作出了《关于教育体制改革的决定》，指出必须在国家增拨教育基本建设投资和教育经费的同时，充分调动企、事业单位和其他各种社会力量办学的积极性，开辟多种渠道筹措经费。为此，国务院于 1986 年 4 月 28 日颁布了《征收教育费附加的暂行规定》，决定从同年 7 月 1 日开始在全国范围内征收教育费附加。

2）教育费附加的征收范围及计征依据

教育费附加对缴纳增值税、消费税、营业税的单位和个人征收，以其实际缴纳的增值税、消费税和营业税为计征依据，分别与增值税、消费税和营业税同时缴纳。

对外资企业 2010 年 12 月 1 日（含）之后发生纳税义务的增值税、消费税、营业税（以下简称“三税”）征收教育费附加。对外资企业 2010 年 12 月 1 日之前发生纳税义务的“三税”，不征收教育费附加。

3）教育费附加计征比率

教育费附加计征比率曾几经变化。1986 年开征时，规定为 1%。1990 年 5 月《国务院关于修改〈征收教育费附加的暂行规定〉的决定》中规定为 2%。按照 1994 年 2 月 7 日《国务院关于教育费附加征收问题的紧急通知》的规定，现行教育费附加征收比率为 3%，地方教育费附加征收率统一为 2%。

4）教育费附加的计算

教育费附加的计算公式为：

应纳教育费附加或者地方教育费附加＝实纳增值税、消费税、营业税×征收比率

【例 9.5】　某市区一企业 10 月份实际缴纳增值税 200 000 元，缴纳消费税 300 000元，缴纳营业税 100 000 元。计算该企业应缴纳的教育费附加。

应纳教育费附加＝（200 000+300 000+100 000）×3%＝600 000×3%＝18 000（元）

应纳地方教育费附加＝（200 000＋300 000＋100 000）×2%＝600 000×2%＝12 000（元）

5）教育费附加的减免规定

①对海关进口的产品征收的增值税、消费税，不征收教育费附加。

②对由于减免增值税、消费税和营业税而发生退税的，可同时退还已征收的教育

费附加。但对出口产品退还增值税、消费税的，不退还已征的教育费附加。

[案例回顾]

1. 应纳关税=(85+5)×50% =90×50% =45(万元)

2. 进口消费税=$\frac{90+45}{1-30\%}$×30% =57.857(万元)

3. 进口增值税=(90+45+57.857)×17% =32.786(万元)

用外购化妆品生产化妆品，其耗用化妆品已纳消费税可以抵扣。

进口环节征收的增值税、消费税和可抵扣的销售税不是城建税的计税基础，所以计算缴纳城建税。

4. 销售环节缴纳的增值税=500×17% -32.786-20.4=31.814(万元)

5. 销售环节缴纳的消费税=500×30% -57.857×80% =103.714(万元)

6. 应纳城建税金=(31.814+103.714)×7% =9.486 9(万元)

7. 应纳教育费附加=(31.814+103.714)×3% =4.065 84(万元)

8. 应纳地方教育费附加=(31.814+103.714)×2% =2.710 56(万元)

[本章小结]

本章主要介绍了我国的行为税收的相关政策。行为税是国家为了对某些特定行为进行限制或开辟某些财源而课征的一类税收。行为税收入零星分散，一般作为地方政府筹集地方财政资金的一种手段，行为课税的最大特点是征纳行为的发生具有偶然性或一次性。行为税主要包括印花税、车辆购置税、城市维护建设税等税种。

[思考与练习]

一、单项选择

1. 对于下列关于印花税纳税人表述中，错误的是(　　)。

A. 书立各类经济合同时，以合同当事人为纳税人

B. 所谓当事人，是指对凭证负有直接或间接权利义务关系的单位和个人，包括担保人、保证人

C. 现行印花税纳税人包括外商投资企业和外国企业

D. 建立营业账簿的以立簿人为纳税人

2. 某企业 2007 年 4 月签订一份房屋买卖合同，应按(　　)税率贴花。

A. 5‰　　B. 3‰　　C. 1‰　　D. 0.5‰

3. 下列对印花税凭证处理方法正确的有(　　)。

A. 融资租赁合同属租赁合同

B. 房屋产权证纳税人是售房单位

C. 国外签订的购销合同，在国内使用时，不需要缴纳印花税

D. 出版社与发行单位之间的订购单属于购销合同

4. 建筑安装工程承包合同的印花税税率是(　　)。

A. 3‰　　B. 5‰　　C. 1‰　　D. 0.5‰

5. 根据《车辆购置税暂行条例》的规定,下列人员中不属于车辆购置税纳税义务人的是(　　)。

A. 应税车辆的馈赠人

B. 应税车辆的购买使用者

C. 免税车辆的受赠使用者

D. 应税车辆的进口使用者

6. 下列不属于车辆购置税的免税范围的是(　　)。

A. 外国驻华使馆及其外交人员的自用车辆

B. 回国服务的留学人员用现汇购买的1辆进口小汽车

C. 长期来华定居的专家的1辆自用小汽车

D. 三轮农用运输车

7. 根据车辆购置税的征管规定,下列说法正确的是(　　)。

A. 纳税人购置应税车辆,向购买车辆所在地的税务机关申报纳税

B. 纳税人购置应税车辆,向车辆登记注册地的税务机关申报纳税

C. 纳税人购置应税车辆,自购买之日起50日内申报纳税

D. 纳税人进口应税车辆,自进口之日起90日内申报纳税

8. 下列说法正确的有(　　)。

A. 只要缴纳增值税就会缴纳城建税

B. 同时缴纳增值税、消费税、营业税的纳税人才能成为城建税的纳税人

C. 只要退还"三税"就退还城建税

D. 城建税的纳税人是缴纳增值税、消费税、营业税的单位和个人

9. 下列项目中,不作为城建税计税依据的是(　　)。

A. 纳税人被认定为偷税少缴的增值税款

B. 纳税人被认定为抗税少缴的消费税款

C. 纳税人欠缴的营业税

D. 对欠缴增值税加收的滞纳金

10. 某企业地处市区,2012年5月被税务机关查补增值税45 000元,消费税25 000元,所得税30 000元,还被加收滞纳金2 000元、被处罚款50 000元。该企业应补缴城市维护建设税和教育费附加(　　)元。

A. 5 000　　B. 7 000　　C. 8 000　　D. 10 000

二、多项选择

1. 下列各项中,应当征收印花税的项目有(　　)。

A. 产品加工合同　　B. 法律咨询合同

C. 技术开发合同　　D. 出版印刷合同

2. 采用自行贴花方法缴纳印花税的,纳税人应(　　)。

A. 自行申报应税行为　　B. 自行计算应纳税额

C. 自行购买印花税票　　D. 自行一次贴足印花税票并注销

3. 按照现行车辆购置税的有关规定，下列说法正确的有（　　）。

A. 征税环节选择在使用环节

B. 自购买之日起60日申报纳税

C. 车辆购置税税款可以分次缴清

D. 获奖的应税车辆应自投入使用前60日申报纳税

4. 关于车辆购置税的计算，下列说法正确的有（　　）。

A. 进口自用的应税车辆，应当自进口之日起60天内申报纳税

B. 长期来华的专家购买2辆小轿车自用都可以免税

C. 设有固定装置的非运输车辆实行法定免税

D. 购买自用摩托车的计税依据是支付的全部价款和价外费用（不含增值税）

5. 根据现行《车辆购置税暂行条例》的规定，下列车辆中可以减免车辆购置税的有（　　）。

A. 人民解放军购买的列入军队武器装备订货计划的车辆

B. 长期来华定居专家一辆自用小汽车

C. 在外留学人员的家属购买一辆自用进口小汽车

D. 农用运输车

6. 下列情况中，不缴纳城建税的有（　　）。

A. 外商缴纳的营业税

B. 外商缴纳的消费税滞纳金

C. 某内资企业本月进口货物海关代征的增值税

D. 某服务性内资企业本年直接免征的营业税

7. 某纳税人按税法规定，增值税先征后返，其城建税的处理办法是（　　）。

A. 缴纳增值税同时缴城建税

B. 返增值税同时返城建税

C. 缴增值税时，按比例返还已缴城建税

D. 返还增值税时不返还城建税

8. 下列情况中，不缴纳城建税的有（　　）。

A. 外商缴纳的营业税

B. 外商缴纳的消费税滞纳金

C. 某内资企业本月进口货物海关代征的增值税

D. 某服务性内资企业本年直接免征的营业税

9. 某纳税人按税法规定，增值税先征后返，其城建税的处理办法是（　　）。

A. 缴纳增值税同时缴城建税

B. 返增值税同时返城建税

C. 缴增值税时，按比例返还已缴城建税

D. 返还增值税时不返还城建税

10. 下列情况中，不缴纳城建税的有（　　）。

A. 外商缴纳的营业税

B. 某内资企业本月进口货物海关代征的增值税

C. 某服务性内资业企业本年直接免征营业税

D. 某内资企业出口货物经批准免抵的增值税

11. 以下说法错误的有(　　)。

A. 直接减免“三税”的，同时减免城建税和教育费附加

B. 先征后返“三税”的，同时退还城建税和教育费附加

C. 先征后退“三税”的，同时退还城建税和教育费附加

D. 即征即退“三税”的，同时退还城建税和教育费附加

[案例分析]

1. 某企业2015年度有关资料如下：

(1) 实收资本比2004年增加100万元。

(2) 与银行签订一年期借款合同，借款金额300万元，年利率5%。

(3) 与货运公司签订运输合同，载明运输费用8万元(其中含装卸费0.5万元)。

要求：逐项计算该企业2015年应缴纳印花税。

2. 环球公司2009年10月接受捐赠进口小汽车10辆，无法取得该型号汽车的市场价格，国家税务总局规定的同类型应税车辆的最低计税价格为200 000元/辆。

要求计算：计算该公司应纳的车辆购置税额。

3. 某镇的A卷烟厂2013年8月主要缴纳税金情况如下：

(1) 向国税机关缴纳消费税40 000元，增值税30 000元。

(2) 被查补消费税10 000元，增值税5 000元，被处以罚款8 000元，加收滞纳金600元。

(3) 进口一批烟丝被海关征收关税60 000元，增值税80 000元，消费税10万元。

要求计算：A企业8月应缴纳的城建税数额。

项目 10
税收征收管理

学习目标

一、知识目标

1. 了解税收征收管理法的立法目的。
2. 熟悉税收征收管理法的适用范围。
3. 掌握税务管理、税款征收的基本要求和规定。
4. 了解税收征收管理相关法律责任。

二、能力目标

1. 能准确把握税款征收的相关规定。
2. 能够明确相关法律责任。

知识点:税收征收管理　税务管理　税款征收法律责任

[案例导入]

某商店(系有证个体户),经税务机关核定实行定期定额税收征收方式,核定月均应纳税额630元。2015年5月5日,因店面装修向税务机关提出5月6日至5月30日申请停业的报告,税务机关经审核后,在5月5日作出同意核准停业的批复,并下达了《核准停业通知书》,并在办税服务厅予以公示。5月18日,税务机关接到群众举报,称该商店一直仍在营业中。5月21日,税务机关派员实地检查,发现该商店仍在营业,确属虚假停业,遂于5月23日送达《复业通知书》,并告知需按月均定额纳税。6月12日,税务机关下达《限期改正通知书》,责令限期申报并缴纳税款,但该商店没有改正。

根据税收征收管理法有关规定,分析税务机关申请执行税务行政处理的决定法院是否应当受理?

任务1　税收征收管理法概述

税收征收管理法是对于有关税收征收管理法律规范的总称,其主要内容包括:税收征收管理法以及税收征收管理的有关法律、法规及规章。

我国现行的税收征收管理法,于1992年9月4日第七届全国人民代表大会常务委员会第二十七次会议通过,自1993年1月1日起施行,1995年2月28日第八届全国人民代表大会常务委员会第十二次会议修正。2001年4月28日,第九届全国人民代表大会常务委员会第二十一次会议通过了修订后的《中华人民共和国税收征收管理法》,并于2001年5月1日起施行。2012年和2015年全国人民代表大会常务委员会对《征管法》又进行过两次修订。

10.1.1　税收征收管理法的立法目的

1)加强税收征收管理

税收征收管理是纳税人按照有关法律法规规定按时缴纳税款,有关税务部门组织税收活动的重要保障。税收管理工作是否到位,直接影响到税收职能作用的发挥。因此,《征管法》立法的首要目的,是加强税收征收管理。

2)规范税收征收及税款缴纳行为

《征管法》既要求税务机关及税务人员依照相关法律规定和标准执行税收征收活动,同时纳税人也要依照相关法律规定按时缴纳税款,在履行纳税义务的同时保障自身的权益。

3)保障国家税收收入

税收的基本职能之一即组织税收收入,《征管法》从根本上即是保证税收收入及时、足额入库。

4)保护纳税人的合法权益

纳税人既有按时、足额缴纳税款的义务,同时纳税人的合法权益也需要保护。

5)促进经济发展和社会进步

10.1.2 税收征收管理法的适用范围

《征管法》第二条规定:"凡依法由税务机关征收的各种税收的征收管理,均适用本法。"该规定明确界定了《征管法》的适用范围。

★知识链接

目前尚有一部分费由税务机关征收,如教育费附加,这些费并不适用《征管法》,也不能采取《征管法》规定的措施实施,其具体管理办法由各种费的条例和规章决定。

任务2 税务管理

税务管理包括:税务登记管理、账簿凭证管理、纳税申报管理。

10.2.1 税务登记管理

税务登记是纳税人纳入税务机关监督管理的一种标志。纳税人依法进行税务登记,税务机关对纳税人的生产经营活动实施税务管理,对纳税人及税务机关均具有重要意义。根据我国有关法律法规的规定,经过工商行政管理部门批准开业,在我国境内从事生产、经营的纳税人,或是不从事生产经营活动,但依法负有纳税义务的单位或者个人,均应当依法办理税务登记。税务登记管理又依照纳税人的不同发展阶段分为不同种类,主要包括:开业登记、变更登记、注销登记、停业复业登记等。

1)开业登记

2015 年 9 月 10 日,国家税务总局发文税总函[2015]482 号文件,《国家税务总局关于落实"三证合一"登记制度改革的通知》,对"三证合一"改革有关工作作出了详细部署并提出了明确要求。

★**知识链接**

所谓“三证合一”,就是将企业依次申请的工商营业执照、组织机构代码证和税务登记证三证合为一证,提高市场准入效率。“一照一码”则是在此基础上更进一步,通过“一口受理,并联审批,信息共享,结果互认”,实现由一个部门核发加载统一社会信用代码的营业执照。

从2015年10月1日起,营业执照、组织机构代码证和税务登记证三证合一。

全面推行“三证合一”登记制度改革是贯彻落实党的十八大和十八届二中、三中、四中全会精神以及国务院决策部署的重要举措,是推进简政放权,便利市场准入,鼓励投资创业,激发市场活力的重要途径。

在“三证合一”政策下,新设立企业、农民专业合作社(以下统称“企业”)领取由工商行政管理部门核发加载法人和其他组织统一社会信用代码(以下称统一代码)的营业执照后,无须再次进行税务登记,不再领取税务登记证。企业办理涉税事宜时,在完成补充信息采集后,凭加载统一代码的营业执照可代替税务登记证使用。

除以上情形外,其他税务登记按照原有法律制度执行。

改革前核发的原税务登记证件在过渡期继续有效。

工商登记“一个窗口”统一受理申请后,申请材料和登记信息在部门间共享,各部门数据互换,档案互认。各级税务机关要加强与登记机关沟通协调,确保登记信息采集准确、完整。对于工商登记已采集信息,税务机关不再重复采集。其他必要涉税基础信息,可在企业办理有关涉税事宜时,及时采集,陆续补齐。发生变化的,由企业直接向税务机关申报变更,税务机关及时更新税务系统中的企业信息。

★**知识链接**

企业在工商登记,取得“三证合一,一照一码”证照后,30日内未去税务机关报到,不属于逾期登记。

2)注销登记

已实行“三证合一,一照一码”登记模式的企业办理注销登记,须先向税务主管机关申报清税,填写《清税申报表》(见表10.1)。企业可向国税、地税任何一方税务主管机关提出清税申报,税务机关受理后应将企业清税申报信息同时传递给另一方税务机关,国税、地税税务主管机关按照各自职责分别进行清税,限时办理。清税完毕后一方税务机关及时将本部门的清税结果信息反馈给受理税务机关,由受理税务机关根据国税、地税清税结果向纳税人统一出具《清税证明》,并将信息共享到交换平台。

税务机关应当分类处理纳税人清税申报,扩大即时办结范围。根据企业经营规模、税款征收方式、纳税信用等级指标进行风险分析,对风险等级低的当场办结清税手续。对于存在疑点情况的,企业也可以提供税务中介服务机构出具的鉴证报告。税务机关在核查、检查过程中发现涉嫌偷、逃、骗、抗税或虚开发票的,或者需要进行纳税调整等情形的,办理时限自然中止。在清税后,经举报等线索发现少报、少缴税款的，税务机关将相关信息传至登记机关，纳入"黑名单"管理。

过渡期间未换发"三证合一，一照一码"营业执照的企业申请注销，税务机关按照原规定办理。

★知识链接

"三证合一"登记制度改革过渡期多长？

根据工作安排，过渡期截止到2020年12月31日，工商登记部门对2015年9月29日前取得工商营业执照的企业将于2020年12月31日之前完成换发工作。过渡期内，改革前核发的原税务登记证件继续有效。

10.2.2 账簿、凭证管理

实行"一照一码"后，纳税人办理纳税申报和原来无太大差异。纳税人在办理工商登记，领取营业执照时，等同于办理了税务登记证，应在领取营业执照之日起15日内将其财务、会计制度或财务、会计处理办法报送主管税务机关备案，在开立存款账户之日起15日内，向主管税务机关报告全部账号，并按规定进行申报纳税。需要网上申报的，应前往主管税务机关开通"网上（电子）办税服务厅"网报功能。

1）账簿、凭证管理

（1）关于对账簿、凭证设置的管理

从事生产、经营的纳税人应当自领取营业执照或者发生纳税义务之日起15日内设置账簿。

★知识链接

根据《印花税暂行条例》及《施行细则》的规定，营业账簿，包括生产经营用账册，记载资金的账簿，按照实收资本和资本公积之和的万分之五贴花。其他账簿案件贴花5元。应纳税凭证应当于书立或者领受时贴花。书立或者领受时贴花，是指在合同的签订时、书据的立据时、账簿的启用时和证照的领受时贴花。记载资金的账簿贴花后，以后年度资金总额比已贴花资金总额增加的，增加部分应按规定贴花。

因此，在"三证合一"登记制度下，新办企业依然应在新设立时，按"实收资本"和"资本公积"合计金额缴纳印花税，以后年度"实收资本"和"资本公积"合计金额增加的，应在增加时申报缴纳印花税。

（2）关于对财务会计制度的管理

备案制度。凡从事生产、经营的纳税人必须将所采用的财务、会计制度和具体的财务、会计处理办法，按税务机关的规定，自领取税务登记证件之日起15日内，及时报送主管税务机关备案。

(3)关于账簿、凭证的保管

账簿、记账凭证、报表、完税凭证、发票、出口凭证以及其他有关涉税资料的保管期限,除另有规定者外,应当保存 10 年。

2)发票管理

①根据《征管法》第二十一条规定:"税务机关是发票的主管机关,负责发票的印制、领购、开具、取得、保管、缴销的管理和监督。"

②对无固定经营场地或者财务制度不健全的纳税人申请领购发票,主管税务机关有权要求其提供担保人。不能提供担保人的,可以视其情况,要求其提供保证金,并限期缴销发票。

3)税控管理

《征管法》中规定:不能按照规定安装、使用税控装置,或者损毁或者擅自改动税控装置的,由税务机关责令限期改正,可以处以 2 000 元以下的罚款。情节严重的,处 2 000 元以上 1 万元以下的罚款。

任务 3　税款征收与税务检查

税款征收是整个税收征收管理工作的核心工作环节,在税收工作中有着举足轻重的作用。

10.3.1　税款征收原则

1)税务机关是征税的唯一行政主体的原则

《征管法》规定:除税务机关、税务人员以及经税务机关依照法律、行政法规委托的单位和个人外,任何单位和个人不得进行税款征收活动。同时还规定,采取税收保全措施、强制执行措施的权利,不得由法定的税务机关以外的单位和个人行驶。由此规定可见,税款征收的行政主体是税务机关。

2)依法征收税款的原则

税务机关依法征税原则包括两个方面:

①税务机关进行税款征收,应当按照法律法规规定标准进行征收,不得擅自对征税税目、税率等,以及有关加征减征项目进行改变、增减等。

②税务机关征收税款,必须要在法定权限内,遵照法定程序进行征收。

3)税款上缴的原则

税务机关征收税款或扣押、查封商品、货物或其他财产时,必须向纳税人开具完税凭证或开付扣押、查封的收据或清单。同时,税务机关征收税款、滞纳金、罚款等统一由税务机关上缴国库。

4)税款优先的原则

具体来说,税款优先包括3个方面优先:

①税收优先于无担保债权。

②纳税人发生欠税在前的,税收优先于抵押权、质权和留置权的执行。

纳税人欠缴的税款发生在纳税人以其财产设定抵押、质押或者纳税人的财产被留置之前的,税收应当先于抵押权、质权、留置权执行。

③税收优先于罚款、没收非法所得。

纳税人欠缴税款,同时又被行政机关决定处以罚款、没收违法所得,税收优先于罚款、没收违法所得。

税款优先的原则,确定了税款征收在纳税人支付各种款项和偿还债务时的顺序。这对于保障国家税收收入,对于纳税人正确履行纳税义务,对于税务机关履行征收税款的职能具有十分重要的意义。

分析:甲企业2014年10月5日购买乙企业原材料,尚欠货款40万元未归还。2015年1月,甲企业将一幢办公楼作抵押向银行贷款50万元,到期未归还。2015年7—12月,又欠缴纳税款30万元。如果2016年1月,该企业仅有的这幢办公楼被变卖,价款为100万元,按照税款优先原则,该如何分配这笔资金?

10.3.2 税款征收的方式

税款征收方式是税务机关在组织税款入库过程中采取的具体计算征收税款的方法和形式。不同的纳税人在选择税款征收方式上,可能有所不同。税款征收方式主要有以下几种:

1)查账征收

查账征收的征税方式,一般适用于财务会计制度比较健全,能够较好的履行纳税义务的纳税人。

该种征税方式下,纳税人首先依据会计账簿的记载,自行计算缴纳税款,而后经税务机关查账核定的征税方式。如果税务机关核定应纳税额与纳税人申报纳税额不一致,则可多退少补。

2)查定征收

查定征收的征税方式一般适用于账册建立不够健全,但是原材料或进销货量能够得到较好控制的纳税人。

查定征收的征税方式下,税务机关依据纳税人正常情况下生产销售情况,对其生产销售的应税产品查定产量和销售额,再依照规定税率计算征收税款的征税方式。

3)查验征收

这种方式一般适用于经营产品比较单一,经营时间、地点不固定的纳税人。

查验征收征税方式下，税务机关通过查验纳税人的应税商品数量，并按一般市场价格计算纳税人销售收入，以此进行税款的征收。

4）定期定额征收

定期定额征税方式下，税务机关通过调查，确定纳税人营业额及所得税，并据此进行税款的征收。这种征税方式主要适用于无完整考核依据的小型纳税单位。

5）委托代征税款

一般对于小额、零星税源税款的征收，常采用此种征税方式。

委托代征税款即税务机关委托他人以代征人的身份，税务机关的名义代理征收税款。

6）邮寄纳税

邮寄纳税是一种新型的纳税方式。邮寄纳税主要适用于有能力按期纳税，而采取其他纳税方式不方便税款缴纳的纳税人。

7）其他方式

如网上申报纳税等方式。

10.3.3　税款征收制度

1）代扣代缴、代收代缴税款制度

代扣代缴税款即纳税人在支付款项时同时支付应缴税款，由负有扣缴税款义务的法定义务人对纳税人应缴税款进行代扣代缴，以方便对不易控制、税源分散的纳税人进行控制和管理。

代收代缴即代收代缴义务人在与纳税人进行往来业务时，同时收取纳税人依法应缴纳税款。

税务机关按照规定付给扣缴义务人代扣、代收手续费。代扣、代收税款手续费只能由县（市）以上税务机关统一办理退库手续，不得在征收税款过程中坐支。

2）税收滞纳金征收制度

纳税人未按照规定期限缴纳税款的，扣缴义务人未按照规定期限解缴税款的，税务机关除责令限期缴纳外，从滞纳税款之日起，按日加收滞纳税款万分之五的滞纳金。

即：滞纳金＝滞纳税款×滞纳天数×0.5‰

加收滞纳金的起止时间为法律、行政法规规定或者税务机关依照法律、行政法规的规定确定的税款缴纳期限届满次日起至纳税人、扣缴义务人实际缴纳或者解缴税款之日止。

★知识链接

经税务机关批准延期缴纳税款的,在批准期限内不加收滞纳金。

例如,企业所得税的滞纳金,如果是季度申报的,在次月15日后缴纳的,从16日开始计算加收。如果是年度申报的,在6月1日后缴纳的,则从次年的6月1日起计算加收(不考虑节假日顺延)。

分析:某纳税人由于资金紧张,在缴纳期限后15天才将当期应纳税款550 000元缴纳入库,根据《税收征管法》的规定,税务机关应加收其多少滞纳金?

3)税额核定制度

根据《征管法》规定,纳税人有下列行为之一者,税务机关有权对其应纳税额进行核定。

①依照法律、行政法规的规定可以不设置账簿的。

②依照法律、行政法规的规定应当设置但未设置账簿的。

③擅自销毁账簿或者拒不提供纳税资料的。

④虽设置账簿,但账目混乱或成本资料、收入凭证、费用凭证残缺不全,难以查账的。

⑤发生纳税义务,未按照规定的期限办理纳税申报,经税务机关责令限期申报,逾期仍不申报的。

⑥纳税人申报的计税依据明显偏低,又无正当理由的。

4)税收保全措施

税收保全措施是指税务机关对可能由于纳税人的行为或者某种客观原因,致使以后税款的征收不能保证或难以保证的案件,采取限制纳税人处理或转移商品、货物或其他财产的措施。

《征管法》规定:税务机关有根据认为从事生产、经营的纳税人有逃避纳税义务行为的,可以在规定的纳税期之前,责令限期缴纳税款。在限期内发现纳税人有明显的转移、隐匿其应纳税的商品、货物以及其他财产迹象的,税务机关应责令其提供纳税担保。如果纳税人不能提供纳税担保,经县以上税务局(分局)局长批准,税务机关可以采取下列保全措施:

①书面通知纳税人开户银行或其他金融机构暂停支付纳税人相当于应纳税款的存款。

②扣押、查封纳税人的价值相当于应纳税款的商品、货物或其他财产。

★知识链接

个人及其所扶养家属维持生活必需的住房和用品,不在税收保全措施的范围之内。生活必需的住房和用品不包括机动车辆、金银饰品、古玩字画、豪华住宅或者一处以外的住房。税务机关对单价5 000元以下的其他生活用品,不采取税收保全措施和强制执行措施。

税收保全措施实施过程应注意的问题：

①税收保全措施仅限于从事生产、经营的纳税人，不包括非从事生产、经营的纳税人，也不包括扣缴义务人和纳税担保人。

②实施税收保全措施，应符合下列两个条件：

A. 纳税人有逃避纳税义务的行为。

B. 必须是在规定的纳税期之前和责令期限缴纳应纳税款的期限内。

③税务机关按照前款方法确定应扣押、查封的商品、货物或者其他财产的价值时，还应当包括滞纳金和扣押、查封、保管、拍卖、变卖所发生的费用。

④税务机关扣押商品、货物或者其他财产时，必须开付收据。查封商品、货物或者其他财产时，必须开付清单。

5)税收强制执行措施

《征管法》规定，从事生产、经营的纳税人、扣缴义务人未按照规定的期限缴纳或者解缴税款，纳税担保人为按照规定的期限缴纳所担保的税款，有税务机关责令期限缴纳，预期仍未缴纳的，经县以上税务局(分局)局长批准，税务机关可以采取强制执行措施。

税收强制执行措施是指当事人不履行法律、行政法规规定的义务，有关国家机关采用法定的强制手段，强迫当事人履行义务的行为。税收强制执行措施不仅适用于从事生产经营的纳税人，而且可以适用于扣缴义务人和纳税担保人。

(1)税务机关可采取的强制执行措施

①书面通知其开户银行或其他金融机构从其存款中扣缴税款。

②扣押、查封、拍卖其价值相当于应纳税款商品、货物或其他财产，以拍卖所得抵缴税款。

(2)税收强制执行其他事项

①税务机关采取税收强制执行措施时，必须坚持告诫在先的原则，即纳税人、扣缴义务人、纳税担保人未按照规定的期限缴纳或者解缴税款的，应当先行告诫，责令限期缴纳。逾期仍未缴纳的，再采取税收强制执行措施。

②采取税收强制执行措施时，对纳税人、扣缴义务人、纳税担保人未缴纳的滞纳金必须同时强制执行。对纳税人已缴纳税款，但拒不缴纳滞纳金的，税务机关可以单独对纳税人应缴未缴的滞纳金采取强制执行措施。

③继续使用被查封的财产不会减少其价值的，税务机关可以允许被执行人继续使用。因被执行人保管或者使用的过错造成的损失，由被执行人承担。

④拍卖或者变卖所得抵缴税款、滞纳金、罚款以及扣押、查封、保管、拍卖、变卖等费用后，剩余部分应当在3日内退还被执行人。

6)税款的退还和追征制度

(1)税款的退还

根据《征管法》的规定：纳税人超过应纳税额缴纳的税款，税务机关发现后应当立即退还。纳税人自结算缴纳税款之日起3年内发现的，可以向税务机关要求退还多缴的税款并加算银行同期存款利息，税务机关及时查实后应当立即退还。

(2)税款的追征

根据《征管法》有关规定,税款的追正可根据责任人的不同分为以下几种情形:

①因税务机关责任,致使纳税人、扣缴义务人未缴或者少缴税款的,税务机关在3年内可要求纳税人、扣缴义务人补缴税款,但是不得加收滞纳金。

②因纳税人、扣缴义务人计算等失误,未缴或者少缴税款的,税务机关在3年内可以追征税款、滞纳金,有特殊情况的追征期可以延长到5年。

★知识链接

所谓特殊情况,是指纳税人或者扣缴义务人因计算错误等失误,未缴或者少缴、未扣或者少扣、未收或者少收税款,累计数额在10万元以上的情形。

10.3.4 税务检查的内容

税务检查制度是税务机关根据国家税法和财务会计制度的规定,对纳税人履行纳税义务的情况进行的监督、审查制度。税务检查是税收征收管理的重要内容,也是税务监督的重要组成部分。搞好税务检查,对于加强依法治税,保证国家财政收入,有着十分重要的意义。

1)税务检查的内容

税务检查的内容主要包括以下几个方面:

①检查纳税人执行国家税收政策和税收法规的情况。

对纳税人或扣缴义务人有无偷税欠税、应扣未扣、应收未收等违反税法的行为进行检查。

②检查纳税人遵守财经纪律和财会制度的情况。

③检查纳税人的生产经营管理和经济核算情况。

④检查纳税人遵守和执行税收征收管理制度的情况,查其有无不按纳税程序办事和违反征管制度的问题。

2)税务检查的方法

税务机关在进行税务检查时,可以采用的检查方法主要有以下3种:

(1)税务查账

税务查账是对纳税人的会计凭证、账簿、会计报表以及银行存款账户等核算资料所反映的纳税情况进行的检查。这是税务检查中最常用的方法。

税务查账又根据税务机关检查纳税人账务的范围及方式的不同分为全查法、抽查法、顺查法以及逆查法等几种方式。

全查法,即对纳税人在一定期间内所有的会计凭证、账簿、报表等进行全面、系统的检查;抽查法仅对抽取的部分账簿等资料进行检查;顺查法按照会计业务核算程序,按照会计凭证、会计账簿、会计报表的顺序进行检查;逆查法则与顺查法不同,按照逆向会计核算的顺序,即由会计报表、会计账簿到会计凭证的顺序对纳税人的会计处理进行检查。

(2)现场检查

现场检查是对纳税人的实体机构办公场所对其账务资料进行检查。

(3)税务稽查

税务稽查是对纳税人的应税货物进行的检查。

根据《征管法》规定,税务机关对从事生产、经营的纳税人以前纳税期的纳税情况依法进行税务检查时,发现纳税人有逃避纳税义务行为,并明显的转移,隐匿其纳税的商品、货物以及其他财产或者应纳税的收入迹象的,可以按照《税收征管法》规定的批准权限采取税收保全措施或者强制执行措施。

税务机关依法进行税务检查时,纳税人、扣缴义务人必须接受检查,如实反映情况,提供有关资料,不得拒绝、隐瞒。税务机关有权向有关单位和个人调查纳税人、扣缴义务人和其他当事人与纳税或者代扣代缴、代收代缴税款有关情况,有关部门和个人有义务向税务机关如实提供有关材料及证明材料。税务机关调查税务违法案件时,对与案件有关的情况和资料,可以进行记录、录音、录像、照相和复制。同时,也要求税务人员在进行税务检查时,必须出示税务检查证,并有责任为被检查人保守秘密。未出示税务检查证和税务检查通知书的,纳税人、扣缴义务人及其他当事人有权拒绝检查。

任务4　税务行政复议

税务行政复议是指当事人(纳税人、扣缴义务人、纳税担保人及其他税务当事人)不服税务机关及其工作人员作出的税务具体行政行为,依法向上一级税务机关(复议机关)提出申请,复议机关经审理对原税务机关具体行政行为依法作出维持、变更、撤销等决定的活动。

2015 年 12 月 28 日国家税务总局令第 39 号《国家税务总局关于修改〈税务行政复议规则〉的决定》,经 2015 年 12 月 17 日国家税务总局 2015 年度第 2 次局务会议审议通过,自 2016 年 2 月 1 日起施行。

10.4.1　税务行政复议的范围

根据《税务行政复议规则》,行政复议机关受理申请人对税务机关下列具体行政行为不服提出的行政复议申请:

①征税行为,包括确认纳税主体、征税对象、征税范围、减税、免税、退税、抵扣税款、适用税率、计税依据、纳税环节、纳税期限、纳税地点和税款征收方式等具体行政行为,征收税款、加收滞纳金,扣缴义务人、受税务机关委托的单位和个人作出的代扣代缴、代收代缴、代征行为等。

②行政许可、行政审批行为。

③发票管理行为,包括发售、收缴、代开发票等。

④税收保全措施、强制执行措施。

⑤行政处罚行为：

A. 罚款。

B. 没收财物和违法所得。

C. 停止出口退税权。

⑥不依法履行下列职责的行为：

A. 颁发税务登记。

B. 开具、出具完税凭证、外出经营活动税收管理证明。

C. 行政赔偿。

D. 行政奖励。

E. 其他不依法履行职责的行为。

⑦资格认定行为。

⑧不依法确认纳税担保行为。

⑨政府信息公开工作中的具体行政行为。

⑩纳税信用等级评定行为。

⑪通知出入境管理机关阻止出境行为。

⑫其他具体行政行为。

10.4.2 税务行政复议申请

对纳税人而言，为维护自己的合法权益，行使法律赋予自己的要求税务机关对其行政行为进行复议的权利，首先要依照法律法规的规定提出复议申请。现行的税务行政复议规则对此专门作出了规定。

①纳税人及其他税务当事人对税务机关作出的征税行为不服，应当先向复议机关申请行政复议，对复议决定不服，再向人民法院起诉。

申请人按前款规定申请行政复议的，必须先依照税务机关的纳税决定缴纳或者解缴税款及滞纳金或者提供相应的担保，然后可以依法提出行政复议申请。

②申请人对税务机关作出的征税以外的其他税务具体行政行为不服，可以申请行政复议，也可以直接向人民法院提起行政诉讼。

③申请人可以在得知税务机关作出具体行政行为之日起 60 日内提出行政复议申请。

因不可抗力或者被申请人设置障碍等其他正当理由耽误法定申请期限的，申请期限自障碍消除之日起继续计算。

④申请人申请行政复议，可以书面申请，也可以口头申请。口头申请的，复议机关应当当场记录申请人的基本情况、行政复议请求、申请行政复议的主要事实、理由和时间。

⑤依法提起行政复议的纳税人或其他税务当事人为税务行政复议申请人，具体是指纳税义务人、扣缴义务人、纳税担保人和其他税务当事人。

有权申请行政复议的公民死亡的，其近亲属可以申请行政复议。有权申请行政复议的公民为无行为能力人或者限制行为能力人，其法定代理人可以代理申请行政复议。

有权申请行政复议的法人或者其他组织发生合并、分立或终止的，承受其权利的法人或其他组织可以申请行政复议。

与申请行政复议的具体行政行为有利害关系的其他公民、法人或者其他组织。可以作为第三人参加行政复议。

申请人、第三人可以委托代理人代为参加行政复议。被申请人不得委托代理人代为参加行政复议。

⑥纳税人或其他税务当事人对税务机关的具体行政行为不服申请行政复议的，作出具体行政行为的税务机关是被申请人。

⑦申请人向复议机关申请行政复议，复议机关已经受理的，在法定行政复议期限内申请人不得再向人民法院起诉。申请人向人民法院提起行政诉讼，人民法院已经依法受理的，不得申请行政复议。

10.4.3　税务行政复议的其他有关规定

①复议机关、复议机关工作人员及被申请人在行政复议活动中，有违反《行政复议法》及《税务行政复议规则》规定的行为，按《行政复议法》的规定，追究法律责任。

②复议机关受理行政复议申请不得向申请人收取任何费用。复议活动所需经费，应当列入本机关的行政经费，由本级财政予以保障。

③复议机关在受理、审查、决定复议申请的过程中，可使用复议专用章。不予受理决定书和复议决定书等重要法律文书应加盖复议机关印章。

任务5　税收法律责任

税收法律责任，即税收活动主体由于违反税法等法律行为而应承担的法律责任及后果。

10.5.1　税收法律责任的形式

税收法律责任的形式，即相关法律主体因不履行或不完全履行税法规定的义务应当承担的法律后果的类型。根据现行规定，税收法律责任的形式主要有行政法律责任和刑事法律责任。

1)行政法律责任

针对不同的法律主体，行政法律责任又有不同的处罚方式：对于纳税人纳税主体来说，主要是行政处罚；税务机关主要承担的是行政法律责任，具体有行政赔偿责任和撤销违法决定等；针对税务机关的工作人员，所要承担的行政法律责任主要是行政处分。

对纳税主体进行行政处罚的方式，主要有以下几种：

①责令限期改正。这是税务机关对违反法律、行政法规所规定义务的当事人的

谴责和申诫。主要是起到教育的作用,有一定的处罚作用,为税收法律、法规所广泛采用。

②罚款。罚款的行政处罚方式不会影响被处罚人的人身自由及其合法活动,仅仅是对于违法者的一种经济处罚,能够对违法行为在一定程度上有惩戒作用。在各种行政处罚方式中也被广泛应用。

③没收财产。此种行政处罚方式的使用主要用于两种情形:一是对相对人非法所得的财物没收。二是财物虽系相对人所有,但是其用于非法活动。没收财产是对行政管理相对一方当事人的财产权予以剥夺的处罚。

2)刑事责任

如果当事人违法行为严重,已构成犯罪,则应承担相应的刑事责任。我国刑法规定税务刑事处罚分为5种主刑和3种附加刑。主刑的处罚方式包括:死刑、无期徒刑、有期徒刑、拘役和管制。附加刑的处罚方式包括:罚金、剥夺政治权利和没收财产。

10.5.2 关于税收法律责任的具体规定

1)纳税人违反税法的行为及其法律责任

(1)纳税人违反税收征收管理法规的行为及其法律责任

根据《征管法》有关规定,纳税人有下列行为之一者,由税务机关责令限期改正,可以处2 000元以下的罚款;情节严重的,处2 000元以上1万元以下的罚款。

①未按照规定设置、保管账簿或者保管记账凭证等有关资料的。

②未按照规定将财务、会计制度或者财务、会计处理办法和会计核算软件报送税务机关备查的。

③未按照规定将其全部银行账号向税务机关报告的。

④未按照规定安装、使用税控装置,或者毁损或擅自改动税控装置的。

⑤纳税人未按照规定办理税务登记证件验证或者换证手续的。

(2)纳税人未按照规定进行纳税申报的法律责任

《征管法》规定,纳税人未按照规定的期限办理纳税申报和报送纳税资料的,或者扣缴义务人未按照规定的期限向税务机关报送代扣代缴、代收代缴税款报告表和有关资料的,由税务机关责令限期改正,可处以2 000元以下的罚款;情节严重的,可处以2 000元以上1万元以下的罚款。

(3)偷税行为及其法律责任

《征管法》规定,纳税人伪造、变造、隐匿、擅自销毁账簿、记账凭证,或者在账簿上多列支出或者不列、少列收入,或者经税务机关通知申报而拒不申报或者进行虚假的纳税申报,不缴或者少缴应纳税款的,是偷税行为。对纳税人偷税的,由税务机关追缴其不缴或者少缴的税款、滞纳金,并处不缴或者少缴的税款50%以上5倍以下的罚款;构成犯罪的,依法追究刑事责任。

《中华人民共和国刑法》规定,纳税人采取欺骗、隐瞒手段进行虚假纳税申报或者不申报,逃避缴纳税款数额较大并且占应纳税额10%以上的,处3年以下有期徒刑或者拘役,并处罚金;数额巨大并且占应纳税额 30% 以上的,处 3 年以上 7 年以下有期徒刑,并处罚金。

(4)欠税行为及其法律责任

《征管法》规定,纳税人欠缴应纳税款,采取转移或者隐匿财产的手段,妨碍税务机关追缴欠缴的税款的,由税务机关追缴欠缴的税款、滞纳金,并处欠缴税款 50% 以上 5 倍以下的罚款;构成犯罪的,依法追究刑事责任。

我国《刑法》规定,纳税人欠缴应纳税款,采取转移或者藏匿财产的手段,致使税务机关无法追缴欠缴的税款,数额在 1 万元以上不满 10 万元的,处 3 年以下有期徒刑或者拘役,并处或者单处欠缴税款 1 倍以上 5 倍以下罚金;数额在 10 万元以上的,处 3 年以上 7 年以下有期徒刑,并处欠缴税款 1 倍以上 5 倍以下的罚金。

(5)抗税行为及其法律责任

《征管法》规定,以暴力、威胁的方法拒不缴纳税款的,是抗税,除由税务机关追缴其拒缴的税款、滞纳金外,依法追究刑事责任。情节轻微,未构成犯罪的,由税务机关追缴其拒缴的税款、滞纳金,并处拒缴税款 1 倍以上 5 倍以下的罚款。

我国《刑法》规定,以暴力、威胁的方法拒不缴纳税款的,处 3 年以下有期徒刑或者拘役,并处拒缴税款 1 倍以上 5 倍以下罚金;情节严重的,处 3 年以上 7 年以下有期徒刑,并处拒缴税款 1 倍以上 5 倍以下罚金。

(6)骗取出口退税行为及其法律责任

《征管法》规定,以假报出口或者其他欺骗手段,骗取国家出口退税款的,由税务机关追缴其骗取的退税款,并处骗取税款 1 倍以上 5 倍以下的罚款;构成犯罪的,依法追究刑事责任。

我国《刑法》规定,以假报出口或者其他欺骗手段,骗取国家出口退税款,数额较大的,处 5 年以下有期徒刑或者拘役,并处骗取税款 1 倍以上 5 倍以下罚金;数额巨大或者有其他严重情节的,处 5 年以上 10 年以下有期徒刑,并处骗取税款 1 倍以上 5 倍以下罚金;数额特别巨大或者有其他特别严重情节的,处 10 年以上有期徒刑或者无期徒刑,并处骗取税款 1 倍以上 5 倍以下罚金或者没收财产。

此外,我国《刑法》还规定了虚开增值税专用发票罪和虚开用于骗取出口退税、抵扣税款的其他发票罪,伪造或出售伪造的增值税专用发票罪,非法出售增值税专用发票罪,非法购买增值税专用发票或购买伪造的增值税专用发票罪,非法制造、出售其他发票罪,上述各罪的刑事责任。

2)扣缴义务人的违法行为及其法律责任

根据《税收征管法》的规定,扣缴义务人的违法行为及其法律责任具体包括:

①扣缴义务人未按规定设置、保管代扣代缴、代收代缴税款账簿或者保管代扣代缴、代收代缴税款记账凭证及有关资料的,由税务机关责令限期改正,可处以 2 000 元以下的罚款;情节严重的,处以 2 000 元以上 5 000 元以下的罚款。

②扣缴义务人未按规定的期限向税务机关报送代扣代缴、代收代缴税款报告表和有关资料的,由税务机关责令限期改正,可处 2 000 元以下的罚款;情节严重的,可处 2 000 元以上 1 万元以下的罚款。

③扣缴义务人采取偷税手段,不缴或少缴已扣、已收税款,由税务机关追缴其不缴或者少缴的税款、滞纳金,并处不缴或者少缴的税款50%以上5倍以下的罚款;构成犯罪的,依法追究刑事责任。

④扣缴义务人在规定期限内不缴或者少缴应解税款,经税务机关责令限期缴纳,逾期仍未缴纳的,税务机关除依照《税收征管法》第40条的规定采取强制执行措施追缴其不缴或者少缴的税款外,可以处不缴或者少缴的税款50%以上5倍以下的罚款。

⑤扣缴义务人应扣未扣、应收而不收税款的,由税务机关向纳税人追缴税款,对扣缴义务人处应扣未扣、应收未收税款50%以上3倍以下的罚款。

⑥扣缴义务人逃避、拒绝或者以其他方式阻挠税务机关检查的,由税务机关责令改正,可以处1万元以下的罚款;情节严重的,处1万元以上5万元以下的罚款。

3)税务人员的违法行为及其法律责任

严格执行国家的税收法律、法规,维护国家的税收利益和纳税人的合法权益,既是法律赋予税务机关和税务人员的神圣职责,也是每个税务人员必须履行的法定义务。在税收征管工作中,如果税务人员不能依法征税,甚至进行违法行为,不仅会使国家利益遭受损失,而且还会严重损害税务机关的形象,在社会上造成不良影响。因此,《税收征管法》规定:"税务人员必须秉公执法,忠于职守;不得索贿、徇私舞弊、玩忽职守、不征或少征应征税款;不得滥用职权多征税款或者故意刁难纳税人和扣缴义务人。"为了确保有法必依,执法必严,《税收征管法》还专门规定了税务人员的违法行为及其法律责任。

[本章小结]

税收征收管理是国家税务机关依据税收法律、行政法规的规定,按照统一的标准,通过法定法的程序,对纳税人应纳税额组织入库的一种行政行为。《税收征管法》是税收征管中征、纳双方所依据的最主要的法律,其遵守主体是税务机关、纳税人、扣缴义务人和其他有关单位以及有关单位和部门。

税务管理也称税收基础管理,是整个税收征管工作的基础环节,是税款征收的前提,主要包括税务登记、账证管理和纳税申报等内容,尤其对"三证合一"政策的改革应当正确理解和把握。

税款征收与税务检查是税收征收管理工作的中心环节,主要有查账征收、查定征收、查验征收、定期定额征收等方式。《税收征管法》中对税款征收的措施的规定,对维护税收法纪和保障税款及时足额入库具有重要作用;税务检查可以有效控制税收征收管理工作。税务检查可分为重点检查、专项检查、分类性检查、集中性检查和临时性检查。税务机关和纳税人在税务检查中都具有各自的权利和义务。

税收法律责任是对征纳双方违反税法等法律制度应承担的法律责任及依照法律法规的规定应给予的惩处。如果未达到司法机关的立法标准,应给予违法的税务机关或纳税人以行政处理;如果达到司法机关的立法标准,则应给予司法处理。

［案例回顾］

该商店虽然在2015年5月5日因店面装修向税务机关提出了申请停业的报告并通过税务机关的审核及公示，但根据群众举报及税务机关实地核查，该商店确属虚假停业，税务机关有权要求该商店按核定税额630元缴纳税款。

6月12日税务机关下达《限期改正通知书》，责令限期申报并缴纳税款，但该商店没有改正。该商店的行为属于“通知申报而拒不申报，不缴纳应纳税款”的行为，属于偷税行为。针对该商店的行为，税务机关应作出要求该商店补缴6月份税款630元及滞纳金，除此之外，还可按《税收征管法》有关“偷税”行为规定，并处以不缴或者少缴的税款50%以上5倍以下的罚款。

［思考与练习］

一、选择题

1. 按照《税收征管法》的规定，下列关于税收强制执行与税收保全措施的表述中，正确的是(　　)。

A. 书面通知开户银行扣缴税款，属于税收保全措施
B. 查封纳税人的价值相当于应纳税额的商品，属于税收强制执行措施
C. 税收保全措施和强制执行措施的实施范围是一致的
D. 税务机关采取强制执行措施时，纳税人可提供纳税担保

2. 纳税人、扣缴义务人逃避、拒绝或者以其他方式阻挠税务机关检查的，由税务机关责令改正，可以处(　　)元以下的罚款；情节严重的，处(　　)元以上(　　)元以下的罚款。

A. 1 000　2 000　10 000　　　B. 2 000　5 000　10 000
C. 2 000　10 000　50 000　　　D. 10 000　10 000　50 000

3. 税务机关依法采取税收保全措施时，(　　)不在保全措施的范围之内。

A. 豪华住宅
B. 机动车辆
C. 单价5 000元以下的其他生活用品
D. 金银首饰

4. 纳税人因有特殊困难，不能按期缴纳税款的，经(　　)批准，可以延期缴纳税款，但是最长不得超过3个月。

A. 国家税务总局
B. 省、自治区、直辖市国家税务局
C. 市国家税务局
D. 县、区国家税务局

5. 税务机关应当自收到申请延期缴纳税款报告之日起(　　)日内作出批准或者不予批准的决定。

A. 10 日　　B. 15 日　　C. 20 日　　D. 30 日

6. 对于因税务机关的责任造成的未缴或者少缴税款,税务机关可以在(　　)年内要求纳税人、扣缴义务人补缴税款,但是不得加收滞纳金。

A. 3　　B. 5　　C. 10　　D. 15

二、多项选择

1. 发票管理主要包括(　　)。

A. 发票的印制　　B. 发票的使用

C. 发票的开具和保管　　D. 发票的缴销

2. 违反账簿管理制度的行为有(　　)。

A. 纳税人未按照规定设置、保管账簿或者保管记账凭证和有关资料

B. 纳税人未按照规定将财务、会计制度或财务会计处理办法和会计核算软件报送税务机关备查

C. 扣缴义务人未按照规定设置、保管代扣代缴、代收代缴税款账簿或者保管代扣代缴、代收代缴税款记账凭证及有关资料

D. 非法印制、转借、倒卖、变造或者伪造完税凭证

3. 税务机关依法采取税收保全措施的有关叙述正确的有(　　)。

A. 税收保全措施只适用于临时经营的纳税人

B. 实施税收保全措施必须经县以上税务局(分局)局长批准

C. 个人及其所扶养家属维持生活必需的住房和用品,不在税收保全措施的范围之内

D. 因税务机关采取税收保全措施不当使纳税人的合法利益遭受损失的,税务机关应当承担赔偿责任

4. 下列属于违反日常税收征管的违法行为是(　　)。

A. 纳税人未按照规定设置、保管账簿或者保管记账凭证和有关资料的

B. 纳税人未按照规定将其全部银行账号向税务机关报告的

C. 纳税人、扣缴义务人在规定期限内不缴或者少缴应纳或者应解缴的税款

D. 未按规定开具发票的行为

5. 根据税款征收过程中的税款优先原则,下列说法正确的有(　　)。

A. 纳税人发生欠税在前的,税收优先于抵押权、质权和留置权的执行

B. 税收优先于罚款

C. 税收优先于有担保债权

D. 税收优先于没收非法所得

[案例分析]

1. 某个体户李某,2015 年 1 月 1 日领取营业执照,已办理税务登记并从事生产经营。但李某一直未向税务机关申报纳税。同年 6 月 15 日,主管税务所对李某的生产经营情况进行调查核实,李某 1 至 6 月取得应税收入未申报应缴纳税款 6 000 元。该所当即下达税务处理决定书和税务行政处罚决定书:责令李某补缴税款 6 000 元及滞

纳金,并按《税收征管法》规定对未申报纳税行为处以未缴税款50%即3 000元的罚款。

试分析税务所的执法行为有哪些不当之处?

2. 2015年7月12日,某厂会计张某在翻阅本年5月份账簿时,发现多缴税款1万5千元,同时该厂有欠税1万元。于是该厂向税务机关提出给予退还税款并加算银行同期存款利息的请求。

试分析税务机关应如何处理?

参考文献

[1] 财政部注册会计师协会. 税法[M]. 北京:中国财政经济出版社,2016.

[2] 全国注册税务师执业资格考试教材编写组. 税法[M]. 北京:中国税务出版社,2016.

[3] 财政部会计资格评价中心. 中级经济法[M]. 北京: 经济科学出版社,2016.

[4] 吴作凤. 中国税收[M]. 成都:西南财经大学出版社,2014.

[5] 刘佐. 中国税制概论[M]. 北京:经济科学出版社,2000.

[6] 王红云. 税法[M]. 3 版. 北京:中国人民大学出版社,2015.

[7] 国家税务总局. 中华人民共和国税法 · 最新法规[M]. 北京:中国税务出版社,2016.